ESTILO

Lo mejor después de los 50

BARBARA HANNAH GRUFFERMAN

Lo mejor
después de los 50

Estilo, sexo, salud, dinero
y más
para mujeres

OCEANO

Diseño de portada: Ivonne Murillo
Fotografía de la autora: Antonio Gabriel

LO MEJOR DESPUÉS DE LOS 50
Estilo, sexo, salud, dinero y más para mujeres

Título original: THE BEST OF EVERYTHING AFTER 50.
  THE EXPERTS' GUIDE TO STYLE, SEX, HEALTH, MONEY, AND MORE

Tradujo: María del Pilar Carril

© 2010, Barbara Hannah Grufferman

© 2010, Sarah Gibb (por las ilustraciones de los interiores)

D.R. © Editorial Océano de México, S.A. de C.V.
Blvd. Manuel Ávila Camacho 76, 10° piso
Col. Lomas de Chapultepec
Miguel Hidalgo, C.P. 11000, México, D.F.
Tel. (55) 9178 5100 • info@oceano.com.mx

Primera edición: 2012

ISBN: 978-607-400-775-6
DEpósito legal: B-24176-LV

Hecho en México / Impreso en España
Made in Mexico / Printed in Spain

9003417010812

A Howard, Sarah y Elizabeth.
Ustedes son lo mejor.

Índice

Introducción

Escribí este libro para mí.

No me preocupaba en absoluto cumplir cincuenta años, excepto que cuando llegó el momento me tomó totalmente desprevenida. Una vez que superé la conmoción y me di cuenta de que en verdad iba a cumplir cincuenta años, quise hacerlo bien. Aunque estoy convencida de que a medida que pasa el tiempo cada vez estoy mejor, también entiendo que mi cuerpo y estilo de vida han cambiado con los años y que en realidad no he puesto atención a cómo esos cambios me afectarán a largo plazo. Necesitaba un plan para enfrentar mi nueva realidad. Tenía preguntas sobre asuntos importantes (¿cómo puedo prevenir una enfermedad cardiovascular?) y otros que asustan menos, pero son igualmente importantes (¿todavía puedo usar jeans ajustados?).

El conocimiento es poder, ¿cierto? Por eso decidí salir a buscar las respuestas a mis preguntas. Indagué en internet, en librerías y revistas, pero no tardé en saturarme de información. Todos tenían su opinión y muchas de ellas eran contradictorias. Entonces, un día caí en la cuenta de que no necesitaba montones de información, sino sólo la *mejor* información, es decir, lo esencial acerca de lo que debía saber sobre mi piel, cabello, maquillaje, salud, sexo, ropa, ejercicio, dinero y otras cosas. Después de hablar con mis amigas, me quedó claro que todas buscábamos lo mismo: una guía sencilla de cómo vivir bien después de los cincuenta, que nos diera las respuestas que queríamos en un formato simple.

Quería un libro que fuera directo y que reuniera toda la información útil en un mismo lugar con sentido común, pero sin complicaciones ni lenguaje demasiado técnico. "Dime lo que necesito saber y dímelo ahora mismo" es parte de la conciencia colectiva de las mujeres de más de cincuenta. Queremos simplificar nuestra vida y centrarla en los elementos esenciales. Lo sé, porque yo también soy ese tipo de mujer.

Este libro no existía y por eso decidí escribirlo.

Busqué a los expertos más calificados en todos estos campos, y otros más, y les planteé mis dudas, me puse en sus manos, eché a andar sus recomendaciones (para asegurarme de que funcionaran) y luego compartí todo lo que aprendí con mis amigas.

El resultado es este libro. En él se plantean las preguntas, se explica la investigación, se presenta a los especialistas y se ofrecen respuestas, soluciones y consejos. Actué como conejillo de indias para comprobar que todos los consejos fueran eficaces y brindo ejemplos de la vida real de lo que hago y lo que otras mujeres conocedoras están haciendo, para luego decirte qué nos ha funcionado.

Al final de cada capítulo hay una lista concisa de conclusiones importantes que resume los consejos y destaca lo "imprescindible". El libro termina con lo mejor para las mujeres de más de cincuenta: "El plan", que reúne todo en un esquema manejable. Y, por último, una lista de otros recursos donde encontrarás información más detallada.

Lo mejor después de los 50 será tu guía de consulta indispensable respecto de tu cuerpo y estilo de vida. Recurrirás a ella siempre que tengas alguna pregunta sobre salud, tu corazón, el cuidado de la piel, maquillaje, moda, dinero, sexo, cómo organizar tu vida, bajar de peso, estar en forma y mucho más. Tus preguntas serán las mismas que yo me hice, te lo garantizo.

Aprendí mucho de mis maravillosos expertos, pero la lección más importante de todas es ésta: si estás sana, te sientes bien. Si te sientes bien, te ves bien. Y si además tienes tus finanzas en orden y una visión del futuro, te sentirás aún mejor. Si ya tienes todo eso y adicionalmente adquieres el conocimiento para seguir así (con la ventaja añadida de que disfrutarás de buen sexo), te sentirás increíble. Y si te sientes increíble, ¿a quién le importa la edad?

Eso es lo que significa tener lo mejor. ///

CAPÍTULO 1

Sentirse bien

No te preocupes, ocúpate de tu salud

Tengo un recuerdo lejano de mi niñez de una vez que empecé a contar hacia atrás desde cien y desperté mucho más tarde al oír la voz cantarina de mi madre que me preguntaba: "¿Quieres un poco de helado?". Aunque me encantó la idea de comer helado, sigo sin saber por qué tuvieron que quitarme las anginas. Nunca me habían dado problemas, y sin embargo, me las sacaron. Hasta la fecha, ni siquiera mi madre sabe bien por qué me operaron. En los años cincuenta y sesenta, a innumerables niños les extirparon las amígdalas; era casi un rito de iniciación. Ya no sucede así. Sabemos mucho más de lo que sabíamos entonces, estamos más informadas y la mayoría de nosotras tenemos acceso a mejor atención médica. Cuestionar el diagnóstico de un doctor y buscar una segunda opinión se ha vuelto la norma. Aún puede resultar confuso, especialmente a medida que envejecemos.

La súper mujer

Comencé mi vida adulta con las mismas altas expectativas de buena salud que tenía en la niñez. ¿Por qué no? Había tomado vitaminas cada mañana por muchos años. Me sentía invencible e indestructible cuando tenía veinte, treinta y hasta cuarenta años.

Pero, ¿qué tal si...?

Al cruzar el umbral de los cincuenta empecé a fijarme un poco más en lo que me rodeaba. Algunas personas de mi edad sufrían derrames cerebrales, cáncer, luchaban con la depresión, engordaban y se enfermaban de diabetes. No es que la gente joven no tenga algunos de esos problemas de salud, sino que, después de los cincuenta, de pronto se vuelven demasiado comunes. Comencé a hacerme preguntas hipotéticas: ¿qué tal si me enfermo de verdad o me da un ataque al corazón? ¿Y si me enfermo de Alzheimer? ¿Qué tal si me da cáncer? ¿Y si ya tengo cáncer pero aún no lo sé?

Mientras más pensaba al respecto, más preguntas tenía: ¿se pueden prevenir algunas de estas enfermedades? ¿Estoy haciendo todo lo posible para cuidarme? ¿Estoy en riesgo de enfermarme de algo grave? ¿Cómo podría saberlo? ¿Debería hacerme estudios? ¿Cuáles, dónde y con qué frecuencia? Tengo más de cincuenta, ¿qué puedo hacer para asegurarme de seguir llevando una vida buena y saludable al envejecer?

No podemos controlar el envejecimiento, pero sí cómo envejecemos

Estaba determinada a descubrir cómo envejecer con gracia, dignidad y relativa buena salud. Como muchas otras mujeres, había pasado demasiado tiempo sin que hiciera las cosas sencillas que podían tener efectos positivos en mi salud y bienestar. Me había pasado la vida cuidando de otros y eso me había impedido preocuparme de mi persona. Para mí, era todo un lujo dormir bien o hacer ejercicio todos los días, aunque me aseguraba de que mi familia comiera y descansara como es debido. ¿Era demasiado tarde para cambiar y hacer algo por mi salud?

Una promesa a nosotras mismas

Sí, vamos a envejecer. Vamos a controlar cómo lo hacemos, para que podamos ser mujeres productivas, aptas y fuertes, sin importar la edad. Existen medidas preventivas que podemos tomar ahora y que nos ayudarán a disfrutar de nuestros años posteriores, no sólo soportarlos. A partir de hoy, a partir de este mismo momento ésta será nuestra meta: todo lo que hagamos será para que nos beneficie ahora y en el futuro. Vamos a darle prioridad a nuestra calidad de vida, no a ponerla en riesgo. No es precisamente empezar de nuevo, sino empezar un nuevo camino. Es una aproximación razonada y cuidadosa hacia una

vida saludable. Podemos lograrlo. Pero ¿cómo lo hacemos?

Cuando dudes, investiga más, pero intenta no volverte loca

Después de provocarme pesadillas durante semanas por investigar hasta el último detalle cada una de las posibles enfermedades y problemas físicos que puede padecer una mujer de más de cincuenta, desperté una mañana y pensé: "Ya basta". Me estaba volviendo loca, estaba cada vez más nerviosa e hipocondriaca. No era la mejor manera de empezar mi nuevo plan de vida. En lugar de obsesionarme con situaciones poco probables y esforzarme hasta el cansancio por comprender la terminología médica, necesitaba obtener información real sobre los problemas más probables y, lo más importante, las mejores defensas. Debía recurrir a los expertos.

Programé mi examen médico anual y le pedí a mi doctor una sesión doble para que pudiera explicarme todo lo que debía saber y hacer de ahí en adelante.

Es hora de tomar el control

El doctor Greg Pitaro ha sido mi médico de cabecera desde hace más de diez años. Me ha revisado la presión arterial y los niveles de colesterol, me ha tomado la temperatura y me ha hecho decir "aaaaah" cada vez que sufro una infección de la garganta que me contagiaron mis hijas, y siempre me ha hecho sentir segura y tranquila con la información que me proporciona. Cuando visité al doctor Pitaro para hablarle de mis preocupaciones por haber cumplido cincuenta años fue paciente, informativo, claro y no se anduvo con rodeos.

No se trata de prevenir la muerte, sino de prevenir muertes prevenibles

Ciertas muertes pueden prevenirse. Se estima que cada año 900,000 estadunidenses mueren de enfermedades que pueden prevenirse y otros millones más quedan incapacitados por dichas enfermedades. No tiene por qué ser así. Cuida tu cuerpo y él cuidará de ti. Haz lo correcto (come bien, haz ejercicio, no fumes, mantén un buen peso, escucha a tu cuerpo) y estarás haciendo todo lo que está en tus manos para alejar las enfermedades prevenibles de tu vida. Esto es lo que me dijo el doctor:

Las diez primeras causas de muerte prevenible

1. Fumar.
2. Presión arterial alta.
3. Obesidad.
4. Actividad física insuficiente.
5. Nivel alto de glucosa en la sangre.
6. Nivel alto de colesterol LDL.
7. Consumo excesivo de sal.
8. Poco consumo de ácidos grasos Omega 3 (de pescado).
9. Niveles altos de grasas trans en la dieta.
10. Alcoholismo y abuso del alcohol.

Los sospechosos comunes

No necesitas volverte loca imaginando enfermedades exóticas. Los peligros más grandes son exactamente los que te imaginas. Las principales causas de muerte de las mujeres estadunidenses de más de cincuenta años son, en orden: enfermedades cardiovasculares, cáncer, accidentes vasculares cerebrales, enfermedades pulmonares y enfermedad de Alzheimer. Las enfermedades cardiovasculares son causantes de casi 30 por ciento de esas muertes, y el cáncer de cerca de 20 por ciento. La buena noticia es que las enfermedades cardiovasculares y algunos tipos de cáncer se pueden prevenir, en especial si llevas el control de tu presión arterial y no fumas.

Le pedí al doctor Pitaro que me diera información básica sobre las principales amenazas que pueden impedirnos alcanzar nuestras metas de salud a largo plazo, empezando con la causa número uno. También consulté al doctor James Underberg, especialista en prevención de enfermedades cardiacas y lipidología, que será un experto fundamental en el capítulo 2.

Causa número 1: enfermedades cardiovasculares

En vista de que las enfermedades del corazón y los accidentes vasculares cerebrales son la causa de muerte de un tercio de las mujeres mayores, dedicaré todo el próximo capítulo al cuidado del corazón, pero por lo pronto, éstos son los puntos básicos.

Las enfermedades cardiovasculares (ECV) son un grupo de problemas relacionados con fallas o bloqueo del corazón o los vasos sanguíneos. La sangre transporta oxígeno y células de energía que componen nuestro cuerpo. Si el corazón no puede bombear sangre, o ésta no circula eficazmente a través de las venas y arterias, puedes desarrollar una ECV.

¿Cómo prevenir las ECV?

La mayoría de las enfermedades cardiovasculares se relacionan con la acumulación de sustancias grasosas (placa y colesterol) en las paredes de las arterias que transportan la sangre. Para prevenir muchas de las enfermedades cardiacas hay que comer alimentos sanos, no fumar, hacer ejercicio a diario para mantener el corazón fuerte y las arterias libres de acumulación de grasas, y reducir el estrés y la angustia que exigen demasiado al corazón.

Causa número 2: cáncer

Acaso estás pensando: "Dios mío, ¿por qué está haciendo esto? ¡Creí que se trataba de un libro divertido sobre cortes de pelo maravillosos y buen sexo! ¡Está empezando a asustarme!". No, no, no. Sólo debes enfrentar algunos hechos, cobrar conciencia de ellos, informarte y estar más en sincronía con tu cuerpo; luego llegaremos a la parte divertida.

Sobreviviremos

A casi una de cada tres mujeres le diagnosticarán algún tipo de cáncer durante su vida, así que no podemos pasar por alto este riesgo. La mayoría de nosotras sobreviviremos. El promedio estimado de cinco años de supervivencia es de hasta 97 por ciento para los tipos más comunes de cáncer, cuando se detectan y tratan en las primeras etapas. La mejor manera de descubrir el cáncer es saber qué estás buscando.

¿Qué es el cáncer?

Todos los tipos de cáncer comienzan en las células del organismo. Las células forman los tejidos, que a su vez componen los órganos. En un cuerpo sano, las células crecen y se dividen para formar nuevas células según sea necesario. Cuando las células envejecen y mueren, nuevas células ocupan su lugar, pero algunas veces las cosas salen mal: se forman células nuevas cuando el cuerpo no las necesita, y las células viejas no mueren cuando deberían. Las células sobrantes forman una masa de tejido, o tumor, que puede ser benigno (no canceroso) o maligno (canceroso). Algunos tumores se mantienen estables, pero otros se esparcen sin control por el cuerpo (cáncer metastásico). Si el cáncer se extiende y no es posible controlarlo, las células cancerosas interfieren con la capacidad de las células sanas para funcionar correctamente, y ahí es cuando comienza el verdadero problema.

¿Qué incidencia tiene el cáncer?

- El cáncer es la causa principal de muerte de uno de cada cuatro estadunidenses, en general.
- En 2008 se diagnosticaron más de 1,437,200 nuevos casos de cáncer.
- En 2008 se registraron aproximadamente 565,000 muertes por cáncer en Estados Unidos.

Muchos tipos de cáncer pueden prevenirse

En la Unión Americana, cerca de 5 por ciento de los cánceres se deben a mutaciones genéticas heredadas. Del otro 95 por ciento, muchos de los casos se pueden prevenir. A continuación se presentan algunos datos recientes de la American Cancer Society:

- 170,000 muertes por cáncer en 2008 se relacionaron con el consumo de tabaco.
- Una tercera parte de todas las muertes por cáncer se relacionaron directamente con la obesidad, inactividad física y mala nutrición.
- Muchos de los más de un millón de casos de cáncer de piel que se diagnosticaron en 2008 pudieron haberse prevenido con la debida protección solar y evitando el bronceado artificial.
- Los exámenes regulares realizados por profesionales de la salud pueden prevenir algunos tipos de cáncer, como el cáncer del cuello uterino, colon y recto.
- Las pruebas clínicas de diagnóstico facilitan la detección temprana y contribuyen a aumentar el índice de curación del cáncer de mama, colon, recto, cuello uterino, piel y la cavidad bucal.

Las mejores medidas preventivas para la mayoría de los tipos de cáncer son las mismas que para casi todos los demás problemas de salud:

- Evita fumar.
- Cuida tu peso.
- Haz ejercicio con regularidad.

- Controla la diabetes.
- Entérate de tus antecedentes familiares.
- Come muchas frutas y verduras frescas y pocas grasas.

¿Cuáles son las señales de advertencia del cáncer?

Hay muchos tipos de cáncer, pero la mayoría se desarrolla en los mismos lugares del cuerpo: mamas, pulmones, colon, útero, ganglios linfáticos, glándula tiroides y piel. Algunos tipos de cáncer, como el cáncer pancreático, aparecen casi sin advertencia y se conocen muy pocos riesgos relacionados. Hay algunas pruebas clínicas de diagnóstico que ayudan a detectar el cáncer en etapas tempranas y que se explicarán más adelante en este capítulo y en el capítulo 3. Cuanto más pronto se diagnostique el cáncer y empiece el tratamiento, mayores serán las probabilidades de sobrevivir. Para darte la mejor oportunidad de vencer el cáncer necesitas confiar en tu buen sentido común y prestar atención a señales como:

- Tos crónica y sibilancias.
- Falta de aliento.
- Toser sangre o moco con manchas de sangre.

- Baja de peso repentina e inexplicable.
- Dificultad para deglutir.
- Dolor o molestia en la zona pélvica, el abdomen o dolores estomacales persistentes.
- Sentirse satisfecha, pero no poder comer.
- Aspecto pálido o ictérico.
- Debilidad y fatiga, aunque hayas dormido bien.
- Infecciones recurrentes.
- Fiebre y sudoración nocturna.
- Facilidad para formar moretones o sangrar, incluidos los sangrados frecuentes por la nariz.
- Dolor en huesos o articulaciones.
- Ganglios linfáticos inflamados en axilas, cuello o ingles.

- Dolores o problemas persistentes e inexplicables.
- Sangrado vaginal, si eres posmenopáusica.

Si tienes alguno de estos síntomas, en especial si aparecen dos o más al mismo tiempo, debes informar a tu doctor inmediatamente. Toma en cuenta que muchos de los síntomas pueden deberse a problemas ajenos al cáncer, por lo que tu médico deberá realizarte diversos estudios (en general, no invasivos, aunque pueden ser necesarias las biopsias en algunos casos) para determinar la causa del malestar y ayudarte a que te decidas por alguno de los tratamientos recomendados.

La vitamina D y la prevención del cáncer

La importancia de la vitamina D para promover la salud de los huesos y reducir el riesgo de osteoporosis es bien conocida, pero hay nuevos indicios de que la "vitamina solar" puede disminuir el riesgo de ciertos tipos de cáncer y enfermedades cardiovasculares. Los niveles bajos de vitamina D (por debajo de 30mg/ml) pueden predisponer a una mujer a desarrollar algunos cánceres. Las mujeres de más de cincuenta años deben tomar entre 1,200 y 1,500 UI de vitamina D todos los días. No es posible lograr esto sólo con la dieta, por lo que además de comer alimentos ricos en vitamina D, los suplementos vitamínicos son esenciales.

Cáncer de pulmón

El cáncer pulmonar es la causa número uno de muerte por cáncer entre las mujeres. Aunque casi al doble de mujeres, en comparación, se les diagnostica cáncer de mama, el cáncer de pulmón merece una mención especial debido a que mata a muchas más de nosotras. Sin embargo, es prevenible.

¿Qué causa el cáncer de pulmón?

Fumar. Se nos considera el sexo más inteligente y, aun así, más mujeres fuman que hombres. Respirar el humo que desprenden los cigarrillos que otros fuman o las toxinas en el medio ambiente también es causa del cáncer de pulmón, pero fumar es la principal. Una vez que dejas de fumar, tus pulmones comienzan a sanar y evitas que el riesgo aumente.

Yo fumaba

Durante mi conversación con el doctor Pitaro, exclamé de pronto: "¡Yo fumaba!". Como veo al doctor desde hace más de una década, él ya lo sabía. De repente sentí la necesidad de saber si debía hacerme una radiografía de tórax, una tomografía computarizada, cualquier cosa o todas en ese mismo momento y lugar. El doctor esperó hasta que dejé de hiperventilar (¿cómo pude hacerme eso a mí misma? ¿Y cómo olía mi cabello, aliento y ropa? Empecé a tener recuerdos terribles de los restos de tabaco en el fondo de todas mis bolsas...) y con calma me explicó cómo podría afectarme. Empecé a fumar cuando era adolescente y continué fumando esporádicamente hasta pasados los 35 años de edad, nunca más de ocho cigarrillos al día. El doctor me dijo que el riesgo para mí era bajo porque nunca fumé una cajetilla o más al día, además de que dejé de fumar hace casi veinte años. ¡Qué alivio! El riesgo estadístico de cáncer no disminuyó cuando dejé de fumar, pero tampoco aumentó, porque ya no fumo. Se mantuvo en el mismo nivel donde estaba. Lo que es más, el riesgo de desarrollar enfermedades cardiovasculares disminuye significativamente después de dejar de fumar (más de 50 por ciento a partir del primer año después de dejar de fumar). Cada año que no fumes reduce el riesgo. Ahora respiro más tranquila.

¿Qué pasa si sigues fumando?

Si es así, haz un esfuerzo por dejarlo. No necesitas que te diga lo peligroso que es para tu salud. Habla con tu médico sobre el mejor tratamiento para ti. Compra un parche, goma de mascar, busca ayuda, pero tienes que dejar de fumar; es por tus pulmones, tu corazón, tu piel, la gente que te rodea y tu vida.

¿Hay alguna prueba de detección de cáncer de pulmón?

No hay pruebas para la detección temprana del cáncer de pulmón. Se han realizado estudios sobre la utilidad de las radiografías de tórax, citologías de esputo o tomografías computarizadas para detectar el cáncer de pulmón en personas que aún no tienen síntomas, pero hasta ahora las pruebas con las que cuentan los doctores sólo sirven para confirmar el diagnóstico.

Causa número 3: enfisema

Las enfermedades pulmonares son la cuarta causa principal de muerte de mujeres en Estados Unidos. Aunque varias enfermedades respiratorias crónicas menores, entre ellas el asma, se agrupan bajo el nombre de enfermedades pulmonares, el problema más grave para las personas de más de cincuenta años es el enfisema pulmonar. El enfisema solía ser más común entre hombres que entre mujeres, pero eso ha cambiado ahora que las mujeres fuman más que los hombres. La causa del enfisema es casi siempre el tabaquismo, o el humo que se inhala de segunda mano, y por eso, esta enfermedad, al igual que el cáncer de pulmón, es prevenible.

¿Qué es el enfisema?

El enfisema es una enfermedad pulmonar crónica y progresiva en la que los alveolos pulmonares se dañan a tal grado que afectan la capacidad de respirar y absorber oxígeno. Debido a que progresa despacio, a menudo no se detecta sino hasta que está en un estado muy avanzado y por lo general se diagnostica a personas de entre cincuenta y sesenta años de edad. Los síntomas incluyen:

- Falta de aliento.
- Fatiga y cansancio rápidos durante actividades físicas.
- Tos crónica leve.
- Pérdida de apetito y reducción de peso.

¿Cómo se diagnostica el enfisema?

Debido a que muchos de los síntomas del enfisema son similares a los de otras enfermedades pulmonares, incluido el cáncer pulmonar, tu médico te realizará un examen físico completo y te mandará hacer una radiografía de tórax y ciertos estudios para medir tu capacidad y función pulmonares, así como la cantidad de oxígeno en la sangre.

Causa número 4: enfermedad de Alzheimer

Lo admito. Se me olvidan las cosas. ¿Es señal de que estoy enferma de Alzheimer, o es algo normal y relacionado con la pérdida de memoria por la edad? Nuestros cerebros reducen un poco su actividad con la edad, pero la pérdida grave de la memoria y el deterioro de las habilidades de razonamiento no son sólo "parte de envejecer" y deben atenderse. Algunos síntomas similares a los del Alzheimer pueden ser provocados por enfermedades tratables, como deficiencias vitamínicas, depresión, problemas de la glándula tiroides, o consumo excesivo de alcohol.

¿Qué es la enfermedad de Alzheimer?

El Alzheimer es una enfermedad cerebral irreversible y progresiva, que destruye las neuronas y causa problemas graves de memoria, razonamiento y conducta, y es la forma más común de demencia. Al final produce la muerte. Puede ocurrir casi a cualquier edad, pero es más probable que se presente después de los sesenta y cinco años. En la actualidad, la enfermedad de Alzheimer no es curable, aunque algunos síntomas pueden tratarse y controlarse, en especial en las etapas iniciales. A continuación se presentan algunos datos básicos que debemos conocer:

- Una de cada ocho personas mayores de sesenta y cinco años sufre de Alzheimer.
- El número se duplica a cada intervalo de cinco años después de los sesenta y cinco años de edad.
- 5.3 millones de personas tienen Alzheimer en Estados Unidos.
- La enfermedad de Alzheimer es la séptima causa de muerte de adultos mayores, pero la cuarta para las mujeres.

¿Cómo se diagnostica la enfermedad de Alzheimer?

Debido a la naturaleza de la enfermedad de Alzheimer, es muy probable que la persona no sepa que la tiene. El diagnóstico puede resultar difícil, por lo que con frecuencia se requiere un especialista si los miembros de la familia o el médico de cabecera sospechan de la enfermedad. Existen algunas pruebas (resonancia magnética, análisis de sangre) que pueden realizarse para ver si lo que está sucediendo es el inicio de la enfermedad de Alzheimer. Mientras más pronto se diagnostique, mejor podrá controlarse.

¿Se puede prevenir el Alzheimer?

Hay mucho todavía que desconocemos sobre la enfermedad, incluso las causas que la provocan, pero parece que comparte algunos riesgos con otros tipos más comunes de pérdida de memoria. Las recomendaciones para mejorar las funciones mentales y cuidarse de la enfermedad de Alzheimer incluyen:

- Ejercita tu cuerpo.
- Ejercita tu cerebro: resuelve crucigramas, rompecabezas o juegos de Sudoku, aprende un nuevo idioma, teje una trama complicada, vive nuevas experiencias, cualquier cosa que represente un reto para la mente.
- Mantén tu presión arterial en orden.
- No fumes.
- Come muchas frutas y verduras.

- Mantén una actitud positiva y disfruta de la vida; si nos mantenemos alertas y activas, el cerebro se activa automáticamente.
- Ten una agenda social activa. Mientras más ocupadas estemos socialmente, más saludables seremos.

Calidad de vida

Hemos hablado de las principales causas de muerte, pero ¿qué hay de las enfermedades que afectan nuestra calidad de vida? Las enfermedades cardiovasculares, los accidentes vasculares cerebrales, el cáncer (en especial el de pulmón, mama y ciertos tipos ginecológicos de cáncer), el enfisema y la enfermedad de Alzheimer son, en términos estadísticos, las más mortales para las mujeres de más de cincuenta años, y la amenaza que presentan todas ellas puede reducirse con las decisiones que tomamos, pero hay algunas enfermedades que pueden disminuir seriamente nuestra calidad de vida.

¿Artritis? ¿Tan pronto?

Tengo el cabello naturalmente ondulado. Casi siempre me lo exprimo un poco y lo dejo secar al aire (ver el capítulo 9). Hace poco, lo exprimí con tanta fuerza que el dedo medio me empezó a doler. El dolor duró más de una semana. Convencida de que me había fracturado el dedo en nombre de la belleza, hice una cita con un cirujano especialista en manos que una vez me trató por síndrome del túnel carpiano. La radiografía mostró una leve bursitis que el doctor me dijo que desaparecería con el tiempo. Entonces dijo de paso: "Ah, por cierto, tiene artritis en el pulgar". ¿Cómo? Muy pocas cosas me habían hecho sentir vieja desde que cumplí cincuenta años. Ésta fue una de ellas. ¿Artritis? ¿Yo? No podía creerlo. Mi abuela tuvo artritis y recuerdo cómo la hacía sufrir. Pero ¿acaso no tenía ella mucho más de cincuenta años? "Examine la radiografía de nuevo", pedí. "Debe de haber un error." Resulta que se puede tener osteoartritis (la forma más común de artritis) a cualquier edad, pero una vez que pasas de los cincuenta, las probabilidades de tenerla en cualquier parte del cuerpo aumentan de manera espectacular. También es más común en mujeres que en hombres. Y sí, claro, cuando el doctor volvió a revisar la radiografía, ahí estaba.

¿Qué es la artritis?

Artritis en un término general que significa inflamación de las articulaciones. La osteoartritis es una enfermedad degenerativa de las articulaciones, y es el tipo más común de artritis. Puede afectar cualquier articulación del cuerpo cuando se desgasta el cartílago. Por lo general afecta las articulaciones que soportan peso, como las de la cadera, rodillas y columna vertebral. El cartílago funciona como un "amortiguador de golpes" que cubre los extremos de los huesos en las articulaciones. Una vez que comienza a deteriorarse, los huesos rozan entre ellos, provocando dolor, inflamación e hinchazón. Recuerdo los dedos hinchados de mi abuela y cómo se quejaba de sus "manos artríticas". Era angustioso para ella, ya que le encantaba tejer y la artritis dificultaba mucho esta labor (aunque no impidió que me tejiera el bikini más increíble cuando cumplí quince años. Era para broncearse, por supuesto, no para nadar).

¿Por qué a algunas personas les da artritis?

- *Herencia*. Se puede heredar un defecto en los genes que forman el cartílago, lo que provoca un cartílago defectuoso que se deteriora con rapidez.

- *Obesidad*. Cargar peso de más ejerce demasiada presión en el cuerpo, incluidas las articulaciones y cartílagos.
- *Lesiones*. La gente que se fractura algún hueso cerca de una articulación es propensa a desarrollar osteoartritis en esa articulación.
- *Uso excesivo de las articulaciones*. El uso reiterado de ciertas articulaciones en el trabajo (como apoyarse en las rodillas o codos, por ejemplo) puede provocar osteoartritis en esas áreas.

¿Cómo se diagnostica la artritis?

Si sospechas que tienes artritis, tu médico de cabecera te puede mandar hacer una radiografía, pero casi siempre la descripción de dónde se localiza el dolor y cómo se siente es un buen indicativo de artritis.

¿Qué puedes hacer para aliviar el dolor de la artritis?

- Fisioterapia y ejercicios de fortalecimiento muscular.
- Compresas de agua caliente y fría.

- Uso de dispositivos de apoyo, como bastones y muletas.
- Medicamentos como acetaminofeno, antiinflamatorios y esteroides.
- Acupuntura.
- En casos graves, cirugía para reemplazar articulaciones (como la cadera o la rodilla).

¿Puede prevenirse la artritis?

Mantener un peso saludable y hacer ejercicio con regularidad, en especial para fortalecer los huesos y músculos para que soporten mejor el trabajo que las articulaciones realizan. No hay garantía de que no tendrás artritis (¿qué ejercicio existe para el pulgar?), pero puede ayudar.

Artritis reumatoide

La artritis reumatoide (AR) afecta más a las mujeres que a los hombres, y generalmente a las que tienen más de cincuenta años de edad. La artritis reumatoide es una enfermedad extraña en el sentido de que es simétrica. Si la tienes en un pulgar, la tendrás en el otro. Ésta es una de las características que la distinguen de otros tipos de artritis. Aunque se desconoce la causa precisa de la artritis reumatoide, los médicos creen que se trata de una combinación de factores genéticos, ambientales y hormonales. Es posible que un virus o una bacteria invada el cuerpo, altere el sistema inmunitario y ataque las articulaciones y, en ocasiones, otros órganos.

La conexión entre artritis reumatoide, periodontitis y corazón

Parece ser que existe una conexión entre las articulaciones, las encías y el corazón. Si un paciente tiene AR, por lo general tiene también periodontitis (enfermedad de las encías), o a la inversa. Es un hecho conocido que si uno tiene periodontitis, es más propenso a padecer de una enfermedad del corazón. Puede que todo se reduzca a cierta proteína en la sangre, la proteína C reactiva, que indica inflamación en el cuerpo. La inflamación en el cuerpo puede indicar un mayor riesgo de enfermedades cardiovasculares. Una forma en la que el médico puede evaluar si un paciente tiene artritis reumatoide es examinar si existe inflamación en el cuerpo. Si tienes alguna afección ya sea en las articulaciones, las encías o el corazón, deben examinarte para ver si no tienes afectados los otros dos, y que te hagan también una prueba de proteína C reactiva.

El plan de "Lo que debes hacer-Lo que no debes hacer-Escucha"

Es tiempo de preparar un plan para asumir el control de nuestra salud, entender cuáles son los problemas y saber qué debemos hacer al respecto. Con la guía de los expertos, el plan integral de "Lo que debes hacer-Lo que no debes hacer-Escucha" se creó específicamente para mujeres de más de cincuenta años de edad. Incorpora este plan a la información sobre el corazón y la salud ginecológica, cuidado de la piel, nutrición y ejercicio que encontrarás en otros capítulos y tendrás control sobre tu salud.

Las buenas noticias

Las probabilidades de contraer la gran mayoría de las enfermedades graves se pueden reducir en gran medida si:

- Hacemos cosas que promuevan nuestra salud.
- No hacemos cosas que pongan en riesgo nuestra salud.
- Escuchamos a nuestros cuerpos y hacemos cambios en nuestra salud.

El plan

Revisa y analiza este plan con tu médico. Éste es un programa para sentirse bien en general, pero eres una mujer específica. Es posible que algunos factores genéticos te pongan en un mayor riesgo de desarrollar ciertas enfermedades, aunque no es seguro que las padecerás. Sigue este programa y estarás a cargo de tu salud, mejorarás tu calidad de vida y disminuirás tus factores de riesgo. No puedes cambiar tus genes ni tu edad, pero sí puedes cambiar tu estilo de vida, lo que haces y no haces y cómo escuchas a tu cuerpo.

La lista de "Lo que debes hacer"

La lista de "Lo que debes hacer" es la guía esencial de lo que debemos hacer después de cumplir cincuenta años. No hay necesidad de volverse loca con exámenes médicos completos de "boutique" que quizás hayas visto anunciados en los hospitales privados. No necesitamos llegar tan lejos, ni gastar tanto dinero para mantenernos saludables. Apégate a los fundamentos de la buena salud y con eso es más que suficiente.

Lo que debes hacer: sé organizada en las cuestiones médicas

No te coloques en la posición en la que se presenta una crisis de salud, o sólo una revisión rutinaria, y tienes que buscar por todas partes tu tarjeta del seguro o la dirección de tu doctor. Comienza un archivo de información médica personal para cada persona de tu hogar. Incluye lo siguiente:

- Nombres, direcciones, teléfonos y direcciones electrónicas de médicos y otros profesionales de la salud.
- Lista de medicamentos que tomas; anota la dosis, quién y cuándo te lo recetó y por qué.
- Lista de vitaminas y suplementos herbales que tomas, con su dosis diaria o semanal.
- Lista de todas las alergias conocidas.
- Cartilla de vacunación que abarque el mayor tiempo posible.
- Enfermedades que te están tratando en la actualidad.
- Copias de todos los resultados de los exámenes y estudios médicos.
- Póliza del seguro y una copia de tu tarjeta del seguro.

¿Qué llevas en la billetera?

Guarda una copia de la información médica importante en tu billetera. Incluye los medicamentos que tomas y las dosis, las alergias que tienes y el nombre, dirección y teléfono de tu médico.

Lo que debes hacer: consigue un médico de cabecera

Consigue un médico que será el "encargado de tu salud". Tu médico de cabecera será el primero al que acudas para que te haga tu examen médico anual, te ponga la vacuna anual contra la gripe y atienda todos esos dolores, molestias y enfermedades comunes que te afectan de vez en cuando. Tu médico de cabecera llevará el control de tu historial médico, problemas de salud, sabrá cuándo algo no está bien y tendrá a la mano una gráfica que muestre tu peso, nivel de colesterol y presión arterial por año. Sabrá qué ejercicio haces, qué suplementos tomas, cómo te alimentas, qué dietas has intentado… en una palabra: todo. Si necesitas un especialista, tu médico sabrá recomendarte al mejor doctor para tratar la enfermedad que te aqueja.

Escoge al médico de cabecera adecuado

Si no tienes uno, consíguelo. Si no sabes a quién acudir, comienza por pedir a tus parientes y amigos que te recomienden a los mejores doctores de tu zona. Puede que tengas que pasar un tiempo investigando, pero será tiempo bien aprovechado. Si vas con un médico y no crees que sea lo que necesitas, sigue buscando. Si tienes un plan de seguro éste puede limitar la lista de posibilidades, así que empieza con los médicos que forman parte de la red del seguro. No todos los doctores lo aceptan y es mejor que consultes a uno que sí lo haga.

Por favor, hazme caso cuando te estoy hablando

Tu médico de cabecera debe saber escuchar tus inquietudes, mostrar empatía y trabajar contigo para entender tus síntomas y corregir el problema. Si tu médico no te da esto, busca otro.

Juzga a tu médico por los doctores con los que se mantiene en contacto

Tu médico de cabecera debe estar bien relacionado con otros doctores para poder remitirte a los mejores especialistas. Idealmente, tu médico de cabecera debe estar "conectado a través de la computadora" con otros especialistas, de modo que cada doctor pueda consultar tu historial clínico con sólo tocar un botón. Este tipo de "conexión en red" de la atención médica está disponible casi en cualquier parte. No es absolutamente necesario que tu médico de cabecera esté conectado por computadora, pero sí que tenga buenas relaciones con la comunidad médica de la localidad.

Eso no significa que debas bajar la guardia alguna vez

Tal vez adores a tu médico, pero se trata de tu cuerpo y tu vida. Encuentra al médico de cabecera ideal, que pueda, a su vez, remitirte con los mejores especialistas del país. Eso no significa que debas poner tu vida completamente en sus manos. Presta atención a la información médica y haz preguntas sobre cualquier cosa que no comprendas. Escucha tu cuerpo y hazte oír si crees que algo no está bien. Nunca te sientas tonta por querer una segunda o tercera opinión. Pregunta a tu médico de cabecera si está al tanto de las más recientes investigaciones médicas. Cada año se publican nuevos estudios sobre la salud de las mujeres y tu médico de cabecera debe tener conocimiento de nuevas pruebas, medicamentos o investigación clínica que podrían tener algún efecto en tu vida. Mereces tener un doctor que respete, apoye y fomente tu deseo de estar al pendiente de tu propia salud.

La buena paciente

Esperamos mucho de nuestros doctores, pero la expectativa es igual al contrario. Pedí a varios de ellos que me dijeran qué comportamientos de sus pacientes les impedían ofrecer mejor atención médica. Éstas son las preocupaciones más comunes:

- El paciente lleva amigos o familiares al consultorio que se entrometen en la conversación.
- El paciente no revela toda la verdad sobre su estilo de vida.
- El paciente deja de tomar los medicamentos sin consultar al médico, porque los síntomas desaparecen o simplemente ya no los quiere tomar.
- El paciente cree que existe una píldora mágica para cualquier cosa que le duele, y pide medicamentos en lugar de cambiar de hábitos.

- El paciente es "adicto a los exámenes" y necesita que le hagan estudios aunque no se requieran, lo que puede provocar complicaciones y es un desperdicio de dinero y tiempo.

Lo que debes hacer: realízate un examen médico

Considéralo una reunión anual con tu médico de cabecera. Tu doctor debe hablarte de tu salud, algún asunto en particular, tu vida en general, y tomará diferentes medidas, comparará los datos con los del año pasado (o de varios años) para buscar patrones o cambios en tu cuerpo. También te explicará los ajustes que has de hacer para acercarte a las cifras ideales para ti. En la sección de pruebas de detección que se presenta enseguida, se mencionan las cifras del "Estándar de oro", y aunque debes hacer lo posible para alcanzarlas, cuanto más cerca llegues, tanto más sana estarás. Recuerda que quizá estés haciendo todo bien y aun así necesites ayuda de medicamentos. No te preocupes. No te sientas mal al respecto. Muchos doctores recetan medicamentos para ayudar a aliviar ciertos síntomas, mientras la paciente realiza

ajustes en su estilo de vida. Piénsalo de esta manera: los cambios en tu estilo de vida son primero, luego vienen los medicamentos como apoyo, pero algunas veces deben ir juntos.

Lo que debes hacer: di la verdad, toda la verdad y nada más que la verdad

Cuando comiences tu examen anual, dile al doctor hasta el más mínimo detalle sobre ti y tu historial médico familiar. No te guardes nada y nunca mientas acerca de lo que haces y no haces. Tu doctor no está para juzgarte, sino para ayudarte (y si sientes que te juzga, busca otro médico). Algunos factores genéticos o de tu estilo de vida pasado o presente pueden tener efectos importantes en tu bienestar y tu doctor no puede conocerlos si no se lo dices. Prepárate también para informarle todo lo que sabes acerca de la salud de tus padres y hermanos. Para las mujeres, un indicador fundamental de la salud a largo plazo es el historial médico de la madre, en particular, sus experiencias con el embarazo y la menopausia.

Lo que debes hacer: deja que tomen tus medidas

En tu revisión anual, el doctor querrá examinar cómo está funcionando tu cuerpo y cómo se ve. ¿Estás engordando? Si es así, ¿es en la región abdominal? ¿Cuál es la forma natural de tu cuerpo? Al pasar los cincuenta, estas preguntas significan más para nosotras y nuestros doctores que cómo nos quedan los nuevos jeans. La manera en que se distribuye el peso y cuánto aumentas y bajas de peso cada año son indicadores tempranos importantes de problemas de salud. Tu doctor revisará lo siguiente:

- *Estatura*: para asegurarse de que no estés perdiendo altura, lo que podría ser señal de osteoporosis o escoliosis.
- *Peso*: pues los riegos de muchas enfermedades disminuyen si mantenemos el peso en un buen nivel. Aumentar o bajar de peso rápidamente puede ser síntoma de ciertas enfermedades graves.
- *Índice de masa corporal* (IMC): es más importante considerar el peso en relación con la estatura que el peso por sí mismo. Un IMC de 18.5 a 24.9 es ideal.
- *Circunferencia de la cintura*: indica cómo se distribuye la grasa corporal. Para las mujeres, es mejor medir menos de 89 cm, o menos de la mitad de su estatura.
- *Forma general*: para evaluar tus proporciones y forma en general. Muchas mujeres se preocupan innecesariamente por su peso cuando, de hecho, éste puede ser ideal para su constitución física. La forma de una mujer es un mejor indicador de su salud cardiovascular que el peso absoluto.
- *Electrocardiograma* (ECG): para observar cómo te encuentras por dentro. Te colocarán cables en ciertas partes del cuerpo, sobre todo en el pecho, y la máquina trazará una gráfica de la actividad eléctrica del corazón mientras éste late. Un ECG puede mostrar latidos del corazón anormales, daño en el músculo cardiaco, problemas de circulación de la sangre en las arterias coronarias y agrandamiento del corazón.

El médico te tomará la presión arterial en cada examen anual (o más seguido si existe alguna preocupación especial). Esta información se utiliza para controlar la salud del corazón y para medir los riesgos de padecer enfermedades cardiovasculares, infartos, diabetes y síndrome metabólico.

¿Qué es la presión arterial?

La presión arterial es la fuerza de la sangre contra las paredes arteriales cuando el corazón late y luego descansa. La medición de la presión arterial produce dos cifras: la presión sistólica (la cifra mayor) indica la presión que el corazón necesita para bombear sangre a todo el cuerpo. La presión diastólica (la cifra menor) indica la presión existente cuando el corazón se relaja entre latidos.

Presión arterial ideal para mujeres: menos de 120/70

Una presión arterial de 140/90 o mayor indica hipertensión (presión arterial alta).

¿Por qué es problemática la hipertensión?

La hipertensión fuerza al corazón a trabajar más duro de lo que debería y reduce el flujo de oxígeno en el cuerpo. Puede provocar enfermedades cardiovasculares, accidentes vasculares cerebrales, daño en los riñones, ceguera y muchos otros problemas médicos.

¿Qué puedes hacer con respecto a la hipertensión?

La hipertensión se vuelve un reto después de los cincuenta años debido a que los vasos sanguíneos se vuelven más rígidos y angostos con el paso del tiempo, lo que provoca o exacerba la hipertensión. La hipertensión también está directamente relacionada con el estilo de vida: la obesidad, fumar, no hacer ejercicio y comer demasiados alimentos procesados o con mucha sal. A menudo, si se cambia la forma de vida la presión arterial puede bajar naturalmente sin necesidad de medicamentos. La genética también puede contribuir a aumentar la presión arterial, pero los medicamentos ayudan a controlarla. Si has realizado un verdadero intento por bajar la presión arterial con cambios en tu estilo de vida, pero ésta no disminuye, tu doctor te prescribirá algún medicamento.

Compra un medidor de presión arterial para revisarla regularmente.

Un doctor te tomará muestras de sangre durante tu examen médico anual para realizar varias pruebas. Algunas de ellas se relacionan específicamente con la salud del corazón (colesterol, triglicéridos), mientras que otras son para darte a ti y a tu médico una idea de tu estado general de salud. Para mejores resultados, no comas ni bebas nada (excepto agua) por lo menos 9 horas antes de hacértelas (hay algunos otros exámenes de detección relacionados con la salud del corazón que explicaré en el siguiente capítulo). A continuación veremos algunos análisis de sangre comunes.

Análisis de colesterol en sangre

Los distintos tipos de colesterol son sustancias cerosas que se encuentran naturalmente en el cuerpo y son necesarias para construir las membranas celulares y ayudar con otras funciones celulares importantes. Demasiado colesterol puede obstruir las arterias y causar arteriosclerosis. Hay dos tipos principales de colesterol: HDL (el colesterol "bueno") y LDL (el colesterol "malo"). La fracción HDL está formada por lipoproteínas de alta densidad que remueven el colesterol de la sangre; la fracción LDL está formada por lipoproteínas de baja densidad que se acumulan y forman depósitos de colesterol en los vasos sanguíneos.

Guía de colesterol total para mujeres

Total: óptimo menos de 200
Limítrofe alto: 200-239
Alto: 240 en adelante

Total de LDL y HDL

La cifra de LDL debe ser baja. Si el LDL es demasiado alto, puede provocar que el colesterol se acumule y obstruya las arterias, lo que causa enfermedades cardiovasculares.

LDL: óptimo menos de 100
Cerca del nivel óptimo: 100-129
Limítrofe alto: 130-159
Alto: 160-189
Muy alto: 190 en adelante

HDL es el colesterol bueno que sirve para eliminar el colesterol malo (LDL) del organismo. Esta cifra debe ser alta, ya que indica cuánta protección tiene el corazón.

HDL: óptimo 60 en adelante

**Niveles ideales de colesterol
en sangre para mujeres:**

Total: menos de 200

HDL: más de 60

LDL: menos de 100

Examen de triglicéridos

El nivel de triglicéridos, otra cifra importante, es un indicador concluyente de posibles enfermedades cardiovasculares. Los triglicéridos son otro tipo de grasa (similar al colesterol) que se encuentra en la sangre. Lo que es relevante que tu médico y tú conozcan es que los niveles aceptables para las mujeres son menores que para los hombres. Aunque la American Heart Association considera que el nivel aceptable es por debajo de 150, estudios recientes de la American Heart Association y Women's Health Initiative indican que el riesgo de enfermedades cardiovasculares para una mujer de más de cincuenta años de edad aumenta después de que el nivel llega a más 50. No somos solamente hombres pequeños. Las mujeres tenemos una constitución biológica diferente. Habla de los triglicéridos con tu médico, porque la mayoría de los médicos de cabecera no conocen la información más reciente relativa a las mujeres. No es extraño que un nivel alto de triglicéridos vaya de la mano de un nivel alto de LDL y un nivel bajo de HDL.

**Nivel ideal de triglicéridos
para mujeres:**

Total: por debajo de 150 (trata de mantenerlo lo más bajo posible).

Si controlamos nuestro peso, aumentamos nuestra actividad física, dejamos de fumar y reducimos la ingesta de bebidas alcohólicas, grasas saturadas, grasas trans y colesterol, contribuiremos a reducir esta cifra. Es posible que también sea necesario tomar medicamentos.

Biometría hemática completa (BHC) y química sanguínea

La BHC le dará a tu doctor un conteo de glóbulos blancos, glóbulos rojos, hemoglobina, plaquetas y cualquier otra cosa que esté en la sangre, todo lo cual ayuda a determinar el estado de salud general. Por ejemplo, un conteo elevado de glóbulos blancos puede indicar inflamación o infección en alguna parte del cuerpo. La química sanguínea determina los niveles de varias sustancias que normalmente se encuentran en la sangre, como la vitamina D, vitamina B12, ferritina, homocisteína, ácido úrico, sodio, potasio y, lo más importante, glucosa, o azúcar en la sangre.

Azúcar en la sangre (glucosa)

Es más difícil regular el azúcar en la sangre después de cumplir cincuenta años. El nivel ideal es por debajo de 100. Los niveles de azúcar en la sangre por lo general fluctúan a lo largo del día. Si estás sana, aumentan y disminuyen sólo un poco, pero si no comes los alimentos adecuados, no lo haces con la debida frecuencia o no ejercitas tu cuerpo, los niveles de azúcar en la sangre pueden aumentar mucho o disminuir drásticamente, causando estragos en el organismo de muchas maneras. Un nivel elevado de azúcar en la sangre puede afectar la memoria, incluso si los niveles están sólo un poco altos. De forma más importante, si el nivel aumenta y se mantiene alto, corres el riesgo de enfermar de diabetes. Esto le puede suceder a cualquiera, pero es especialmente probable si tienes antecedentes familiares de diabetes, hipertensión y si tu ejercicio diario consiste en caminar del sofá al refrigerador y de regreso. La forma más eficaz de regular el azúcar en la sangre es —redoble de tambores, por favor— el plan combinado de comer bien y hacer alguna actividad física

(ver los capítulos 5 y 6). Pero primero, ve a que te revisen.

Nivel ideal de azúcar en la sangre:
Por debajo de 100.

Estudio de la función tiroidea en sangre

La glándula pituitaria secreta la hormona estimulante de la tiroides (TSH, por sus siglas en inglés), que provoca que esta glándula produzca, a su vez, la hormona tiroidea. Hay que comprobar el nivel de TSH para ver si la tiroides se encuentra sana o si tiene demasiada o muy poca actividad, ambas situaciones son comunes y tratables, y ocurren con más frecuencia en mujeres que en hombres.

¿Qué sucede con el hipotiroidismo?

La mayoría de las mujeres que tienen enfermedad tiroidea padecen de hipotiroidismo, que se diagnostica y trata con facilidad, a menudo con medicamentos. Los síntomas son: fatiga, libido disminuida, aumento de peso, colesterol alto, piel seca y depresión. Muy frecuentemente, las mujeres no hacen caso de estos síntomas, pensando que así es como uno debe sentirse después de los cincuenta.

¿Qué sucede con el hipertiroidismo?

Los síntomas del hipertiroidismo se asemejan a una enfermedad del corazón o a la angustia, porque provocan que la frecuencia cardiaca aumente. Las mujeres experimentan fatiga y pérdida de peso inexplicable. Además, la glándula tiroides puede inflamarse y doler, lo que es otra señal de que 1) no es un problema del corazón y 2) no está en tu mente. Por lo general requiere medicación.

Un nivel bajo de TSH puede ser también indicador de cáncer tiroideo, que es altamente detectable y tratable. Si se detecta en una etapa temprana, rara vez se traslada a otra parte del cuerpo, se limita a la glándula tiroides y casi siempre tiene cura.

El examen físico anual es una parte crucial de tu plan de salud

Conocerás de inmediato los resultados de tu presión arterial, medidas corporales y ECG, pero los análisis de sangre tienen que enviarse al laboratorio. Revisa los resultados con tu médico de cabecera y obtén un informe para incluirlo en tu archivo de información médica personal. Con base en estas cifras y tu estado de salud general, el médico determinará si puedes continuar con tu estilo de vida, si se requieren cambios pequeños o si tu plan de salud (que incluye tu estilo de vida) debe cambiar radicalmente.

Resumen de lo que sucede en el examen médico anual

- Conversa con tu doctor sobre cualquier cosa que te esté ocurriendo.
- Medidas de peso, estatura y cintura.
- Revisión de la presión arterial.
- ECG.
- Análisis de sangre.
- Seguimiento y hacer preguntas.
- Obtén un informe de tu examen que contenga todas las cifras relevantes para tu archivo de información médica personal.

Lo que debes hacer: conoce tus cifras

Conoce tu peso, estatura, presión arterial, colesterol HDL y LDL, niveles de triglicéridos y comprende lo que significan. Si no están en un nivel ideal, piensa en ellos la próxima vez que esperes a que se desocupe un lugar para estacionarte cerca de la tienda y no tener que caminar demasiado y la próxima vez que estés a punto de sopetear una dona en el café *latte*.

¿Eso es todo?

Después de los cincuenta años de edad, existen muchas más cosas que nos pueden suceder. No es que vayan a suceder, sino que pueden ocurrir. Así es la vida e ignorarlas no hará que desaparezcan.

Hay algunos otros exámenes de detección que deben hacerte para cerciorarte de que revelen ciertas enfermedades antes de que avancen demasiado. Junto con tu examen médico anual, estas otras pruebas son muy eficaces para descubrir ciertas enfermedades en etapas tempranas, cuando se pueden tratar. Algunas pueden salvarte la vida y otras mejorarán tu calidad de vida. No es posible examinar todo. Algunas cosas sólo requieren un análisis si tienes factores de riesgo específicos, como antecedentes familiares de cierta enfermedad o algún síntoma. Sin embargo, hay algunas pruebas aconsejables que podemos y debemos hacernos regularmente. Algunas requieren la intervención de otros doctores, aparte de tu médico de cabecera: visitas regulares al ginecólogo, optometrista u oftalmólogo y dentista son esenciales para la salud en general.

Lo que debes hacer: pruebas de detección esenciales

Colonoscopia

Una colonoscopia permite al médico observar e inspeccionar de cerca el interior del recto y todo el colon para buscar indicios de cáncer o pequeñas masas que podrían volverse cancerosas. El de colon es el tercer tipo de cáncer que se diagnostica más comúnmente en Estados Unidos. El riesgo de enfermarse de cáncer de colon se incrementa con la edad y más de 90 por ciento de los casos se diagnostican en personas mayores de cincuenta años. Este cáncer puede prevenirse y es tratable si se descubre en etapas tempranas. La única forma de detectarlo en una etapa temprana es realizando una colonoscopia, pero menos de 40 por ciento de los estadunidenses se la realizan. Hablando con franqueza, no es el examen médico favorito de todo el mundo. No obstante, es una muy buena idea.

El medio preferido sigue siendo la colonoscopia tradicional, no virtual (un procedimiento no invasivo que utiliza rayos x y computadoras para crear imágenes en tercera dimensión del colon). Piénsalo de esta manera: si el doctor que realiza una colonoscopia virtual observa algo que deba extirpar, adivina qué, vas a tener que someterte a un procedimiento quirúrgico para extirparlo. Una colonoscopia virtual sólo detecta los tumores, pero se requieren otros procedimientos para extirparlos. Además, ya sea que te hagan una colonoscopia tradicional o una virtual, deberás pasar por los desagradables preparativos del día anterior (limpiar completamente el colon) de todas formas. Y por añadidura, la mayoría de las compañías aseguradoras sólo cubren la colonoscopia tradicional y no la virtual. Si te la vas a practicar, y créeme, tienes que hacértela, hazlo de la forma correcta.

¿Con qué frecuencia debes realizarte una colonoscopia?

Si tus padres o parientes han tenido cáncer colorrectal, debes realizarte una colonoscopia diez años antes de la edad en la que se le diagnosticó el cáncer a tu familiar. Por ejemplo, si le diagnosticaron cáncer de colon a tu madre cuando tenía cincuenta y ocho años, debes realizarte la colonoscopia a los cuarenta y ocho. Si no hay antecedentes familiares

de cáncer de colon, realízate la primera colonoscopia a la edad de cincuenta años, y cada cinco o siete años en adelante, lo que aconseje tu doctor.

¿Y qué sucede con los años en los que no te realizas la colonoscopia?

Las mujeres de más de cincuenta años deben hacerse un examen de sangre oculta en heces cada año que no se hagan la colonoscopia. Este examen, que puede prescribir tu médico de cabecera, es una forma sencilla de ser previsora con tu salud, para que no permitas que nada pase inadvertido, por decirlo de alguna manera.

Prueba de detección de diabetes

La diabetes es un factor muy importante de riesgo de enfermedades cardiovasculares y accidentes vasculares cerebrales. Es también la principal causa de insuficiencia renal, ceguera y amputación de las extremidades inferiores en Estados Unidos. Es especialmente importante para las mujeres que la diabetes se diagnostique y controle, porque el riesgo que corre una mujer diabética de contraer enfermedades cardiovasculares es mayor que para un hombre con diabetes.

¿Qué es la diabetes?

La diabetes es un trastorno metabólico que afecta el páncreas e impide que el organismo procese el azúcar en la sangre o glucosa. Por lo general se clasifica como de tipo 1 o tipo 2. La diabetes tipo 1 tiene causas genéticas y casi siempre se diagnostica a niños o jóvenes. La diabetes tipo 2 puede tener influencia genética, pero en la mayoría de los casos se debe casi por completo al estilo de vida y se diagnostica sobre todo a personas mayores de cincuenta años.

¿Cuáles son los factores de riesgo de la diabetes tipo 2?

- Tener más de cincuenta años.
- Sobrepeso.
- Medida de cintura mayor que 89 cm, o la mitad de la estatura de la persona.
- No hacer ninguna actividad física.
- Antecedentes familiares de diabetes.
- Ser negro, hispano, indio norteamericano o de ascendencia asiática.
- Mujeres que dan a luz a bebés que pesan más de 4 kilos.

¿Cuáles son algunos de los síntomas de la diabetes tipo 2?

A veces no hay síntomas evidentes, pero tu médico revisará el nivel de azúcar en la sangre como parte de tu examen médico anual. Si la diabetes se detecta en una etapa temprana por medio de un simple análisis de sangre, los cambios en la dieta y el estilo de vida pueden invertirla. Las primeras indicaciones de la diabetes pueden revelarse en el estado llamado *prediabético*, que comúnmente se detecta por una sobreproducción de insulina: antes de que el nivel de azúcar en la sangre aumente, los niveles de insulina tienden a incrementarse. Algunos de los síntomas más comunes de diabetes incluyen:

- Fatiga.
- Náusea.
- Necesidad frecuente de orinar.
- Sed fuera de lo normal.
- Pérdida de peso inexplicable.
- Visión borrosa.
- Infecciones frecuentes.
- Úlceras que no sanan con rapidez.

¿Cuáles son las señales de que te encuentras en estado prediabético?

- El nivel de insulina aumenta.
- Aumento de peso (específicamente en la región abdominal).
- Aumento del apetito.
- Presión arterial elevada.

Incluso en estado prediabético puede ser difícil realizar cambios eficaces en el estilo de vida para invertir la tendencia. El médico puede comenzar a tratar a la paciente con un medicamento que ayude a aliviar los síntomas del estado prediabético, mientras ella empieza a hacer ajustes en su estilo de vida. Esto le dará una gran oportunidad para mejorarlo y, a la larga, dejar el medicamento. Esta medida contribuye a romper el ciclo, antes de que se convierta por completo en diabética.

¿Con qué frecuencia debes realizarte el análisis de azúcar en la sangre para detectar la diabetes?

Cada año durante tu examen médico anual. La mayoría de los médicos te considerarán diabética si tu nivel de glucosa es superior a 126.

Prueba de Papanicolau, examen pélvico y prueba del virus del papiloma humano (VPH)

Estas tres importantes pruebas miden tu salud ginecológica. La prueba de Papanicolau la realiza tu ginecólogo durante tu revisión ginecológica anual para detectar cáncer cervicouterino. Es un complemento del examen pélvico y detecta cambios anormales en las células cervicales que pueden volverse cancerosas. Antes de que se inventara la prueba de Papanicolau, el cáncer cervicouterino era la primera causa de muerte por cáncer en mujeres. Ahora se ubica en la decimoquinta posición y tiene un índice porcentual de cura de 92 por ciento cuando se detecta en etapa temprana. La prueba del virus del papiloma humano (VPH) también se realizará, en especial si tu Papanicolau sale anormal, o se te ha diagnosticado una enfermedad de transmisión sexual (ETS), si practicas sexo inseguro, o sexo seguro con múltiples parejas. El VPH es una infección común de transmisión sexual y es la principal causa de cáncer cervicouterino (ver el capítulo 3 para mayor información). Asegúrate de que te hagan estas pruebas durante tu revisión ginecológica anual.

Pruebas de enfermedades de transmisión sexual (ETS)

El hecho de tener más de cincuenta años no significa que no podamos divertirnos. No obstante, incluso las mujeres mayores deben tener diversión segura. Usa condones, no tengas relaciones sexuales arriesgadas y asegúrate de conocer las prácticas de tu pareja antes de comenzar. No importa que no hayas tenido relaciones sexuales desde hace algún tiempo, aun así es prudente hacerse la prueba. Analiza los factores de riesgo con tu ginecólogo y juntos decidan si debes realizarte pruebas de VIH, hepatitis B y C y sífilis cuando vayas a tu revisión ginecológica anual. Por supuesto, considera realizarte las pruebas si vas a comenzar una nueva relación sexual, e insiste en que tu pareja haga lo mismo. Otros tipos comunes de ETS incluyen verrugas genitales, herpes genital y tricomoniasis. Todas tienen síntomas evidentes.

Autoexploración de mama y mamografía (radiografía de mama)

Hemos avanzado mucho en el diagnóstico y tratamiento del cáncer de mama y, cuando se detecta a tiempo, el porcentaje de supervivencia es de hasta 97 por ciento. La clave es la detección temprana. Una autoexploración mensual es una de las mejores maneras de cuidar de tu salud, y de acuerdo con la National Breast Cancer Foundation, 70 por ciento del cáncer de mama detectado es por mujeres que se autoexaminan. Se recomienda una mamografía anual después de los cincuenta años de edad. Muchas mujeres de más de cincuenta también se realizan un examen de ultrasonido mamario, ya sea al mismo tiempo que la mamografía o seis meses después de este estudio, para hacerse examinar los senos con una u otra prueba de detección dos veces al año en lugar de una. Debido a que a mi hermana le diagnosticaron hiperplasia ductal atípica (una forma de precáncer) a la edad de cuarenta y siete años, ahora voy a que me hagan un estudio de resonancia magnética de los senos al mismo tiempo que la mamografía. Debes hablar de esta opción con tu médico, para ver si es conveniente en tu caso, aunque no todas las compañías aseguradoras lo cubren (ver el capítulo 3 para más información sobre cáncer de mama).

Densitometría ósea (DEXA)

Debes ser suficientemente fuerte para valerte por ti misma cuando envejezcas. Tu primera prueba de densidad ósea debe realizarse a la edad de cincuenta años y, en lo sucesivo, cada dos años. Una densitometría es un procedimiento sencillo. Una prueba a tiempo de pérdida de masa ósea es esencial para asegurar que no te dé osteoporosis, enfermedad en la que se pierde una cantidad considerable de masa ósea y los huesos se deterioran, lo que los vuelve más vulnerables a fracturas. La pérdida leve de densidad ósea es tratable con medicamentos que detienen el deterioro progresivo que provoca esta enfermedad. La mejor defensa es incrementar el consumo de calcio y vitamina D con alimentos y suplementos, y comenzar un programa de entrenamiento de fuerza (ver los capítulos 5 y 6).

Prueba de detección de cáncer de piel

Cada hora una persona muere de melanoma en Estados Unidos y el de piel se diagnostica cada vez más al año que cualquier otro tipo de cáncer. Si el cáncer de piel se detecta a tiempo, hay excelentes probabilidades de curarlo. Sin embargo, si no se detecta, es un cáncer que avanza muy rápido. Por lo menos una vez al mes, examina tu cuerpo para ver si no hay cambios. Realiza este examen mensual a la luz del día y frente a un espejo de cuerpo entero. (Un consejo útil: realiza la autoexploración de mama al mismo tiempo.) Si notas algún cambio en lunares que ya tenías o descubres nuevos, visita a tu dermatólogo cuanto antes. Aunque algunas personas corren mayor riesgo que otras (personas rubias o pelirrojas de piel blanca, por ejemplo), todos estamos en riesgo. Visita a tu dermatólogo cada año para un examen de cuerpo completo, que incluya el cuero cabelludo y entre los dedos de los pies. (Lee el capítulo 7, donde encontrarás más consejos para el debido cuidado de la piel.)

Examen de la vista

En los últimos años, he tenido que utilizar un espejo con aumento de 6x junto al espejo del baño para no terminar poniéndome el rímel en los labios. La presbicia (enfermedad relacionada con la edad que dificulta que los ojos enfoquen objetos cercanos) es una consecuencia natural de envejecer. Aunque la presbicia afecta a casi todo el mundo, hay muchas enfermedades relacionadas con los ojos que son más serias. Todas ellas pueden detectarse en etapas tempranas durante el examen anual de la vista.

- *Glaucoma*: es un grupo de enfermedades que dañan el nervio óptico. El más común de estos daños ocurre cuando los conductos de drenaje del ojo se obstruyen parcialmente.
- *Cataratas*: las cataratas relacionadas con la edad son comunes en personas mayores de 60 años. Una de las causas principales es la exposición a la radiación tipo B de rayos ultravioleta del sol. Con esta enfermedad, el cristalino comienza a opacarse y afecta la visión. Se corrige quirúrgicamente con la extirpación del cristalino afectado, el cual se sustituye con una lente intraocular permanente, hecha de plástico.
- *Degeneración macular*: es una de las causas principales de ceguera en personas mayores y la causa es el endurecimiento de las arterias dentro de la mácula, que es el tejido fotosensible en el centro de la retina. Es esencial hacerse una revisión anual, ya que es muy difícil detectarla por uno mismo. El tratamiento casi siempre es con medicamentos y algunas veces se utiliza cirugía láser.

¿Qué puedes hacer para conservar la vista?

Haz ejercicio y come bien. Las zanahorias ayudan mucho, ya que tienen altos niveles de betacaroteno, que se sintetiza en vitamina A. Las vitaminas C y E y los ácidos grasos Omega 3 pueden ayudar a reducir el riesgo de cataratas. Fumar y exponerte demasiado al sol es lo peor que puedes hacer a tus ojos.

Lo mejor que puedes hacer por tus ojos

- No fumes.
- No te expongas demasiado al sol.
- Utiliza siempre anteojos oscuros para protegerte contra los rayos solares, pero también contra el medio ambiente en general. (Ventaja adicional: los anteojos oscuros también protegen la piel delicada alrededor de los ojos, lo que reduce las arrugas.)
- Utiliza sombrero siempre que sea posible. Esto también protege la piel facial.
- Come muchas frutas y verduras (en especial zanahorias y camotes) y toma aceite de linaza todos los días.
- Para ojos resecos utiliza gotas humectantes varias veces al día,

pero evita las gotas que quitan la irritación de los ojos, ya que sólo funcionan temporalmente y al final provocan que los ojos se enrojezcan más.

- Los anteojos para leer no tienen que estar graduados por un médico para ser eficaces. Los anteojos prefabricados que se venden en muchas tiendas están bien, siempre que los compres con la graduación correcta. Tu oftalmólogo u optometrista puede decirte qué graduación debes pedir.

- Al usar la computadora, utiliza anteojos para leer que tengan la mitad del aumento de tus anteojos de lectura habituales.

- Si trabajas mucho en la computadora (o si la usas sólo por diversión), asegúrate de tomar descansos periódicos para que los ojos puedan descansar. Es útil que apartes la vista de la pantalla unos minutos, pero si te es posible, asómate a la ventana o sal cada veinte minutos para que enfoques objetos lejanos y contrarrestes el efecto de "foco cercano".

- Mientras estés frente a la computadora, mantén el asiento alto, en lugar de bajo, para ver la pantalla hacia abajo. Esto causa que los

párpados estén más cerrados que abiertos, lo que reduce la circulación del aire alrededor de los ojos y ayuda a prevenir la resequedad de los ojos.

Prueba de audición

Al cumplir sesenta y cinco años, una tercera parte de las mujeres será candidata a utilizar aparatos contra sordera. Y puede que yo sea una de ellas pronto, ya que mi esposo y mis hijos algunas veces tienen que repetir lo que me dicen; y no es porque no les preste atención (bueno, la mayoría de las veces).

¿Con qué frecuencia debes revisarte los oídos?

Tu médico de cabecera te revisará los oídos durante el examen médico anual para ver si hay acumulación de cerumen y demás. Después de los cincuenta, debes ver a un especialista cada tres años para que te revise los oídos, conductos auditivos, tímpanos y se asegure de que no tengas ningún problema grave.

¿Qué puedes hacer para mantener intacto el sentido del oído?

- Si utilizas audífonos o auriculares pregunta a una amiga sentada cerca de ti si alcanza a oír la música. Si es así, la música está demasiado fuerte.

- Si aún asistes a conciertos de rock (¡yo aún lo hago!) lleva tapones suaves de espuma para los oídos. Podrás oír la música de todas formas, sólo que el nivel de ruido no lastimará los tímpanos.
- El cerumen es una barrera protectora y contiene elementos que combaten las bacterias. Pero demasiado se acumula. Los médicos aconsejan no utilizar hisopos y prefieren que se utilicen gotas para los oídos que suavizan el cerumen para que pueda salir fácilmente durante la ducha.

Revisión y limpieza dental

Ver a tu dentista dos veces al año para una revisión y limpieza dental no sólo es importante para mantener los dientes blancos. También necesitas examinarte para detectar la enfermedad periodontal (enfermedad de las encías) y el cáncer bucal.

- *Enfermedad periodontal*: es una enfermedad bacteriana crónica de las encías que destruye el hueso y el tejido que sujetan los dientes, y es la causa principal de pérdida de dientes en los adultos. La enfermedad periodontal está relacionada con un incremento en el riesgo de padecer enfermedades cardiovasculares y artritis reumatoide. Las bacterias orales pueden penetrar en el torrente sanguíneo, adherirse a las placas de grasa en las arterias coronarias y provocar que se formen coágulos. Las revisiones periódicas, limpiezas, cepillado y uso de hilo dental varias veces al día reducen este riesgo.
- *Cáncer bucal*: aunque es relativamente poco común, el cáncer bucal mata a más de 8,000 personas al año, el doble de muertes que el cáncer cervicouterino. Debes estar atenta a las señales: manchas blancas o rojas en la boca. Si las detectas, informa a tu dentista de inmediato y muy probablemente te recomendará a un oncólogo oral. El tabaco y el abuso del alcohol son los principales sospechosos que causan el cáncer bucal, aunque también se ha establecido una relación entre el cáncer de boca y el VPH (virus del papiloma humano), el mismo virus que provoca la mayoría de casos de cáncer cervicouterino.

Lo que debes hacer: vacúnate

Después de los cincuenta años, vacunarse contra enfermedades comunes puede ahorrarnos dolor, sufrimiento y otras cosas peores; la influenza y la neumonía se clasifican apenas por debajo de la diabetes como causas importantes de muerte.

Las siguientes son las vacunas que debes ponerte y la frecuencia con que debes hacerlo:

- Vacuna contra la gripe cada año.
- Vacuna neumocócica (contra la neumonía) cada año después de los 65 años de edad.
- Vacuna de refuerzo DTP (contra difteria, tétanos y tos ferina) cada 10 años.
- Vacuna Zostavax (contra el herpes) una vez después de los 60 años de edad.
- Vacuna contra la hepatitis B antes de viajar a un país tercermundista.

Lista maestra de "Lo que debes hacer"

Los elementos más importantes y eficaces de la lista de "Lo que debes hacer" están bajo tu control, y la mayoría sólo requieren sentido común. A continuación presento un resumen de medidas preventivas específicas que puedes tomar para asumir el control de tu salud y bienestar.

Ahora mismo:

- Organiza tu información médica en un solo lugar.
- Lleva tu información esencial de salud en tu billetera.
- Busca un médico de cabecera.

Una vez al año:
Un examen médico para lo siguiente:

- Presión arterial.
- Análisis de sangre.
- Medidas corporales.
- Densitometría ósea.
- Prueba de sangre oculta en heces (o una colonoscopia, se recomienda cada 4-7 años, según la opinión de tu médico de cabecera).
- Prueba de diabetes.
- Mamografía.

Revisión ginecológica anual para lo siguiente:

- Prueba de Papanicolau.
- Examen pélvico.
- Prueba del VPH.

Otras pruebas:

- Prueba de cáncer de piel.
- Vacunas contra la gripe y cualquier otra que necesites.
- Examen de la vista anual.
- Prueba de audición (cada tres años si oyes bien).

Dos veces al año:

- Revisión y limpieza dental.

Cada mes:

- Autoexamen de la piel a luz del día frente a un espejo de cuerpo entero.
- Autoexploración de mamas.

Todos los días:

- Duerme entre siete y ocho horas.
- Usa hilo dental y lávate los dientes varias veces al día.
- Come alimentos sanos con bajo contenido de grasas saturadas.
- Toma suplementos (multivitamínicos, calcio, vitamina D y aceites Omega 3).
- Ejercítate, incluye ejercicios para la salud del corazón y fortalecer el cuerpo.
- Mantén la medida de tu cintura por debajo de 89 cm, o menos de la mitad de tu estatura.
- Utiliza bloqueador solar (por lo menos con factor de protección solar 30), anteojos para sol y sombrero cuando estés fuera.
- Escucha tu cuerpo y observa los cambios en cómo te sientes.

Lista maestra de "Lo que no debes hacer"

Hay cosas que puedes hacer y decisiones que tomar todos los días para prevenir que algunas cosas feas ocurran. Más de 80 por ciento de todos los tipos de cáncer, por ejemplo, se relacionan directamente con el uso de productos de tabaco, lo que comes (o no comes) y bebes y con la actividad física. Asume el control y destierra de tu vida "Lo que no debes hacer".

Lo que no debes hacer:

- Fumar.
- Comer muchas grasas saturadas, alimentos procesados o con mucha sal.

- Tomar más de una bebida alcohólica al día o siete bebidas alcohólicas en una semana.
- Usar una cabina de bronceado o pasar tiempo en el sol sin bloqueador o sombrero.
- Tener sobrepeso, especialmente en el abdomen.
- Ser sedentaria.
- Tener relaciones sexuales sin protección.
- Hacer caso omiso de los cambios en tu cuerpo o suponer que la mala salud, los dolores y achaques, la pérdida de memoria y demás son "normales".

Lo más importante de todo: aprende a escuchar (a ti misma)

Somos muy afortunadas de vivir en una época en la que muchas enfermedades y trastornos pueden prevenirse, y algunas pueden detectarse a tiempo debido a los exámenes de diagnóstico. Sin embargo, incluso sin ellos, tu cuerpo siempre te dará una señal cuando algo no esté bien: una tos fastidiosa que no desaparece, sangrado vaginal cuando no has tenido tu periodo en cuatro años, dolor estomacal crónico sin importar lo que comas. Si prestas atención, tu cuerpo te dirá mucho, así que date tiempo para escuchar lo que te dice.

Actúa

Además de lo que se recomienda en este capítulo, otros componentes de un estilo de vida saludable se detallan en los capítulos 5 y 6. Sigue los programas recomendados y revisa los resultados cuando vayas a tu siguiente examen médico. Si haces un gran esfuerzo para cambiar tu estilo de vida (o incluso uno pequeño, para empezar) y las cifras de los indicadores de salud no cambian mucho, no te des por vencida. La genética es una influencia muy poderosa en nuestros cuerpos. Tal vez necesites un medicamento o dos que te ayuden a llegar a donde quieres, y eso está bien. Los buenos hábitos en tu estilo de vida te premiarán de todas formas, incluso si resultan difíciles o si tardan mucho tiempo en surtir efecto. Cada pequeño paso que des para alcanzar tus objetivos te acercará cada vez más a una buena salud. Está en tus manos y es tu derecho estar en forma, sana, productiva y feliz el resto de tu vida. No te preocupes, ocúpate de tu salud.

CAPÍTULO 2

Mantener el ritmo

Quiere a tu corazón

Mi abuela una vez me dijo: "Los ataques al corazón no nos vienen de familia, pero el cáncer sí". Gracias, abuela, es un pensamiento muy reconfortante. Sin embargo, tenía razón: tener antecedentes familiares de enfermedades cardiovasculares es un factor de riesgo. Me consolaba muy poco saber que nadie en mi familia había muerto de un ataque al corazón, porque recuerdo haber leído en algún lado que cuando una mujer cumple cincuenta, automáticamente está en riesgo. ¿Sería cierto? Quizá entendí mal. ¿O no llevaba puestos los anteojos para leer?

El corazón del asunto

Cuando me di cuenta de lo poco que sabía en realidad sobre el corazón y los riesgos relacionados con las enfermedades cardiovasculares, me sentí desconcertada. ¿Dónde me encontraba yo en el espectro? ¿Estaba haciendo lo correcto para que mi corazón siguiera latiendo mucho tiempo más? ¿De verdad estoy en riesgo sólo por ser una mujer de más de cincuenta años? No tenía la menor idea.

Esto es lo que quería saber:

- La información básica de las enfermedades cardiovasculares.

- Los riesgos para las mujeres mayores de cincuenta años de edad.
- Pruebas de detección y exámenes que debemos considerar.
- Formas de prevenir las enfermedades cardiovasculares.
- Las señales de advertencia de un ataque al corazón y un accidente vascular cerebral.

No estoy sola

La mayoría de las mujeres se sienten tan confundidas como yo sobre las enfermedades cardiovasculares. Seguimos pensando que se trata de una "enfermedad de hombres", pese a que cada año mata a más mujeres que a hombres. Esta falta de comprensión implica que muchas mujeres tienden a pasar por alto los síntomas físicos de una enfermedad cardiovascular, y los médicos a veces culpan de todo al estrés. Por fortuna, ahora se presta más atención a las mujeres posmenopáusicas y se realizan más estudios que destacan los riesgos de salud propios de las mujeres. Mientras más aprendamos, más sanas seremos.

¿Qué debemos conocer?

La doctora Jennifer Mieres es una de las "especialistas en corazones sanos" más respetadas e importantes de Estados Unidos. Es la directora de Cardiología Nuclear del Centro Médico de la Universidad de Nueva York y portavoz nacional de la campaña de salud cardiovascular femenina de la American Heart Association. La doctora Mieres es el paladín de la defensa de los pacientes y asistencia a la comunidad en lo que se refiere a las enfermedades cardiovasculares de mujeres. Ella comenzó mi educación con esta estadística muy importante:

Las enfermedades cardiovasculares son la principal causa de muerte de las mujeres

Para explicarse mejor, añadió otros datos desconcertantes:

- Las enfermedades cardiovasculares son responsables de una de cada tres muertes al año en mujeres: más que todos los tipos de cáncer combinados.
- Los accidentes vasculares cerebrales son la tercera causa de muerte de las mujeres, después de las enfermedades cardiovasculares y el cáncer, pero son la primera causa de discapacidad.
- Una de cada ocho mujeres de entre cuarenta y cinco y sesenta y cinco años ya tienen algún tipo de enfermedad cardiovascular.

- Más mujeres que hombres mueren de enfermedades cardiovasculares.

Es preciso que las mujeres estén mejor informadas sobre las enfermedades cardiovasculares

- Más de 95 por ciento de las mujeres que mueren de una enfermedad cardiovascular tienen por lo menos uno de los factores principales de riesgo.
- 95 por ciento de las mujeres que sufren ataques al corazón comienzan a sentir los síntomas un mes o más antes de que ocurra el ataque.
- Las mujeres tienden a esperar más que los hombres antes de ir al hospital.
- Dos terceras partes de las mujeres que les da un ataque al corazón no llegan al hospital.
- Para las mujeres, la edad se convierte en un factor de riesgo después de los cincuenta años.

Podemos cambiar estas estadísticas

- Las mujeres pueden disminuir el riesgo de padecer enfermedades cardiovasculares en más de 82 por ciento si hacen cambios sencillos y saludables en su estilo de vida.

- Más de 80 por ciento de las enfermedades cardiovasculares son prevenibles.

¿Qué indican estos datos?

Primero (por si no es más que obvio a estas alturas), las enfermedades cardiovasculares son la amenaza principal a la salud de la mujer, en especial al ir envejeciendo. El simple hecho de tener más de cincuenta años y ser mujer te coloca en riesgo. Segundo, las mujeres tienden a hacer caso omiso de los síntomas. Pero he aquí lo importante: la mayoría de las enfermedades cardiovasculares pueden prevenirse.

Sin embargo, para comprender los riesgos y las mejores estrategias de prevención, es necesario conocer cierta información básica sobre cómo funcionan el corazón y las arterias y todo lo que la terminología médica al respecto significa.

¿Qué son las enfermedades cardiovasculares (ECV)?

Las enfermedades cardiovasculares, también conocidas como ECV, son la designación general de un grupo principal de enfermedades y anomalías relacionadas con el corazón, que incluyen ataques al corazón, accidentes vasculares cerebrales, insuficiencia cardiaca congestiva, enfermedad vascular periférica y cardiopatía congénita. ECV es el término que utilizaré en todo el capítulo para referirme a las enfermedades relacionadas con el corazón.

¿Qué es la enfermedad arterial coronaria (EAC) y la enfermedad coronaria (EC)?

Son dos términos comunes que designan la misma enfermedad. Se usan de manera intercambiable para describir una enfermedad provocada por el endurecimiento y estrechamiento de las arterias (arteriosclerosis) que disminuye la irrigación sanguínea en el corazón Es un tipo de ECV.

¿Qué es la arteriosclerosis?

Las arterias son los conductos que transportan la sangre del corazón al resto del cuerpo, y pueden endurecerse y estrecharse con el paso del tiempo. Este proceso, conocido como arteriosclerosis (que significa "endurecimiento de las arterias"), provoca que el corazón bombee frenéticamente sangre a través de las arterias. Cuando las arterias se estrechan y endurecen debido a la acumulación de sustancias grasas, la causa más común, se le denomina *ateriosclerosis*. (Recuerdo que cuando era niña oía hablar de los ancianos de la familia y vecinos que tenían "endurecimiento de las arterias", algo mucho más sencillo de decir, ¿no te parece?) Todo este proceso es silencioso y lento. Sucede a lo largo de muchos años y es causa común de ataques al corazón, accidentes vasculares cerebrales y otras enfermedades cardiovasculares. Es prevenible y tratable y, como la arteriosclerosis es muy importante para entender las ECV, debes saber más al respecto.

Datos básicos sobre el "endurecimiento de las arterias":

- La arteriosclerosis comienza cuando el interior de las arterias se daña debido al tabaquismo, presión arterial alta, colesterol alto o una combinación de estos factores.
- La inflamación de las partes lesionadas crea protuberancias a lo largo de las paredes arteriales, y se pueden formar placas de colesterol en dichas protuberancias.
- A medida que avanza la arteriosclerosis, las protuberancias crecen y bloquean la arteria.
- Cuando se obstruyen las arterias, la irrigación sanguínea de múscu-

los y órganos se reduce, lo que puede causar otros problemas.
- Cuando las arterias se estrechan a consecuencia de la acumulación de placa, pueden detener temporalmente la circulación de la sangre y causar dolor.
- A veces una parte de la placa se desprende o rompe de repente, lo que puede formar un coágulo en la arteria que obstaculiza el flujo sanguíneo.
- Si el coágulo se forma en el corazón, puede provocar un ataque a ese músculo.
- Si un coágulo se forma en el cerebro, puede provocar un accidente vascular cerebral. Si se forma en las piernas, puede provocar enfermedad vascular periférica (EVP).

La arteriosclerosis ocurre en diferentes partes del cuerpo: el corazón, el cerebro y las piernas, y provoca diferentes tipos de ECV:

- *Enfermedad arterial coronaria* (EAC): cuando la placa comienza a acumularse en las arterias del corazón, se conoce como *enfermedad arterial coronaria* (EAC). La EAC puede provocar angina de pecho (dolor en el pecho). Una ruptura repentina que crea un coágulo puede provocar un ataque al corazón. La EAC es la principal causa de muerte entre las mujeres.

- *Enfermedad vascular cerebral*: cuando la placa se acumula en las arterias del cerebro, se conoce como *enfermedad vascular cerebral*. Si la placa se fractura y bloquea la irrigación sanguínea en el cerebro, provoca un accidente vascular cerebral, que tiene el potencial de causar daño permanente en el cerebro; ésta es la tercera causa de muerte de las mujeres, pero la primera causa de discapacidad. Los bloqueos temporales de las arterias del cerebro provocan accidentes isquémicos transitorios (AIT), que son señales de advertencia de que se puede presentar un verdadero accidente vascular cerebral en el futuro próximo.

- *Enfermedad vascular periférica* (EVP): cuando las arterias de las piernas se endurecen y estrechan debido a la acumulación de placa, provocan mala circulación, dolor al caminar, heridas y úlceras que no sanan. La EVP es una enfermedad común de las personas de más de cincuenta años y es la causa principal de discapacidad

en los diabéticos. Algunas veces la gente piensa que el dolor de piernas al caminar es parte de envejecer, lo que a menudo impide que reciban el diagnóstico y tratamiento adecuados.

¿Cómo saber si uno tiene arteriosclerosis?

Si tienes alguno de los síntomas específicos de las ECV (dolor u opresión en el pecho, fatiga sin explicación, disminución de la capacidad para hacer ejercicio, falta de aliento, mala circulación o dolor en las piernas), debes consultar a tu médico, quien te recomendará a un cardiólogo. Tu médico de cabecera también buscará señales de arteriosclerosis durante tu examen médico anual. Cuando el doctor te toma el pulso, mide la presión arterial o ausculta el corazón con el estetoscopio, está revisando que tus arterias estén despejadas.

Si tu doctor sospecha que tienes arteriosclerosis, es probable que ordene algunas de las siguientes pruebas para buscar bloqueos en las arterias:

- Análisis de sangre para medir los niveles de colesterol y azúcar en la sangre.

- Estudios de ultrasonido para medir la circulación sanguínea y la presión arterial en diferentes partes del cuerpo.
- Electrocardiograma (ECG) para medir los impulsos eléctricos del corazón. Algunas veces el ECG se combina con ejercicio, lo que se conoce como *prueba de esfuerzo*, en la que tendrás que caminar o correr en una caminadora o pedalear en una bicicleta fija.
- Una angiografía es una especie de radiografía que utiliza un tinte especial que se inyecta en las arterias para observar cómo circula la sangre por el cuerpo y detectar algún bloqueo.

¿Qué puedes hacer para prevenir la arteriosclerosis?

Ya sea que necesites un procedimiento o un medicamento, la verdadera clave de la prevención es adoptar un estilo de vida saludable. Sin importar dónde te encuentres en el espectro de riesgo de las enfermedades cardiovasculares, o cuáles sean tus factores personales de riesgo, es posible reducir el riesgo en 82 por ciento si te alimentas adecuadamente, haces ejercicio, no fumas, controlas la presión arterial y te mantienes en un peso saludable.

¿Qué puede hacerse si te han diagnosticado arteriosclerosis?

Para las mujeres que ya tienen arteriosclerosis avanzada, ciertos fármacos pueden frenar o prevenir la acumulación progresiva de placa y disminuir el daño a las arterias. Dependiendo del nivel, el lugar donde ocurre y la causa de la acumulación, los doctores pueden prescribir medicamentos que reducen los niveles de colesterol, como las estatinas y fibratos, o anticoagulantes, como Coumadin, o antiagregantes plaquetarios, como la aspirina. Algunos medicamentos para tratar factores de riesgo como la hipertensión o la diabetes también pueden ser útiles.

En casos graves de arteriosclerosis pueden ser necesarios medicamentos para disolver coágulos, procedimientos invasivos como la angioplastia, colocación de un stent vascular, o algún otro procedimiento quirúrgico. La angioplastia es un procedimiento más o menos común en el que los doctores abren con láser una arteria obstruida o utilizan un catéter delgado para inflar un globo pequeño que comprime la placa contra las paredes arteriales. Algunas veces un tubo de malla, denominado stent vascular, se coloca después en la arteria para mantenerla despejada. La endarterectomía es un procedimiento quirúrgico que remueve la placa y las grasas de la arteria obstruida y con frecuencia se utiliza en el cuello para prevenir accidentes vasculares cerebrales. En los casos más drásticos, los cirujanos injertan un *bypass* vascular (un tubo hecho de material sintético, o un segmento de un vaso sanguíneo de otra parte del cuerpo) para crear una desviación que circunvala la arteria obstruida.

¿Qué es la enfermedad coronaria oculta?

Aunque a millones de mujeres se les ha diagnosticado alguna ECV, hay algunos millones más que tienen una enfermedad cardiovascular muy difícil de diagnosticar, conocida como "angina microvascular". También se conoce como "enfermedad coronaria oculta". En esta enfermedad, la placa se acumula en las paredes de arterias sumamente pequeñas, en lugar de las arterias más grandes, como es típico en la arteriosclerosis. ¿Qué significa esto? Si tienes síntomas de alguna enfermedad cardiovascular, como opresión en el pecho o falta de aliento, pero tu angiografía (el examen para detectar bloqueos en arterias grandes) muestra que todo está normal, no te detengas ahí. Asegúrate de informar a tu doctor

que tienes estos síntomas. Existen varias pruebas diagnósticas de alta sensibilidad que quizá necesites, que se diseñaron específicamente para detectar la angina microvascular. Presta mucha atención, porque tener esta enfermedad es un factor de riesgo de las ECV.

Tres pruebas que debes conocer:

- *Ultrasonido Doppler carotideo*: ondas de sonido que detectan bloqueos en el cuello.
- *Tomografía computarizada del corazón*: una tomografía muy veloz que detecta la acumulación de calcio en las arterias coronarias, así como posibles bloqueos.
- *Imagen por resonancia magnética* (IRM): detecta bloqueos importantes de las arterias coronarias.

Estas pruebas sólo se realizarían si tienes síntomas y no hay otra forma de explicarlos.

¿Cómo saber si estás en riesgo de sufrir una enfermedad cardiovascular?

En el pasado, la salud del corazón de la mujer se evaluaba con los mismos criterios que para el hombre. Se utilizaban las mismas categorías de nivel de riesgo alto, medio o bajo con que se evaluaba a los hombres y luego nos daban tratamiento según dicha clasificación. Ya no es así. Ahora tenemos criterios exclusivos de clasificación para determinar los riesgos de por vida que tienen las mujeres de sufrir ECV. Estos criterios son:

- Alto riesgo, si ya te diagnosticaron alguna ECV o tienes múltiples factores de riesgo.
- En riesgo, si tienes UN factor de riesgo (ver lista a continuación).

¿Cuáles son los factores de riesgo de ECV?

Mencioné los factores de riesgo en una explicación breve de "las cifras" (ver el capítulo 1). Ser mujer mayor de cincuenta años es un factor de riesgo, así que ¿qué crees? Todas estamos en la categoría "en riesgo". En consecuencia, si agregas uno o más de los siguientes factores a "ser mujer mayor de cincuenta años", te colocarás en la categoría de "alto riesgo". Por lo tanto, nuestra meta debe ser mantenernos, del mejor modo posible, en la categoría "en riesgo" por el resto de nuestras vidas. Casi 90 por ciento de todos los ataques al corazón son provocados por los siguientes factores de riesgo:

- *Presión arterial alta*: debe ser de 120/70 o menor.
- *Nivel alto de azúcar en la sangre*: debe estar por debajo de 100.
- *Nivel alto de colesterol total y* LDL: el LDL debe estar por debajo de 100 (trata de que sea inferior a 70) y el total no debe ser superior a 200.
- *Triglicéridos altos*: trata de mantenerlos por debajo de 150.
- *Grasa visceral*: es la grasa alrededor del abdomen, indicada por una medida de más de 89 cm, o más de la mitad de tu estatura.
- *Inactividad*: incluso si eres delgada, pero no haces ejercicio.
- *Si fumas*: es difícil, pero intenta dejarlo si todavía fumas.
- *Antecedentes familiares de ECV*: investiga todo lo que puedas acerca de tus parientes afectados.
- *Demasiado estrés*: elimínalo de tu vida. Tal vez te estrese leer esta lista, pero piénsalo de esta manera: puedes controlar la mayoría de estos factores de riesgo.

No puedes controlar dos de estos factores: tener antecedentes familiares de enfermedades cardiovasculares y ser una mujer de más de cincuenta años. No obstante, no dejes que esto te vuelva loca. Si realmente haces todo lo que está a tu alcance para reducir al mínimo los riesgos (por ejemplo, tomar medicamento si es necesario), estarás bien. Muchos de estos factores de riesgo están en tus manos: fumar, control del peso, estrés y hacer ejercicio. Si estás en la categoría de "alto riesgo", examina la lista de factores y trata de controlar los que puedas.

Síndrome metabólico: tres o más de estos factores y seguro que lo tienes

El síndrome metabólico es un término utilizado para describir un grupo de factores de riesgo independientes que aumentan las probabilidades de tener diabetes, enfermedades cardiovasculares y accidentes vasculares cerebrales. Son los mismos factores de riesgo que figuran en la lista de la American Heart Association, y cada uno, por sí mismo, pone a una mujer en riesgo de sufrir una enfermedad cardiovascular. Sin embargo, se dice que una mujer tiene síndrome metabólico si presenta tres o más de los siguientes síntomas:

- Medidas de cintura superiores a 89 cm.
- Colesterol HDL (el bueno) menor que 50.
- Triglicéridos en un nivel superior a 150.
- Presión arterial superior a 130/85.
- Azúcar en la sangre de más de 100.

¿Tuviste preeclampsia durante el embarazo?

Puede que exista relación entre las mujeres que tuvieron preeclampsia (una enfermedad que provoca hipertensión y fugas en los vasos sanguíneos) durante el embarazo y el riesgo futuro de padecer alguna enfermedad cardiovascular. Aunque este trastorno desaparece poco después de que el embarazo llega a su término, las mujeres que tuvieron preeclampsia podrían correr mayor riesgo de sufrir un ataque al corazón o un accidente vascular cerebral en años futuros. Informa a tu médico de cabecera que tuviste esta enfermedad durante el embarazo. Enfrentar esto ayuda a las mujeres y a sus doctores a centrarse en realizar a tiempo los ajustes necesarios en el estilo de vida con el fin de prevenir futuros eventos relacionados con las ECV.

Las causas de este grupo de factores de riesgo son casi siempre el sobrepeso o la obesidad, mala nutrición y no realizar suficiente actividad física.

¿Se puede prevenir el síndrome metabólico?

Por supuesto. El síndrome metabólico no es precisamente una enfermedad, sino más bien como una medida simultánea de varios aspectos interrelacionados de nuestra salud. Podemos controlar la mayoría de ellos. La forma más eficaz y segura de hacerlo es realizar cambios en nuestro estilo de vida. Debemos controlar el peso, reducir la grasa alrededor de la cintura, mover el cuerpo todos los días y comer una dieta saludable para el corazón. Incluso si haces todo correctamente, es posible que necesites medicamentos para mejorar algunos de los factores de riesgo, como la hipertensión y el colesterol alto, y esas decisiones siempre debes tomarlas con tu médico.

Otro especialista explica cómo funciona el corazón

Además de la excelente información y asesoría que obtuve de la doctora Mieres, le pedí al doctor James Underberg que me diera una explicación más detallada de cómo el colesterol afecta el corazón. El doctor Underberg se especializa en medicina cardiovascular preventiva, lipidología e hipertensión. Su pasión es la investigación de los últimos descubrimientos sobre la conexión entre los lípidos y las enfermedades cardiovasculares en mujeres, y amablemente me dio la oportunidad de hacerle algunas preguntas. Con la información combinada de la doctora Mieres y el doctor Underberg, comprenderemos mejor las complejidades del corazón.

Además de los factores generales de riesgo de sufrir enfermedades cardiovasculares y accidentes vasculares cerebrales, ¿hay otros medios para mejorar la salud del corazón?

Como se explicó en el capítulo 1, un examen anual con tu médico de cabecera es parte crucial de tu estrategia de prevención de enfermedades cardiovasculares. Para ayudar al médico a evaluar tu peso y estado físico general, el examen anual debe incluir pruebas básicas de salud del corazón como medir la presión arterial, hacer una biometría hemática y medir los niveles de colesterol, triglicéridos y azúcar en la sangre. Revisa esos datos cada año y ajusta tu estilo de vida para mantener los niveles recomendados.

¿Existen pruebas especiales que debas conocer?

Más de 85 por ciento de todas las muertes súbitas que provocan los problemas cardiacos son casos de personas que se consideraban de bajo riesgo para ECV. Se han creado varias pruebas que van más allá de los métodos tradicionales de diagnóstico de las ECV para intentar comprender por qué la gente que parece estar sana, en buena forma y con niveles de colesterol normales de todas formas desarrolla enfermedades cardiovasculares. Estas pruebas no son para cualquiera, pero son herramientas útiles de diagnóstico para las personas sanas, que tienen riesgo relativamente bajo de sufrir enfermedades cardiovasculares, pero que tienen muchos antecedentes familiares de enfermedades del corazón. Estas pruebas también son útiles si los niveles de los análisis tradicionales (colesterol, HDL/LDL, etcétera) se encuentran cerca del límite y el doctor duda entre recetarte medicamentos o no. La utilidad de algunas de estas pruebas sigue siendo objeto de debate en la comunidad médica, pero algunos especialistas están firmemente convencidos de que hay que considerar la posibilidad de realizar una o más de ellas, según el perfil de riesgo del paciente. El doctor Underberg describió algunas de estas pruebas especiales de detección que debes conocer:

- *Prueba de Apo B en el perfil de lípidos*: Apo B, abreviatura de apolipoproteína B, es un componente del colesterol LDL. Diversos estudios clínicos importantes han mostrado que es posible que los niveles altos de Apo B tengan una relación más estrecha con los factores de riesgo de sufrir enfermedades cardiovasculares que el colesterol LDL, el cual millones de estadunidenses se examinan cada año. Las proteínas Apo B son partículas que sirven de vehículo para transportar el LDL en el torrente sanguíneo. Las partículas chocan con las paredes de las arterias, las penetran y liberan a sus pasajeros (el colesterol LDL), el cual se adhiere a las paredes arteriales y provoca que se acumule la placa y cause arteriosclerosis a la larga. De acuerdo con la American Diabetes Association y el American College of Cardiologists, la prueba de Apo B debe utilizarse para evaluar el riesgo de cualquier persona que tenga un nivel bajo de HDL, un nivel alto de LDL, triglicéridos altos, presión arterial alta o circunferencia grande de la cintura. La prueba es sencilla y puede sumarse al análisis anual de sangre.

- *Prueba de proteína C reactiva ultrasensible* (PCR): la proteína C reactiva es una sustancia que se libera en la sangre si existe alguna inflamación en alguna parte del cuerpo. La ateriosclerosis es un proceso inflamatorio, por lo que provoca que se libere PCR en la sangre, pero sólo en una proporción muy pequeña. La prueba de PCR ultrasensible (PCRu) se realiza para ver si se ha incrementado el nivel de la proteína, lo que indicaría posible ateriosclerosis. El nivel ideal de PCR en las mujeres es menor que 1.0. Los niveles elevados de PCRu no significan necesariamente que tengas una enfermedad cardiovascular, pero se han relacionado con un mayor riesgo de ataques al corazón en mujeres, incluso cuando el nivel de LDL es bajo. Las estatinas (Crestor o Lipitor, por ejemplo) son fármacos que se usan como medida preventiva para reducir los niveles de PCR en las mujeres que no tienen enfermedades cardiovasculares. A las mujeres que tienen una enfermedad cardiovascular comprobada probablemente se les trate con estatinas para reducir el nivel de PCR y colesterol. Conversa con tu doctor sobre esta prueba y cuando tengan los resultados, podrán decidir juntos si debes empezar a tomar algún tipo de estatina. La mejor forma de disminuir los niveles de PCR es, y esto ya parece disco rayado, bajar y luego mantener tu peso. La PCR se libera cada vez que hay inflamación en el cuerpo, por lo que es posible que los niveles elevados se deban a una infección no relacionada, como artritis, gripe o incluso un esguince en el tobillo. Por eso, cuando se elevan los niveles, por lo general es mejor realizar la prueba dos veces, y en ocasiones hasta tres, antes de llegar a alguna conclusión.

- *Índice tobillo-brazo*: la causa de la enfermedad vascular periférica (EVP) es la acumulación de placa en las arterias de los brazos, o de forma más común, en las piernas.

¿Te dan calambres en las piernas cuando caminas? ¿Es difícil caminar una distancia corta debido a los calambres y a que te sientes cansada? No creas que esto se debe sólo al envejecimiento. Puede que la causa sea la EVP, que por lo regular se presenta después de la menopausia. No todos los casos manifiestan síntomas, así que es buena idea que hables con tu médico de cabecera sobre realizarte la prueba de EVP, también llamada índice tobillo-brazo, que consiste en medir la presión arterial del brazo en relación con la presión arterial del tobillo. Si es diferente, podría indicar que hay un bloqueo en la pierna. Si tienes más de cincuenta años y has fumado o tienes diabetes, considera realizarte la prueba de EVP como precaución.

¿Cómo se pueden prevenir las enfermedades cardiovasculares?

Debes mantener tu peso correcto, la medida de la cintura por debajo de 89 cm, mantener la presión arterial y el colesterol en los niveles recomendados, ejercitar el cuerpo todos los días y no fumar. El doctor Underberg destacó también algunos puntos importantes sobre un informe reciente, dirigido a los médicos, de la American Heart Association sobre la prevención de las enfermedades cardiovasculares en mujeres:

- Las mujeres que ya tienen una ECV o múltiples factores de riesgo corren un peligro significativamente superior de tener ataques al corazón en el futuro o un accidente vascular cerebral y deben tener terapias de prevención más intensivas.
- Los médicos deben fomentar en mayor medida los cambios en el estilo de vida, como el control de peso y la presión arterial, el ejercicio, comer alimentos sanos y dejar de fumar para prevenir ECV en las mujeres.
- Las mujeres deben caminar a paso rápido un mínimo de 30 minutos casi todos los días de la semana (o realizar algún otro ejercicio de intensidad moderada), incluso si lo hacen en intervalos de 10 minutos durante el día. Las caminatas más largas de 60 a 90 minutos son ideales. Algunos estudios muestran que las mujeres que tienen varios factores de

riesgo o que ya tienen una ECV se benefician más de caminar mucho y con frecuencia, en lugar de hacer ejercicios de alta intensidad o en periodos cortos.

- En la dieta, todas las mujeres deben reducir el consumo de grasas saturadas, alimentos procesados con alto contenido de sal y esforzarse por aumentar las "grasas buenas", como el aceite de oliva.

- Las mujeres deben considerar comer pescados grasosos (salmón, por ejemplo) dos veces por semana, o tomar un suplemento de aceite de pescado (por lo menos de 1 gramo) todos los días.

- No se ha comprobado que los suplementos de antioxidantes (como las vitaminas C, E y beta-caroteno) prevengan las ECV (ni muchas otras, si a eso vamos) y no deben utilizarse con este propósito.

- Aunque antes se pensaba que el ácido fólico ayudaba a prevenir las ECV en las mujeres, ya no se recomienda para este propósito.

¿Comer o no comer sal?

La presión alta puede relacionarse a un alto consumo de sal, pero el doctor Underberg explicó que solamente la mitad de los pacientes hipertensos son sensibles a la sal, pero casi todos nosotros comemos más sal de la que necesitamos. La persona típica come más del doble del límite recomendado de una cucharadita de sal al día, y una cantidad excesiva de sal puede aumentar la presión arterial y, en consecuencia, incrementar el riesgo de sufrir un ataque al corazón o un accidente vascular cerebral. Aun así, la sal es un nutriente necesario y disminuir demasiado su consumo puede aumentar los niveles de lipoproteínas y colesterol. No es necesario eliminar el consumo de sal, sino sólo reducirlo al nivel adecuado. La sal es el ingrediente principal de la comida rápida y los alimentos procesados. Si reduces tu consumo de estos alimentos, automáticamente disminuirás la cantidad de sal que comes. Prueba la sal de mar: es más intensa, por lo que usarás menos (ver el capítulo 5 para más información sobre alimentación saludable).

- Pese a que la terapia hormonal (TH) puede ser una buena idea para aliviar los síntomas agudos de la menopausia en algunas mujeres, no debe prescribirse para prevenir ECV.

- Se ha comprobado que una dosis baja de aspirina (como la dosis para bebés, por ejemplo) es benéfica para las mujeres mayores de sesenta y cinco años para prevenir el riesgo de accidente vascular cerebral (no necesariamente las enfermedades cardiovasculares), pero el médico debe decidirlo.

Las señales de advertencia, por si acaso

Todas nosotras tenemos al menos uno de los factores de riesgo de enfermedades cardiovasculares: la edad, y en vista de que las enfermedades cardiovasculares nos pueden tomar desprevenidas, debemos conocer los síntomas de un ataque al corazón y un accidente vascular cerebral. Le pedí a la doctora Alexandra Stern, cardióloga de la Universidad de Nueva York, que me explicara los síntomas clásicos de un ataque al corazón y de un accidente vascular cerebral, como también aquellos síntomas que tienden a ser más comunes en las mujeres. Ella es una de las doctoras más inteligentes y directas que he conocido. Esto es lo que me dijo.

Ataque al corazón

La mayoría de las mujeres que sufren un ataque al corazón sienten los síntomas semanas antes, pero deciden no hacerles caso. No quieren molestar a nadie; piensan que pueden resolver el asunto ellas mismas; no creen que pueda sucederles a ellas. La mayoría de las mujeres sobrevivirían a un ataque al corazón si actuaran cuando se presentan las señales de advertencia. Es común, aunque incorrecto, pensar que la gente siempre siente dolor en el pecho cuando le va a dar un ataque al corazón, como en las películas. Es menos probable que las mujeres, a diferencia de los hombres, sientan dolor de pecho durante un ataque al corazón, y con frecuencia experimentan síntomas "atípicos".

Síntomas clásicos de un ataque al corazón:

- Dolor de pecho (esto sucede por lo general con un ataque agudo al corazón).

- Opresión en el pecho (como si alguien se sentara encima de ti).
- Falta de aliento.
- Sudoración.
- Dolor u opresión en uno o ambos brazos, que parece que proviene del área del pecho.

Síntomas más comunes en las mujeres:

- Opresión que parte del pecho hacia la espalda, el cuello o la mandíbula.
- Sensación extraña que a menudo se describe como si los tirantes del sostén estuvieran demasiado apretados.
- Náusea o vómito.
- Indigestión o dolor abdominal.
- Debilidad.
- Fatiga inexplicable.
- Disminución de la tolerancia al ejercicio.
- Vértigo.
- Mareos.
- Ansiedad inexplicable.
- Palpitaciones del corazón (latidos muy rápidos).
- Sudor frío.
- Palidez.

Sin importar el nivel de riesgo que tengas, siempre debes estar preparada en caso de un ataque al corazón

- Mantén tu archivo de información médica personal en un lugar accesible (ver el capítulo 1) y asegúrate de que contenga la información de tu seguro médico, una lista de todos los medicamentos que tomas, una copia de los informes de electrocardiogramas y una lista de tus factores de riesgo.
- Informa a todos los miembros de tu familia de tu plan de acción en caso de un ataque al corazón para que estén tan bien preparados como tú.

Si tienes síntomas de un ataque al corazón:

- *Llama al servicio de emergencias.* No tardes más de 5 minutos. No llames a tu doctor. No llames a miembros de tu familia. Llama al servicio de emergencias y luego a tu médico.
- *No conduzcas sola al hospital.* Las mujeres que llegan en ambulancia son atendidas con mayor rapidez.
- *Mastica una aspirina sin recubrimiento* mientras esperas a que

llegue la ambulancia para tratar de prevenir que se formen más coágulos. Una aspirina masticada entra en el torrente sanguíneo más de prisa que una que se deglute.

- *Toma una pastilla de nitroglicerina.* Si ya has tenido un ataque al corazón, tu médico debió de haberte dado una provisión. Si tienes dolor en el pecho u otro síntoma que no desaparece después de cinco minutos de haberte tomado una tableta, toma una cada cinco minutos mientras esperas a que llegue la ambulancia.
- *Lleva tu póliza de seguro médico,* o pide a alguien de tu casa que lo haga.

Un ataque al corazón puede conducir a insuficiencia cardiaca

Una vez que te da un ataque al corazón, quedarás más predispuesta a tener insuficiencia cardiaca crónica, que es una enfermedad muy grave. La insuficiencia cardiaca se da cuando el corazón ya no logra bombear sangre de forma eficaz. Los síntomas incluyen falta de aliento, fatiga, hinchazón de las extremidades y acumulación de líquido en los pulmones. La insuficiencia cardiaca no implica que el corazón se detenga, como su nombre podría dar a entender; significa que el corazón es una bomba ineficiente. Y las personas que han sufrido un ataque al corazón corren un gran riesgo de desarrollar una insuficiencia cardiaca. La detección temprana de una enfermedad cardiovascular es la clave para la prevención de la insuficiencia cardiaca.

Accidente vascular cerebral

Los accidentes vasculares cerebrales son la tercera causa de muerte en Estados Unidos, después de las enfermedades cardiovasculares y el cáncer; además, son la primera causa de discapacidades serias, que cambian la vida a largo plazo. Gracias al trabajo duro y la fisioterapia, muchos supervivientes de accidentes vasculares cerebrales logran recuperar todas o la mayoría de sus capacidades físicas y mentales.

Mark McEwen: superviviente de un accidente vascular cerebral y una historia de advertencia

Mark McEwen es un hombre afortunado. Sufrió un accidente vascular cerebral muy grave en 2005, pero el día de hoy camina, habla, come, conduce y hace todas esas otras cosas que damos por sentadas. Necesitó años de sesiones agotadoras de fisioterapia, ejercicios especiales y mucho amor y cuidado de su familia y amigos para llevarlo adonde se encuentra ahora.

Mi esposo, Howard, es uno de los amigos más cercanos de Mark desde la universidad, y yo conozco a Mark y a su familia desde hace más de diecisiete años. Lo queremos entrañablemente, y aún me duele pensar en toda la agonía que tuvo que pasar.

Sin embargo, lo que le sucedió a Mark es una historia de advertencia para cualquiera, sea hombre o mujer. He aquí su historia:

Una noche, Mark estaba en el aeropuerto, regresaba a casa con su familia después de un viaje corto. Mientras esperaba para abordar, de pronto le dieron náuseas y se sintió débil y "mal" en general. Fue prudente y no abordó el avión; en cambio, pidió al personal de la aerolínea que buscara ayuda y lo trasladaron a la sala de urgencias de un hospital.

Un mal diagnóstico, tal vez el peor

Un médico experimentado en urgencias médicas y una enfermera de un hospital de una ciudad importante de Estados Unidos revisaron a Mark cuidadosamente, tomaron nota de sus síntomas (náusea, mareo fuerte, poca lucidez), su presión arterial (alta), su edad (más de cincuenta años) y diagnosticaron que tenía... ¡gastroenteritis!

¿Accidente vascular cerebral? Nunca había cruzado por la mente de Mark

Después de un par de horas, el personal de urgencias le dijo a Mark que podía marcharse a casa con un amigo y que tomara muchos líquidos. Nadie en el hospital mencionó las palabras "accidente vascular cerebral". Nunca cruzó por la mente de Mark esa idea, porque no sabía nada sobre accidentes vasculares cerebrales, qué significaban y cuáles eran los síntomas. Nadie lo había mencionado y Mark creía estar en manos de profesionales. ¿Por qué habría de dudar del diagnóstico?

Aunque aún se sentía enfermo, Mark decidió tomar el avión de regreso a casa. Ya en la nave, le dio lo que se conoce como un accidente vascular cerebral agudo y nadie lo notó. No pudo moverse ni hablar por un momento, pero al fin logró levantarse, bajar del avión y llegar hasta una silla de ruedas que lo esperaba. Por increíble que parezca, el auxiliar que conducía la silla nunca le preguntó si estaba bien, sino que se limitó cumplir con su deber de llevar a Mark a la salida. Desde la silla, Mark intentó llamar a su esposa, pero después de apretar el botón de marcado rápido y oír la voz de su esposa, no pudo decir nada. Presionó el botón de marcado rápido nueve o diez veces y oyó que su esposa le contestaba, pero no le salían las palabras de la boca. El hombre que conducía la silla de ruedas no tenía idea del drama que se estaba desarrollando ante él, porque Mark iba sentado dándole la espalda y sin poder hablar; simplemente lo llevó al área donde se recogía el equipaje y lo dejó ahí. Mark continuó presionando el botón de marcado rápido en su teléfono, desesperado por obtener ayuda de alguien, de cualquiera. Un extraño se volvió a verlo y en cuanto cruzaron miradas el extraño se dio cuenta de que definitivamente algo no estaba bien. El hombre se acercó, tomó el teléfono de la mano de Mark, habló con la esposa y entre los dos lograron reunir información suficiente para darse cuenta de que Mark se encontraba en un estado muy grave. El extraño llamó al servicio de emergencias, y una vez que supo que una ambulancia venía en camino, simplemente caminó hacia la terminal y desapareció; al parecer, sin darse cuenta de que había salvado una vida.

¿La moraleja de la historia? Las señales de advertencia de un accidente vascular cerebral pueden confundirse con los síntomas de la gastroenteritis.

Debes informarte más sobre los accidentes vasculares cerebrales

Un accidente vascular cerebral ocurre cuando la irrigación sanguínea y el oxígeno que llega al cerebro se detienen debido a un coágulo. Cuando esto sucede, literalmente ahoga al cerebro por falta de oxígeno y puede matar con rapidez y de manera permanente partes de él.

Hay dos tipos de accidente vascular cerebral:

* *Accidente vascular cerebral isquémico*: es el tipo más común de accidente vascular cerebral (aproximadamente nueve de cada diez). Ocurre cuando se produce una súbita interrupción de la irrigación sanguínea en alguna parte del cerebro debido a un coágulo de sangre. Por lo general la causa es la arteriosclerosis.
* *Accidente vascular cerebral hemorrágico*: es provocado por una hemorragia en el cerebro, casi

siempre por un aneurisma en una arteria. Un aneurisma es una parte débil de una arteria que estalla e inunda de sangre el cerebro.

¿Cuáles son las señales de que estás sufriendo un accidente vascular cerebral?

Es importante recordar que en un accidente vascular cerebral los síntomas son REPENTINOS. Es posible que estés sufriendo uno si tienes los siguientes síntomas:

- Entumecimiento o debilidad en la cara, un brazo o una pierna, en especial en un solo lado del cuerpo.
- Confusión, problemas para hablar o problemas para entender lo que se dice.
- Problemas para ver con uno o los dos ojos.
- Dificultad para caminar, pérdida de equilibrio o mareos.
- Dolor de cabeza intenso.

Algunos síntomas menos comunes incluyen:

- Dolor en la cara, en un brazo o una pierna.
- Hipo.
- Náusea.

- Agotamiento.
- Dolor en el pecho.
- Falta de aliento.
- Palpitaciones o latidos rápidos.

Muchos de los síntomas de un accidente vascular cerebral se asemejan a la gripe: náusea, agotamiento, falta de aliento, sólo que en un accidente vascular cerebral se manifiestan de repente.

Si crees que te está dando un accidente vascular cerebral, actúa con rapidez. Es indispensable tratar un accidente vascular cerebral en las tres primeras horas después de que comienzan los síntomas, preferentemente en menos de una hora para maximizar las probabilidades de supervivencia y recuperación.

¿Qué hago si estoy con alguien que tal vez está sufriendo un accidente vascular cerebral?

La National Stroke Association ha preparado el programa "Piensa rápido" para ayudar a identificar los síntomas de un accidente vascular cerebral.

- *Cara*: sonríe. ¿Se va de lado la cara?
- *Brazos*: levanta los brazos. ¿Se te cae alguno de ellos?
- *Habla*: repite una oración. ¿Arrastras las palabras?

- *Tiempo*: un accidente vascular cerebral es una urgencia médica mayor. Llama al servicio de emergencias lo más pronto posible.

Si tú o alguien que conoces tienen estos síntomas, aunque sea un par de minutos, no los ignores. Los síntomas breves de accidente vascular cerebral que desaparecen en menos de veinticuatro horas pueden significar que tuviste un miniaccidente vascular cerebral.

Un "miniaccidente vascular cerebral" es una señal de que un accidente vascular cerebral mayor puede ser inminente

Un miniaccidente vascular cerebral (ataque isquémico transitorio, AIT), ocurre cuando hay una reducción temporal de la irrigación sanguínea del cerebro. Los síntomas pueden durar unos minutos o incluso un día. Los AIT son señales de advertencia sumamente importantes, debido a que indican que puede sobrevenir un accidente vascular cerebral mayor. Una de cada diez personas que han tenido un AIT sufren un accidente vascular cerebral en los siguientes noventa días, la mitad dentro de las primeras cuarenta

y ocho horas. Esto es lo que probablemente le ocurrió a mi amigo Mark.

Puede haber algunos síntomas de un miniaccidente vascular cerebral, pero no siempre. Los más comunes son:

- Debilidad u hormigueo en un brazo o una pierna.
- Pérdida repentina de la vista en un ojo.
- Mareo repentino.

La vida de Mark cambió para siempre

Hace poco Mark vino a visitarnos a Nueva York y durante una cena de pasta integral y salsa de tomates frescos, ejotes, ensalada y una copa de Pinot Noir, saludables para el corazón, nos contó lo que estaba haciendo de manera diferente: "Hice un compromiso conmigo mismo y con mi familia después de la rehabilitación", comentó. "Por el resto de mi vida, haré todo lo que esté a mi alcance para controlar la situación; por ejemplo, cuidar mi peso, comer sanamente, hacer ejercicio con regularidad y mantener la presión arterial y el nivel de colesterol en un nivel acorde con mi estilo de vida y los medicamentos que tomo. Nada me detendrá". Mark está determinado a no dejar que un accidente vascular cerebral vuelva a ocurrirle. Su suegra le regaló un letrero que dice: "Nunca, nunca te des por vencido". Para Mark, eso lo dice todo.

¿Qué quiere Mark que aprendamos de su historia de supervivencia?

Mark tiene mucha suerte de ser uno de los 500,000 supervivientes de un accidente vascular cerebral en 2005 y es el primero en admitirlo, pero también entiende que haber tenido un accidente vascular cerebral es el principal factor de riesgo para sufrir otro. Por eso quiere ayudarnos a entender los riesgos, para que hagamos todo lo posible por evitar que nos suceda un accidente vascular cerebral.

Los cambios que realizó Mark y lo que nos insta a hacer:

- Conoce tus factores de riesgo.
- Haz algo en cuanto a los "factores de riesgo modificables", como presión arterial alta, colesterol alto, fumar, obesidad, beber en exceso, diabetes tipo 2.
- Apréndete los síntomas de un accidente vascular cerebral.
- Nunca hagas caso omiso de lo que tu cuerpo te dice.

- No permitas que te digan que tienes gripe.
- Aprende a dar resucitación cardiopulmonar (RCP).

¿Por qué aprender RCP?

La gente que sabe dar RCP puede administrar los primeros auxilios a una víctima de un ataque al corazón o de un accidente vascular cerebral antes de que llegue la ambulancia. La American Heart Association tiene la misión de asegurar que todos en Estados Unidos aprendan a dar RCP. Ofrece clases gratuitas (e incluso un programa descargable de primeros auxilios y guía de RCP para iPhone de Apple).

Actúa

Para mantener tu corazón saludable por el resto de tu vida, nuestros especialistas recomiendan este plan:

- Hacer ejercicio todos los días (ver el capítulo 6).
- Comer bien (ver el capítulo 5).
- Tomar 1 gramo de suplementos de aceite de pescado al día.
- Tomar 1,500 mg de vitamina D al día.
- Beber con moderación (el vino

tinto, que es saludable para el corazón, es una buena opción).

- Nunca más fumar.
- Mantener la medida de la cintura por debajo de 89 cm, o menos de la mitad de la estatura.
- Mantener la presión arterial por debajo de 120/70.
- Conocer los antecedentes familiares relativos al corazón.
- Ir al examen médico anual para revisar los niveles de colesterol y triglicéridos.
- Preguntar al médico si recomienda alguna de las pruebas de diagnóstico especiales, entre ellas, la de Apo B, número de partículas de LDL, proteína C reactiva ultrasensible (PCRu), índice tobillo-brazo.
- Escuchar al cuerpo y nunca pasar por alto los síntomas de ECV.
- Aprender a dar RCP.
- Defender la salud y nunca dudar en obtener una segunda opinión.
- Compartir todo lo que aprendas con cada mujer que conozcas, sin importar su edad.
- Estar al tanto de las últimas investigaciones; para ello, revisa las publicaciones periódicas científicas.

CAPÍTULO 3

Cambios allá donde te conté

Cómo sobrellevar la menopausia (y otras cosas)

Una sentida despedida a un viejo amigo

Cuando hablamos de ser mujer de más de cincuenta años hay un tema importante e inevitable: la menopausia.

Yo pasé por un periodo de transición a la menopausia, llamado *perimenopausia*, sin mayores problemas, o al menos así me pareció. Hace unos años, mi periodo comenzó a hacerse cada vez menos frecuente, hasta que un día de noviembre de 2003 vi a ese "amigo" especial (aún no puedo creer que hayamos crecido llamándolo de esa manera) por última ocasión.

Hubo algunos meses que culminaron con el gran acontecimiento, en el que me la pasaba dando vueltas en la cama, me despertaba a las 4 de la mañana, tenía un ventilador prendido junto a mí toda la noche y (de acuerdo con mis hijos y esposo) estaba muy irritable y malhumorada. No fue horrible, sólo incómodo y no duró mucho tiempo. Muchas mujeres experimentan efectos más enrevesados de la menopausia: bochornos, cambios repentinos de humor, incomodidad en las relaciones sexuales, etcétera. Hay opiniones diferentes sobre cómo tratar mejor estos efectos. Los doctores con los que conversé coinciden en que el plan de acción óptimo depende de la salud física individual de la mujer, antecedentes familiares y el grado en el que padece dichos síntomas.

Cambios

Me confundía lo que le estaba ocurriendo a mi cuerpo (reminiscencia de cuando pasé por ese otro cambio: la pubertad) y me sentía cada vez más nerviosa por la información que oía en las noticias y lo que me comentaban mis amigas sobre ciertos tratamientos. Algunas preguntas que tenía eran:

- ¿Se agravarán los síntomas?
- ¿Debería hacer algo especial al respecto?
- ¿Es peligrosa la sustitución hormonal (terapia hormonal menopáusica)?
- ¿Son igualmente peligrosas las hormonas bioidénticas?
- ¿Se me adelgazarán y romperán los huesos?
- ¿Aumentarán mis probabilidades de tener cáncer?
- ¿Estoy ahora en mayor riesgo de sufrir un ataque al corazón o un accidente vascular cerebral?
- ¿Volveré a tener sexo?

Fui a ver al doctor Clarel Antoine, ginecoobstetra del Centro Médico Langone de la Universidad de Nueva York en Manhattan. El doctor Antoine trajo a este mundo a mis dos hijas y, en especial, le atribuimos el mérito de haberle salvado la vida de nuestra hija mayor, Sarah, que llegó al mundo de forma inesperada y alarmante a las 27 semanas, pesando poco menos de 1 kg. Estuvo internada en el hospital dos meses y medio. Fue una experiencia muy fuerte para todos, pero el día de hoy, mi hija es una adolescente sana y feliz. El doctor Antoine se ha ganado un lugar especia, sobre todo, de mucha confianza en mi corazón.

Deja de lado lo superfluo y céntrate en el paciente

Cuando Sarah se encontraba en la unidad de terapia intensiva de neonatología hubo momentos en los que no estábamos seguros de que sobreviviría. Estaba conectada a monitores del corazón, respiración y oxigenación. Los monitores emitían zumbidos de alerta constantemente. Fue terrorífico. Sin embargo, cada vez que el doctor Antoine visitaba a Sarah no parecía poner atención a los monitores. Miraba a Sarah y sabía si se encontraba bien o no con sólo observarla.

Así es como el doctor Antoine me sugirió que enfrentara los nuevos re-tos que plantea tener más de cincuenta años: no dejes que lo superfluo te abrume. Entiende tu cuerpo y obsérvalo con cuidado. Podrás leer todos los libros, revisar cada página web y tener toda la información que desees sobre los problemas de la menopausia, las ventajas y desventajas asociadas con la terapia hormonal, la posibilidad de desarrollar osteoporosis y los riesgos de ciertos tipos de cáncer que se vuelven más probables con el envejecimiento. A fin de cuentas, el doctor Antoine, que ha dedicado su vida a mejorar la salud de las mujeres y a ejercer la medicina con compasión, cree que todo se reduce a una sola cosa: cada mujer es un individuo con una historia y antecedentes familiares y experiencia particulares con la menopausia. Infórmate, lee los libros y busca en Google todo, pero sobre todo, haz que tu médico te revise, te escuche y te ayude a investigar tus síntomas. Sólo así podrás decidir lo que más te conviene.

La invasión de los robacuerpos

Lo que me dijo el médico era reconfortante, pero aún quería saber qué le estaba ocurriendo a mi cuerpo y por qué.

El doctor Antoine me recomendó que me reuniera con la doctora Margaret Nachtigall, una preeminente especialista en endocrinología reproductiva de la Universidad de Nueva York y toda una eminencia en el tema de la salud de las mujeres y la menopausia. La doctora Nachtigall, una de las personas más compasivas y encantadoras que he conocido, me tomó de la mano y me explicó todo en un lenguaje fácil de comprender.

Todo empieza con el estrógeno

De la pubertad a la menopausia nuestros cuerpos producen estrógeno en los ovarios, una de las tres principales hormonas femeninas (las otras dos son progesterona y andrógenos). El estrógeno estimula el desarrollo de los órganos sexuales adultos durante la pubertad, ayuda a retener el calcio en los huesos, regula el equilibrio del colesterol bueno y malo y ayuda con otras funciones corporales. Durante la perimenopausia (la fase de transición a la menopausia, que puede llegar a durar hasta seis años o más, pero por lo general menos) disminuye la producción de estrógeno. Después de la menopausia (o si le extirpan los ovarios a la mujer) se detiene la producción. Cuando han pasado doce meses desde que una mujer deja de tener su periodo, ha llegado oficialmente a la menopausia, que muchas mujeres experimentan a la edad de cincuenta y un años.

¿Qué sucede cuando se detiene la producción de estrógeno?

La disminución gradual de estrógeno y su fin marcan el término natural de nuestra capacidad de concebir. Pero también provocan una serie de cambios en el cuerpo que causan estragos en nuestra calidad de vida.

Debido a las múltiples funciones del estrógeno, cada órgano puede resultar afectado mientras nos adaptamos a la vida sin la hormona. Más de 75 por ciento de las mujeres tienen ciertos síntomas de perimenopausia, entre ellos:

- Cambios repentinos de humor.
- Migrañas.
- Bochornos.
- Mareos.
- Aumento de peso.
- Pérdida de la libido.
- Resequedad vaginal.
- Resequedad en los ojos.
- Resequedad en la piel.
- Aumento del estado latente del sueño (el periodo que va desde que ponemos la cabeza en la almohada hasta el momento en el que nos quedamos dormidas).

- Perturbaciones del sueño (despertarse durante la noche y no poder volver a conciliar el sueño).
- Osteoporosis (pérdida de calcio de los huesos que los deja frágiles y propensos a fracturas).

No tienes por qué sufrir esto

- Puedes tomar medidas para contrarrestar todos o la mayoría de estos síntomas.

¿Qué puedes hacer ahora mismo?

- *Mantenerte sana.* Debes mantener un "estilo de vida inteligente" basado en el sentido común: comer bien, mantener un buen peso, dormir lo suficiente y hacer ejercicio con regularidad. Un cuerpo saludable es más adaptable y resistente.
- *Come bien.* Las verduras de color verde oscuro, los granos integrales y los alimentos ricos en calcio y vitamina D pueden mitigar algunos de los síntomas de la menopausia y evitar que engordes. Los fitoestrógenos naturales que contienen los alimentos a base de soya (como leche de soya,

tofu y tempe) ayudan a reducir los bochornos y otros efectos de la pérdida de estrógeno (la información nutrimental detallada se encuentra en el capítulo 5).

- *Haz ejercicio.* El ejercicio regular ayuda a evitar el aumento de peso y a controlar los cambios bruscos en el estado de ánimo, facilita conciliar el sueño y dormir toda la noche. Los ejercicios de resistencia ayudan a conservar la densidad ósea y la masa muscular y protege contra los peligros de la osteoporosis (ejercicios y entrenamientos específicos en el capítulo 6).

Para síntomas más persistentes o incómodos existen otras posibilidades:

Terapia hormonal (TH)

La TH es una forma de tratamiento con medicamentos que aportan estrógeno al organismo para reponer el que ya no produce. Si no te has hecho una histerectomía y aún tienes el útero (o sea, la mayoría de nosotras), te darán progesterona con el estrógeno, que reduce el riesgo de cáncer uterino. Terapia conjunta de estrógeno y progesterona = TH.

Las ventajas del estrógeno incluyen:

- Disminución de los bochornos.
- Mejoría del patrón del sueño.
- Disminución de depresiones y cambios de humor repentinos.
- Se evita que las paredes vaginales se adelgacen o se resequen mucho.
- Huesos fortalecidos

¿Estrógeno solo?
No

No se recomienda. Hace años, los médicos recetaban "reemplazo de estrógenos sin oposición", pero ese tratamiento ya no se aconseja. El estrógeno por sí solo puede contribuir al desarrollo de cáncer de endometrio. Sin embargo, si a una mujer se le ha practicado una histerectomía, ya no hay por qué preocuparse por este tipo de cáncer y, por lo tanto, se puede utilizar la TE (terapia de estrógenos).

¿Estrógeno con progesterona?
Sí

Los niveles de progesterona, hormona que producen los ovarios durante el proceso ovulatorio, se reducen drásticamente una vez que dejas de ovular. La progesterona ayuda a preparar el cuerpo para el embarazo, pero también actúa como "agente equilibrador del estrógeno" y protege contra los peligros de su exceso, como un aumento en el riesgo de cáncer uterino. La progesterona casi siempre se receta con el estrógeno.

Ventajas de la TH (combinación de estrógeno y progesterona)

Todas las ventajas de usar estrógeno (ver la lista anterior), más los siguientes:

- La piel se ve mejor y más joven.
- Puede reducir el riesgo de fracturas de la cadera.
- Puede disminuir el riesgo de cáncer colorrectal.
- Posiblemente disminuye el riesgo de enfermedades cardiovasculares (si la TH comienza poco después del inicio de la menopausia).

TH: ¿es segura?

Los estudios indican que la TH es la herramienta más eficaz para disminuir síntomas agudos de la menopausia, pero nunca debe utilizarse para prevenir enfermedades. Sí, puede ser segura para la persona adecuada, pero se trata de una decisión que debes considerar con mucho cuidado con tu médico, porque mucho depende de:

- Tus antecedentes familiares.
- Tu historial médico personal.
- La edad a la que comienza la menopausia (en ese momento es cuando debe comenzar la TH, no 20 años después).

TH: esto es lo que sabemos ahora

Se han realizado diversos estudios para examinar la eficacia y la seguridad de utilizar la TH. El más conocido fue realizado por la Women's Health Initiative (WHI): un estudio fundamental que duró quince años a partir de 1993, en el que participaron más de 161,000 mujeres relativamente sanas, posmenopáusicas, entre las edades de cincuenta y setenta y nueve años. El estudio examinó varios tratamientos para determinar cuál podría ser el más eficaz en la prevención de enfermedades cardiovasculares, osteoporosis y cáncer en mujeres posmenopáusicas. Los tres tratamientos fueron: TH, modificación de la dieta y suplementos de calcio y vitamina D (curiosamente, el estudio de la WHI no trató cómo la TH afectaba los síntomas de las mujeres durante la menopausia, que es la razón por la que las mujeres consideran la TH en primer lugar, y no para combatir enfermedades).

A las mujeres del grupo se les dio TH o un placebo. En 2002 el estudio se suspendió, porque, al parecer, se había producido un ligero incremento de las enfermedades cardiovasculares y cáncer de mama en las mujeres que utilizaban la TH. Cundió la confusión, tanto entre los médicos como entre los pacientes, y la cobertura de los medios volvió el asunto aún más confuso y creó casi un estado de histeria.

En 2006, cuando se revisó de nuevo la información, se analizó correctamente y se publicó, mostró que para las mujeres que sufrían de síntomas agudos de menopausia, la TH, administrada en dosis mínimas por un periodo muy corto y lo más cerca del inicio de la menopausia, era el tratamiento más eficaz. Pero ahí no termina la historia de la TH, debido a que continuamente la estudian. Utiliza la lista de recursos que aparece al final del libro correspondiente a este capítulo para mantenerte al día de las nuevas investigaciones que se van desarrollando.

Algunos de los riesgos que conlleva la TH incluyen:

- Posible aumento del riesgo de tener cáncer de mama y de ovarios o un accidente vascular cerebral y otros problemas de salud. La relación entre estas enfermedades se sigue estudiando. Las mujeres que han tenido alguna de estas enfermedades o que tienen muchos antecedentes familiares de ellas se les aconseja no utilizar la TH.

- Posibles coágulos en las venas profundas de las piernas y los pulmones, específicamente en mujeres que tienen antecedentes de coágulos de sangre.

¿Es adecuada para ti la terapia hormonal?

- La TH debe utilizarse en la dosis más baja para aliviar los síntomas. La dosis de progesterona, en particular, debe ser baja debido a una posible relación entre la progesterona y el cáncer de mama.
- El momento oportuno lo es todo. La TH debe comenzar lo más pronto posible después del inicio de la menopausia. Con cada año que pase el efecto disminuye y el riesgo de cáncer y enfermedades cardiovasculares aumenta. De hecho, cuando se revisó el estudio de la WHI se concluyó que las mujeres que habían comenzado la terapia cerca del inicio de la menopausia

tenían una disminución de 11 por ciento de riesgo de sufrir enfermedades cardiovasculares.

- La TH es el tratamiento más eficaz para los síntomas que afectan la calidad de vida: reducen los bochornos, la resequedad vaginal y las interrupciones del sueño por más de 90 por ciento.
- La TH debe considerarse un tratamiento de corto plazo. Los síntomas más molestos desaparecen después de tres a cinco años en 80 por ciento de las mujeres.

¿Qué pasa con las hormonas bioidénticas?

En fechas recientes se ha hablado mucho de cómo conservar nuestro "resplandor juvenil" con las hormonas bioidénticas, que son hormonas vegetales que se combinan para simular los efectos del estrógeno. Sin embargo, lo que rara vez se menciona es que la terapia con hormonas bioidénticas no está aprobada por la Food and Drug Administration (FDA), tiene los mismos riesgos que la TH y posiblemente algunos otros riesgos. No la utilices a menos que lo hayas discutido con tu médico, conozcas las dosis apropiadas y entiendas los riesgos.

¿Eso es todo?

No, existen otras opciones que hay que considerar, además del estilo de vida y la TH. Estas opciones tratan cada síntoma en lo individual, no sistemáticamente, y la mayoría tiene efectos secundarios y riesgos mínimos. Estas opciones incluyen:

- Estrógeno vaginal para uso local en crema, tableta o en forma de anillo (como VagiFem); ello combate la resequedad vaginal. Estos tratamientos requieren prescripción médica y no tienen los mismos riesgos que el estrógeno utilizado en la TH.
- Tratamientos vaginales sin estrógeno que no requieren prescripción, como Replens.
- Los lubricantes vaginales que no requieren prescripción médica y se aplican por lo general antes de las relaciones sexuales (como el KY-Jelly y el AstroGlide) son muy eficaces para las mujeres que experimentan dolor o incomodidad cuando tienen relaciones sexuales, debido a la resequedad.
- Ciertos medicamentos antidepresivos suelen ayudar a aliviar los cambios repentinos de humor, las sudoraciones nocturnas y los bochornos, pero aún siguen estudiándose.
- El trébol rojo, aloe vera, soya y otros productos herbales pueden ayudar con los bochornos. Habla con tu médico sobre estas opciones.

Enfrentar el cáncer

Ahora que la menopausia parece un poco más manejable, estoy preparada para enfrentar algo mayor, algo en lo

---

La forma más segura y eficaz de usar la terapia hormonal (TH)

- Comienza en cuanto se manifiestan los primeros síntomas de la menopausia.
- Toma la dosis lo más baja posible.
- Evalúa su uso cada año.

que ni siquiera había querido pensar. El cáncer, en especial en sus tipos ginecológicos, se encuentra al principio de la lista de "factores de miedo". Cuando tenía veinte, treinta e incluso cuarenta años pensaba que era algo que nunca me podría pasar. Sin embargo, a medida que me aproximaba a los cincuenta, me volví muy consciente de las posibilidades. No estaba obsesionada con las enfermedades graves, pero cobré mayor conciencia de mis miedos. Quería hacer algo al respecto, pero no tenía la información que necesitaba para comprender mis riesgos y lo que podía hacer al respecto. Los especialistas me hablaron de las investigaciones más recientes.

Algunos datos sobre el cáncer de mama y otros cánceres ginecológicos:

- El cáncer de mama es el que se diagnostica con mayor frecuencia a las mujeres.
- El cáncer de mama es la segunda causa de muerte para las mujeres, después del de pulmón.
- 77 por ciento de los casos de cáncer de mama ocurre en mujeres de más de cincuenta años de edad.

- Las mujeres tienen seis veces más probabilidades de morir de enfermedades cardiovasculares que de cáncer de mama.
- La tasa de supervivencia de cinco años para mujeres con cáncer de mama es de 98 por ciento.
- Tenemos más de 90 por ciento de probabilidades de vencer el cáncer cervical o el cáncer uterino si se detectan a tiempo.

Existen pruebas de detección para algunos de estos tipos de cáncer, pero no para todos.

Seguramente ya conoces las medidas preventivas que podemos tomar; quizá te las hayan mencionado muchas veces; también es posible que ya las practiques. Aun así, lee la siguiente sección con detenimiento y asegúrate de estar bien informada y de tomar todas las medidas necesarias.

Cáncer de mama

Es el cáncer que se diagnostica más comúnmente y la segunda causa principal de muerte por cáncer entre las mujeres. La edad promedio de la mujer que se enferma de cáncer de mama es de 61 años. Si se detecta y trata en una etapa temprana, la tasa de supervivencia es de 98 por ciento (si el cáncer no se ha extendido a otras partes del cuerpo).

¿Qué es el cáncer de mama?

El cáncer de mama comienza como un bulto o pequeña formación de células anormales en la mama, casi siempre en las glándulas o en los conductos. Es importante detectarlo en esta etapa, antes de que se extienda al sistema linfático o a otras partes del cuerpo.

Es más probable que te dé cáncer de mama si:

- Tienes antecedentes familiares (madre, hermana, hija).
- Iniciaste pronto la pubertad (antes de los doce años), la menopausia se retrasó (empezó después de los cincuenta y cinco años), o las dos cosas.
- Nunca has estado embarazada, o tuviste a tu primer hijo después de los treinta años.
- Tienes más de cincuenta años.
- Eres obesa.
- Tienes tejidos mamarios muy densos.
- Tuviste hiperplasia ductal atípica (un estado precanceroso).
- Utilizaste la TH para combatir la menopausia (dependiendo del momento en que empezaste la TH con respecto al inicio de la menopausia).
- Tienes mutaciones genéticas hereditarias (BRCA1 O BRCA2).

Contribuyes a reducir el riesgo de cáncer de mama si:

- Vas todos los años a que te hagan una mamografía, y si estás en la categoría de alto riesgo, te haces estudios de ultrasonido y resonancia magnética.
- Examinas los senos cada mes para buscar abultamientos.
- Haces ejercicio.
- Mantienes tu peso bajo control.
- Sigues una dieta saludable, baja en grasas.
- Limitas tu consumo de alcohol.
- Hablas con tu médico sobre el uso de medicamentos de quimioprevención (como tamoxifeno y raloxifeno) y anticonceptivos orales.
- Te realizas pruebas genéticas si tienes antecedentes familiares de cáncer de mama.

Es posible que tengas cáncer
de mama si:

- Ves o sientes un bulto en los senos.
- Observas un cambio en la piel de los senos, ya sea engrosamiento, hinchazón, distorsión, hipersensibilidad, enrojecimiento o descamación.
- Segregas líquido del pezón (que también puede deberse a una anormalidad hormonal).
- Si observas depresiones en los senos.

¿Qué tratamientos hay
para el cáncer de mama?

- Lumpectomía: extirpación quirúrgica del tumor.
- Mastectomía: extirpación quirúrgica de la glándula mamaria.
- Quimioterapia.
- Radiación.
- Terapia hormonal o con medicamentos.

Debido a que hace algunos años le diagnosticaron y trataron a mi hermana por una hiperplasia ductal atípica (lesión precancerosa en la que hay más células de lo normal en el revestimiento de los conductos mamarios), ahora yo estoy considerada "en riesgo". Comencé a realizarme resonancias magnéticas anualmente, además de mamografías. Hace unos años, me hice las dos pruebas de detección, como siempre. La mamografía mostró que todo estaba perfecto, pero en la resonancia magnética había un pequeño punto que parecía que podría ser algo. Me hicieron una biopsia, que demostró que se trataba de uno de esos temibles "falsos positivos". Eso (y el hecho de que mi compañía de seguros no cubría el estudio) es el único aspecto negativo de realizarse una resonancia magnética cada año si tú y tu médico determinan que es necesario.

Cáncer uterino

Es el cáncer ginecológico más común en Estados Unidos. Cerca de una de cada cuarenta y un mujeres se enfermarán de cáncer endometrial. La mayoría de los casos se dan en mujeres de más de cincuenta años. Es de suma importancia que prestes atención a tu cuerpo e informes a tu médico inmediatamente si observas algún cambio, ya que este cáncer es muy tratable si se detecta a tiempo y hay una tasa de supervivencia de 95 por ciento.

¿Qué es el cáncer uterino?

El útero es el órgano donde el feto se desarrolla. La pared del útero tiene dos capas de tejido: la capa interior es el endometrio, donde se forma la mayoría de los tumores malignos, por lo que este tipo de cáncer a menudo se conoce como *cáncer endometrial*.

Estás en mayor riesgo de tener cáncer uterino si:

- Has pasado la menopausia y tienes más de cincuenta años.
- Eres obesa, hipertensa o diabética.
- Tuviste problemas de fertilidad o menstruales.
- Tienes antecedentes familiares de cáncer uterino.
- Nunca diste a luz.
- Has tenido otro tipo de cáncer, como de mama, ovarios o colon.
- Has tomado estrógeno sin oposición (sin progesterona).
- Has tomado tamoxifeno (un fármaco para prevenir el cáncer de mama) y eres posmenopáusica.
- Entraste a la pubertad antes de los doce años, o pasaste por la menopausia después de los cincuenta y cinco años.

Contribuyes a reducir el riesgo de cáncer uterino si:

- Informas de inmediato a tu médico de cualquier sangrado anormal.
- Te realizas un examen pélvico anual y un ultrasonido vaginal.
- No tomas estrógeno sin oposición (sin progesterona).
- Mantienes un peso saludable.
- Consideras el uso de anticonceptivos orales como medida preventiva (analízalo con tu médico).

Es posible que tengas cáncer uterino si:

- Tienes sangrados posmenopáusicos que van y vienen.

¿Qué tratamientos hay para el cáncer uterino?

- Cirugía (histerectomía).
- Radiación.
- Quimioterapia.
- Terapia con medicamentos.

Las señales de advertencia del cáncer uterino son claras. No las pases por alto

Los sangrados irregulares, aunque sean unas gotas, son una señal temprana de cáncer uterino que nunca debes pasar por alto. Si ya pasaste por la menopausia y tienes sangrados llama a tu médico. En este caso, se debe programar un ultrasonido pélvico inmediatamente. La única forma de diagnosticar esta enfermedad es examinar el tejido uterino por medio de una biopsia, un ultrasonido, una histeroscopia o un procedimiento de dilatación y legrado.

Cáncer de ovario

El cáncer de ovario es el segundo cáncer ginecológico más diagnosticado, pero es el que provoca más muertes. Se conoce como el "asesino silencioso" debido a que es difícil de detectar y casi siempre se diagnostica después de que se ha extendido. Una de cada sesenta y ocho mujeres puede contraer este cáncer. Con frecuencia se confunde con un problema gastrointestinal. Si el cáncer de ovario se trata antes de que se extienda, la tasa de supervivencia es de 92 por ciento. Pero sólo 19 por ciento de los casos se diagnostica en esta etapa. Debes prestar atención a cómo te sientes e informar de inmediato a tu doctor de cualquier cambio físico que observes.

¿Qué es el cáncer de ovario?

La forma más común de este tipo de cáncer comienza en el tejido que recubre los ovarios, que durante la vida reproductiva produce estrógeno y progesterona.

Estás en mayor riesgo de tener cáncer de ovario si:

- Nunca te has embarazado o tuviste tu primer embarazo después de los treinta años.
- Nunca tomaste pastillas anticonceptivas.
- Usaste terapia hormonal para combatir los síntomas de la menopausia.
- Hay mujeres en tu familia que han tenido cáncer.
- Comenzaste la pubertad antes de los doce años y la menopausia después de los cincuenta y cinco años.
- Tienes más de cincuenta años.
- Llevas una dieta alta en grasas.
- Eres obesa.

¿Existe alguna relación entre el cáncer de ovario y la obesidad?

Esta relación se ha estudiado desde hace muchos años, con resultados contradictorios. Sin embargo, parece que un exceso de estrógeno que producen las células grasas en el organismo provoca un aumento en los casos de cáncer de ovario en mujeres consideradas obesas (IMC de 30 o más).

Contribuyes a reducir el riesgo de cáncer de ovario si:

- Prestas mucha atención a los cambios en tu cuerpo.
- Informas de inmediato a tu médico cualquier cambio. Tu médico realizará un examen pélvico y un ultrasonido para evaluar la situación.
- Usas anticonceptivos orales, en especial si te encuentras en riesgo de desarrollar cáncer de mama o de ovario por herencia.
- Decides tomar medidas preventivas, como una histerectomía o un procedimiento quirúrgico para extirpar los ovarios (después de haber considerado el riesgo que conlleva esta extirpación).
- Mantienes un peso saludable y tienes una dieta alta en verduras y cereales y baja en grasas.

Es posible que tengas cáncer de ovario si:

- Te sientes hinchada sin razón aparente.
- Tienes dolor abdominal o pélvico.
- Tienes dolor de espalda.
- El abdomen ha aumentado de tamaño.
- Tienes dificultad para comer.
- Bajas peso sin razón aparente.
- Tienes indigestión de forma frecuente y regular.
- Tienes incontinencia urinaria o necesitas orinar con frecuencia.
- Estás estreñida.
- Te sientes sumamente cansada sin razón.

Estos síntomas aparecen juntos con frecuencia y se confunden con problemas digestivos; por eso, si tienes uno o más síntomas, debes ir a que te revise tu médico lo más pronto posible.

¿Existen pruebas de detección del cáncer de ovario?

En la actualidad se están realizando estudios para encontrar la mejor forma de detectar este tipo de cáncer lo más pronto posible. Un examen pélvico sólo en ocasiones sirve para detectar cáncer de ovario y, por lo general, cuando la enfermedad ya está en una etapa avanzada. Si estás en riesgo de tener la enfermedad (ver lista anterior) o tienes síntomas específicos, las siguientes tres pruebas funcionan bien en combinación:

- *Examen pélvico*: examen de la vagina, trompas de Falopio, ovarios y recto.
- *Ultrasonido transvaginal*: procedimiento utilizado para examinar la vagina, el útero y las trompas de Falopio por medio de una ecografía.
- *Análisis de sangre para el marcador tumoral CA-125*: es una prueba que mide el nivel de CA-125 en la sangre, que puede ser señal de ciertos tipos de cáncer.

Muchos doctores acostumbran realizar estas pruebas de detección en mujeres de más de cincuenta años como parte del examen ginecológico anual. Habla de estas pruebas con tu ginecólogo.

¿Qué tratamientos hay para el cáncer de ovario?

- Cirugía, por lo general para extirpar uno o ambos ovarios.

- Quimioterapia.
- Radiación.

Cáncer cervical

La tasa de mortalidad ha disminuido sin cesar en las últimas décadas debido a la prevención y la detección temprana. Una de cada ciento treinta y ocho mujeres en Estados Unidos se enfermará de cáncer cervical, pero la tasa de curación es de 92 por ciento si se detecta a tiempo. El tratamiento de las lesiones precancerosas puede prevenir que se conviertan en carcinomas, razón por la cual la tasa de curación es tan alta.

¿Qué es el cáncer cervical?

Casi todos los casos de cáncer cervical se relacionan con una infección común en el cuello del útero causada por el virus del papiloma humano o VPH (una vacuna reciente protege contra el VPH si se administra antes de que una mujer tenga relaciones sexuales por primera vez, pero es demasiado tarde para la mayoría de nosotras). La mayoría de las mujeres que tienen VPH no desarrollan cáncer cervical. El cáncer cervical siempre comienza con lesiones precancerosas, pero sólo algunas de ellas se vuelven cáncer.

Estás en mayor riesgo de tener cáncer cervical si:

- Tienes ciertas cepas del VPH.
- Estás infectada con el VIH.
- Tienes más de treinta años.
- Fumas.
- Tienes problemas con tu sistema inmunitario.
- Tienes antecedentes de exposición intrauterina al dietilestilbestrol (DES).
- Tuviste lesiones precancerosas en el cuello de la matriz.
- No practicas el sexo seguro y has tenido múltiples parejas sexuales.

Contribuyes a reducir el riesgo de cáncer cervical si:

- Te haces la prueba de Papanicolau cada año.
- Tuviste lesiones precancerosas que se detectaron a tiempo, se trataron con crioterapia, láser o cirugía.
- Te haces la prueba del VIH y del VPH, dependiendo de tu estilo de vida sexual.
- Practicas sexo seguro.

Es posible que tengas cáncer cervical si:

- Tienes sangrado vaginal anormal.
- Tienes sangrado menor o secreciones vaginales.
- Sangras después de tener relaciones sexuales.
- Tienes dolor o problemas al orinar.
- Tienes las piernas hinchadas en conjunción con alguna otra posible señal de advertencia.

¿Existen pruebas de detección del cáncer cervical?

Sí, y ésa es la razón principal por la que la incidencia de muerte ha disminuido; la detección temprana se realiza gracias a las siguientes pruebas, que se utilizan de forma conjunta:

- *Prueba de Papanicolau*: debe realizarse anualmente.
- *Prueba del VPH*: esta prueba se utiliza ahora junto con la de Papanicolau, pero ha funcionado tan bien como prueba de detección que quizá algún día sustituya a esta última como protocolo normativo de detección.

¿Qué tratamientos hay para el cáncer cervical?

- Cirugía: las lesiones precancerosas pueden eliminarse de varias maneras. El cáncer cervical invasivo se trata con cirugía.
- Radiación.
- Quimioterapia.

Sin embargo, la prevención es la mejor manera de alejar el cáncer de tu vida

Es tu cuerpo. Necesitas cuidar de él, observarlo, escucharlo y hablar con tu médico al respecto. En más de 90 por ciento de los casos, las mujeres se enferman de cáncer aunque no haya antecedentes familiares. A veces, simplemente aparece, y a veces la mujer se enferma porque no tomó todas las medidas para prevenirlo. Ahora que conoces los hechos, asegúrate de hacer todo lo que esté en tus manos para detectar el cáncer a tiempo.

¿Estás pensando en la posibilidad de hacerte una histerectomía?

No siempre es necesaria una histerectomía. Más de 90 por ciento de las histerectomías se realizan por otras razones y no para tratar el cáncer. Considera las últimas investigaciones sobre los ovarios y el útero antes de tomar una decisión definitiva. A veces, cuando se realiza una histerectomía para tratar el cáncer uterino, también se extirpan los ovarios para evitar el raro caso, pero mortal, de un cáncer de ovario. Sin embargo, los ovarios son mucho más importantes para la salud posmenopáusica de lo que alguna vez pensaron los médicos. Se ha descubierto que las mujeres a las que les han extirpado los ovarios tienen mayor riesgo de desarrollar enfermedades cardiovasculares, osteoporosis y ciertos tipos de cáncer, específicamente, de pulmón.

Pese a todo, es común extirpar los ovarios aunque estén sanos. A menudo se prescribe una histerectomía completa para tratar hemorragias profusas, prolapso uterino o miomas

Detección temprana + tratamiento oportuno = estrategia exitosa para sobrevivir al cáncer

uterinos dolorosos. Puede haber una forma más segura de tratar el problema, ya que la histerectomía en sí provoca nuevos problemas. Hay pocas razones por las que una histerectomía puede estar verdaderamente indicada, por ejemplo, en un diagnóstico de cáncer uterino, cervical, de ovario o algún otro tipo de cáncer ginecológico. También se recomienda para la adenomiosis, una forma aguda de endometriosis, si hay prolapso uterino a tal grado que el útero se salga del cuerpo, pero aun en ese caso existen otras opciones, como la cirugía correctiva o usar un pesario vaginal (que ayuda literalmente a mantener el útero dentro del cuerpo). Escucha tu cuerpo y hazle caso a tu sentido común. No aceptes una cirugía mayor que tal vez no necesites sino hasta que cuentes con toda la información y se hayan agotado todas las demás opciones. Y siempre busca una segunda o tercera opinión. Es tu cuerpo.

Actúa

Para la menopausia:

- Toma un multivitamínico que complemente una dieta saludable con la cantidad correcta de vitaminas y minerales.
- Toma calcio (1,500 mg al día).
- Toma vitamina D (1,500 UI al día)
- Agrega a tu dieta aceite de linaza (1000 mg una vez al día) y soya (en alimentos como el tofu) para reducir los síntomas menores de la menopausia, como los bochornos ocasionales y la resequedad de los ojos.
- Realiza ejercicios de resistencia cuatro o más veces a la semana.
- Utiliza tabletas o anillos de estrógeno vaginal para restablecer la humedad y flexibilidad de la zona vaginal. Es un tratamiento local y se absorbe en las paredes de la vagina, sin entrar en otros órganos del cuerpo.
- Considera la TH para aliviar síntomas graves.
- Hazte un estudio de densidad ósea cada dos años.

Para prevenir el cáncer:

- Debes hacerte las siguientes pruebas de detección anuales:
  - Papanicolau
  - Mamografía y resonancia magnética de mamas.
  - Examen pélvico y ultrasonido.
- Mantén tu peso bajo control.

- Limita tu consumo de alcohol.
- Realízate un autoexamen de los senos.
- Escucha tu cuerpo y observa cualquier cambio en cómo se ve y se siente.
- Llama inmediatamente a tu médico si crees que hay algo diferente, en especial:
  - Hinchazón inusual y síntomas de enfermedades gastrointestinales.
  - Sangrados menores o hemorragias vaginales.

- Abultamientos en los senos o en cualquier parte alrededor de la zona de los senos, incluso debajo de los brazos, o cambios en la piel de los senos o los pezones.

Defiende tu salud. No permitas que nadie intente convencerte de que "estás bien" si algo parece estar mal. Insiste en que tu médico te revise, te escuche e investigue tus síntomas.

CAPÍTULO 4

Sexo

Querer lo que tienes y obtener más

¿Sexo? ¿Lo recuerdas?

Cuando conocí a Howard en el sofocante verano de 1992, nos lanzamos de inmediato uno en brazos del otro a retozar. Nos acercábamos a los cuarenta, sabíamos lo que hacíamos y además nos gustaba. Pero desde el momento en el que nos casamos un año después, comenzamos a pensar en embarazarme, en el embarazo propiamente dicho, en recuperarnos del embarazo y en disfrutar (y también lidiar con) el resultado del embarazo: bebés, niños pequeños y ahora, dos adolescentes. No era precisamente la situación más propicia para volvernos locos de pasión.

Ser padres

Exactamente un año después de que me casé con Howard nació Sarah, casi tres meses antes de tiempo. El primer año más o menos pasé más tiempo cerciorándome de que mi hija siguiera respirando que besando a mi esposo. Y hablando con franqueza, ¿cuánto puede uno excitarse oyendo los ruidos de un bebé a través del monitor de cuna junto a la cama? Para colmo, teníamos trabajos exigentes y estábamos exhaustos física y mentalmente. Pasé los siguientes años intentando obsesivamente quedar embarazada de nuevo. Me tomaba la temperatura todas las mañanas y le avisaba a Howard cuando mi test de ovulación, siempre confiable, me indicaba que estaba en el periodo de dos a tres días propicio para la concepción. Lo que alguna vez había sido placer, se convirtió en un segundo trabajo, por el que quizá nunca obtendríamos remuneración.

Bienvenida a Jamaica, mamá

Cuando Sarah tenía dos años decidimos ir de vacaciones, que ya necesitábamos con desesperación, a Jamaica. Empezábamos a estar irritados constantemente uno con el otro y estresados por el trabajo, el nacimiento de Sarah, el esfuerzo por quedar embarazada de nuevo y conociéndonos aún como pareja. Antes de partir rumbo a Jamaica, tuve una cita con el doctor Antoine, mi ginecólogo y el hombre más sabio que conozco. El doctor me aconsejó: "Barbara, no lleves el termómetro, el test de ovulación ni la idea fija de que tienes que embarazarte. Ve y relájate, disfruta, diviértete, ten relaciones sexuales, toma vino y lo que será, será". Ya imaginarás el desenlace de esta historia. Nuestra segunda hija, Elizabeth, solía decirle a la gente que era jamaiquina.

Avance rápido a los cincuenta

En los años que siguieron, nuestra vida amorosa mejoró y fue tan normal como podía ser, dada nuestra carga de trabajo y las dos niñas que siempre encontraban la manera de introducirse en nuestra cama casi todas las noches. Aunque había sido un inicio muy tenso, respiramos hondo y profundo y volvimos a los asuntos cotidianos de la vida. En vista de que ya no teníamos relaciones sexuales con el propósito de procrear, se volvió más fácil, divertido y relajado. Salíamos, veíamos a nuestros amigos, viajábamos un poco y aprovechábamos cualquier oportunidad para estar a solas. Nuestros amigos creían que éramos muy listos por buscar tiempo para estar uno con el otro y nuestras hijas se burlaban de mi esposo cuando él decía que yo era su novia.

Ahora que nuestras hijas son adolescentes, tenemos aún más oportunidades de estar a solas, si entiendes lo que digo, pero...

¿Lo hacemos
con la debida frecuencia?

Para muchas mujeres, una vez que tenemos más de cincuenta años, las cosas comienzan a cambiar. Leí algunas estadísticas acerca de cuántas veces a la semana hacen el amor los estadu-nidenses (con su pareja) y es difícil no comparar. Toqué el tema con mis amigas, con la esperanza de comprender mejor cómo otras parejas comprometidas manejan su vida amorosa. Los detalles específicos variaban, pero la pregunta básica era la misma: "Amo a mi esposo y él me ama a mí, entonces, ¿por qué ya no sentíamos la misma pasión sexual?". A estas alturas no es que nadie tenga que decirnos qué hacer en la alcoba. Lo hemos hecho por décadas, aunque a veces se sienta como que hace siglos no lo hacemos. Odiaba pensar que tal vez las cosas estuvieran bajando de intensidad y que bajarían aún más. Es verdad que la menopausia puede hacer que el sexo sea menos cómodo para algunas mujeres, y que la libido disminuya. Pero ¿sólo porque una mujer es posmenopáusica automáticamente pierde todo interés? ¿Para siempre? ¿Así sería el futuro? Tenía que hablar con alguien que tuviera las respuestas a estas preguntas.

La especialista en sexo

Esther Perel es una terapeuta respetada internacionalmente, autora de *Mating in Captivity: Unlocking Erotic Intelligence*, un verdadero *best-seller* traducido a veinticuatro idiomas. En nuestra primera reunión, Esther explicó (con su muy sensual acento franco-israelí) que en más de veinticuatro años de trabajar como terapeuta de parejas, observa la misma situación una y otra vez: parejas casadas desde hace mucho tiempo que se aman pero que pierden el interés en hacer el amor (por lo menos entre ellos). Ella quería saber por qué, y se dedicó a buscar la respuesta. Esther es terapeuta de parejas, no experta en salud sexual. Sin embargo, los ginecólogos y otros médicos frecuentemente la llaman para que los ayude a entender mejor la psicología sexual de sus pacientes. La mayoría de los médicos no saben qué hacer cuando una mujer les hace preguntas de índole sexual. Puede que sepan todo sobre los genitales femeninos, pero nada de sexualidad. Si una mujer tiene un problema que le gustaría discutir con su doctor, es posible que se sienta demasiado avergonzada como para comentar el asunto. Esther ayuda a la comunidad médica a ayudar a las pacientes que tienen preguntas sobre sexualidad. Tal vez ahora los médicos no nos salgan con que nuestros problemas sólo están en la mente, cambien de tema, o nos digan que eso es lo que ocurre después de la menopausia, porque, ¿adivina qué? De acuerdo con Esther, el sexo después de los cincuenta quizá sea el mejor que tendrás en tu vida.

Terapia de grupo con Esther

Ya que la sexualidad es personalísima, y como todas somos diferentes, con distintas orientaciones sexuales (gays, heterosexuales, bisexuales) y circunstancias (casadas, en noviazgo, buscando), invité a varias mujeres valientes y curiosas de más de cincuenta años a que me acompañaran a entrevistar a Esther para asegurarnos de cubrir una amplia gama de inquietudes. Pasamos muchas horas juntas tomando café, mordisqueando panquecillos, algunas veces sonrojándonos y revelando información de nuestra vida sexual que era, valga la redundancia, reveladora por decir lo menos. Lo más importante es que obtuvimos respuesta a nuestras preguntas. Salimos de la sesión contemplando nuestra vida erótica de una forma nueva y fresca. Algunas de las cosas que nos dijo Esther eran contrarias a lo que decía la intuición, pero todo tenía sentido. No podíamos esperar a llegar a nuestras casas.

Una verdad incómoda

Después de los cincuenta, puedes perder el contacto con esa parte de ti todavía joven y sensual. Tal vez tengas una relación desde hace un buen tiempo y hayan perdido un poco el entusiasmo; o estés aburrida de tu pareja o de ti misma; quizá tengas problemas con tu imagen corporal, o creas que ya no tienes el mismo vigor de antes o que estás demasiado ocupada para el romance. Combina todo esto con los cambios físicos que provoca la menopausia y el sexo puede perder importancia muy rápido en la lista de prioridades. Muchas de nosotras aún deseamos intimidad y disfrutamos del sexo, cuando lo tenemos. Pero muchas también pensamos que lo que tenemos no es suficiente. ¿Qué hacer al respecto?

La nueva realidad: después de los cincuenta años tienes relaciones sexuales porque quieres, no porque debes tenerlas

Cuando Esther escribió su libro, planteó una sencilla pregunta: ¿por qué se pierde la chispa del sexo entre dos personas que se aman? Por primera vez en la historia, la gente vive lo suficiente como para tener relaciones sexuales muchos años más después de tener hijos. Las mujeres de más de cincuenta años ahora podemos tenerlas porque queremos, no porque debemos.

Un pensamiento muy liberador, ¿no lo crees? Sin embargo, a menudo dejamos de desearlo. Entonces, ¿cómo hacemos para volver a desearlo?

¡Lo puedes lograr! La extraña relación de los estadunidenses con el sexo

Esther, que se crió en Bélgica e Israel, observa Estados Unidos desde una perspectiva externa. Según ella, los estadunidenses somos un pueblo excepcionalmente orientado a las metas. Incluso cuando se trata de sexo, creemos que con un esfuerzo arduo, cualquier cosa es posible; no hay obstáculo que no se pueda superar. Y a la inversa, creemos que si fallamos en algo es porque no estamos suficientemente motivados, somos demasiado autocomplacientes o nos faltan agallas. Esto nos hace creer que la pérdida del deseo es un problema operativo y que si ponemos en marcha el plan adecuado podemos resolver todo. Ésa es la razón por la que existe un gran mercado de libros de autoayuda, como *Seven Weeks to Better Sex* y *Five Minutes to Orgasm Every Time You Make Love*, y de productos como el Viagra. Las revistas femeninas están repletas de historias sobre cómo hacer esto, cómo hacer lo otro y cómo hacerlo mejor. Buena parte del discurso es sobre lo mecánico y lo operativo, no sobre el deseo o la motivación. Hablamos sobre el funcionamiento sexual en lugar de los sentimientos. Todo se trata del funcionamiento, como cuando un hombre toma una píldora de Viagra, y asunto arreglado. ¿O no? Definitivamente, no, dice Esther. Expuso otros **argumentos** sobre cómo las ideas **culturales** sobre el sexo pueden arruinar la alegría de hacer el amor.

Entender estas actitudes te ayudará a ponerlas en contexto y quitártelas de la cabeza. Éstas son:

- *La ética de trabajo puritana*: el sexo en nuestra sociedad se considera a menudo como algo obsceno o santificador. A nuestra generación le enseñaron a pensar que si una mujer disfrutaba demasiado del sexo era una prostituta, pero que debía tener relaciones sexuales con su esposo para cumplir su deber de buena esposa. Es un asunto de "placer". Buscar placer puede provocar que nos sintamos culpables, y tendemos a hablar de tener que "ganárnoslo" o "merecerlo", como en la ética de trabajo puritana.

Parece que lo único en lo que podemos permitirnos ser totalmente apasionadas es nuestro trabajo y el consumismo.

- *Todo es "trabajo".* "Estoy trabajando en eso" es una frase muy común, ya sea que se hable de la comida que sigue en el plato o de una relación sexual. Usar la palabra "trabajo" para referirse a algo que debería ser placentero, ya sea comer o hacer el amor, es una locura para Esther. ¿Por qué siempre tenemos que ser ciudadanas productivas?

- *Exaltación de la juventud.* Mira cualquier revista, campaña publicitaria, programa de televisión, película o tienda de ropa y comprobarás que Estados Unidos está enamorado de la juventud. Nos hemos convencido de que ser joven es más importante que ser sensata o experimentada. ¿Cómo pueden las mujeres mayores de cincuenta años sentirse bien si aspiran a un ideal imaginario que es imposible de alcanzar?

- *Medimos todo.* Nos encanta comparar y llevar la cuenta. ¿Cuánto tiempo? ¿Cuántas veces? ¿Con qué frecuencia? La actividad sexual se mide y compara, pero las cosas importantes de la expresión sexual, como el deseo, la voluntad y el amor no se miden con facilidad, y por lo tanto, rara vez se mencionan.

- *Hablamos demasiado*. Los programas de entrevistas, *reality shows* y libros donde las celebridades revelan todos los detalles de su vida íntima hablan sin cesar de cosas que antes tratábamos como algo normal (y en privado). Toda esta información hace que nos preocupemos de más.
- *No creemos en los secretos*. Los consejos conyugales populares nos dicen que falta de sexo significa falta de intimidad que, a su vez, significa falta de cercanía y por lo tanto, necesitas más charla, más comunicación y más transparencia con tu pareja. Por el contrario, el exceso de información y compartir más de la cuenta pueden extinguir el deseo, mientras que un poco de misterio aumenta el atractivo.
- *Queremos que nuestra pareja sea todo*. Mucha gente carga con demasiada responsabilidad a su pareja cuando pretende que ésta sea la única persona importante en su vida: su mejor amigo,

amante, confidente, consejero, que comparta por igual la crianza de los hijos... Es demasiado agotador para que una sola persona pueda con todo. Se necesita todo un pueblo para satisfacer todas las necesidades emocionales.

- *Hazlo por tu salud*. Muchos artículos de revistas hablan de que el sexo es bueno para el corazón y para la piel; quema calorías, quita el estrés y ayuda a frenar el proceso de envejecimiento. Todos esos son excelentes beneficios, pero ¿vas a tener sexo sólo porque es bueno para tu salud?

Sanación sexual

Mientras que las industrias de autoayuda y médica están ocupadas promoviendo curas para todos nuestros males, la investigación de Esther indica que la mayoría de las mujeres que tienen buenas relaciones y no tienen mucho sexo son, en realidad, sexualmente sanas. Muchos de los problemas sexuales que se asocian con la menopausia pueden resolverse con soluciones sencillas, como lubricantes o pequeñas dosis de estrógeno (ver capítulo 3). Una minoría de mujeres sufre verdaderamente de una disfunción sexual. Como reacción ante este grupo, ha aparecido toda una industria con expertos y libros que nos han hecho creer al resto de nosotras que el sexo se acaba después de los cincuenta. Y eso, en opinión de Esther, es una verdadera lástima, pues poseemos el potencial de tener una vida sexual mucho mejor ahora que cuando éramos jóvenes porque:

- Somos más seguras de nosotras mismas.
- Tenemos más experiencia.
- Nos hemos liberado de la menstruación.
- Somos libres de la posibilidad de embarazarnos.
- Podemos centrarnos más en nosotras en lugar de en otros.
- No lo hacemos porque debamos, sino porque queremos.

Estamos en una encrucijada

Hay un punto en nuestra vida erótica al que todas llegaremos finalmente por lo menos una vez: una encrucijada donde nuestra sexualidad cambia por una razón u otra. Esther lo ve todo el tiempo. Una mujer que pasa por la menopausia puede darse cuenta de que su experiencia del sexo está cambiando y decidir que ya basta. Puede cerrar esa parte de sí misma, echar llave a la

puerta y tirar lejos la llave. Puede decidir centrarse en la resequedad, la incomodidad y en observar cómo disminuye su apetito sexual, o resolver los problemas físicos y aceptar esta nueva vida con un sentido de libertad: no más periodos, no más preocupaciones por embarazos no deseados, nada de hacerlo porque tiene que haber un resultado. Ahora puede ver el sexo como una especie de juego, diversión y placer. Es cuestión de decidir.

¡Hagámoslo!

Después habernos preparado para la sesión con Esther, estábamos listas y teníamos muchas preguntas.

¿Cómo sentirnos más seguras de nosotras mismas en el aspecto sexual?

El desarrollo de la sexualidad es un proceso de aprender a vernos como "seres sexuales". Acepta que eres una persona sexual y asume el control de tu vida sexual. Entonces proyectarás deseabilidad y seguridad sexual. Tu atractivo como ser sexual es algo totalmente autodeterminado. Si no te sientes deseable, no importa cómo te veas o cuánto te diga tu pareja que te desea. Si no te sientes sexual, el sexo no será gozoso para ti. Muchas de nosotras aprendimos a juzgar la experiencia sexual con base en cuánto le gustó al hombre. Si fue bueno para él, tenía que ser automáticamente bueno para ti, ¿no? Pues no, estás muy equivocada. Para ser un verdadero ser sexual, la mujer debe asumir la responsabilidad por su propio placer, sus necesidades y su satisfacción. Desde luego, a una mujer segura de su sexualidad le importa la experiencia de su pareja, pero no es el factor determinante de su propia experiencia sexual.

¿Y si te miras al espejo y ya no te sientes sexy?

Muchas mujeres de más de cincuenta años se vuelven inhibidas en lo sexual porque creen que ya no son atractivas ni sensuales, y como consecuencia se cierran. Pero ésa no es la realidad. Una mujer sexy es aquella que le gusta el sexo, que lo quiere y que le gusta su pareja. Lo que realmente es sensual no es la forma de tu cuerpo o tu edad, sino el hecho de que quieres hacer el amor. En todos sus años como terapeuta, Esther rara vez ha encontrado un hombre que diga que su falta de apetito sexual se relaciona con la apariencia de su esposa. Sin embargo, perderá todo apetito si a su esposa deja de interesarle el sexo. Nadie quiere una pareja que haga "sexo por lástima" o que actúe mecánicamente.

¿Qué pasa con esas mujeres que tienen cuerpos fabulosos y que aun así se sienten indeseables?

La manera en que te sientes respecto al sexo muchas veces es reflejo de cómo te sientes sobre ti misma, tu cuerpo, tu derecho al placer y cuánto crees que mereces, y no de tu apariencia física. En la sociedad estadunidense, la imagen corporal se mezcla con el permiso a sentir deseo y a sentirse atractiva. Pero a la mayoría de nosotras nos enseñaron a nunca sentirnos suficientemente bien acerca de nosotras mismas. Hay industrias enormes deseosas de hacernos sentir inseguras de nuestro aspecto para que compremos cualquier cosa que nos vendan. Menciona cualquier parte del cuerpo y, sea lo que sea, se puede mejorar. Nos dicen que seremos sensuales sólo si nos libramos de la grasa, nos quitamos las arrugas, blanqueamos las manchas de la piel y los dientes y nos teñimos el cabello. Reconoce lo que realmente son esas campañas de ventas y no hagas nada que te diga quién debes ser o qué debes hacer para "merecer" amor, felicidad y buen sexo.

¿La maternidad acaba inevitablemente con el sexo?

No, pero la transición de dos a tres (o más) es un gran reto para todas las parejas. Todo cambia, nuestra relación con nuestros esposos, nuestros amigos, nuestros padres e incluso con nosotras mismas. Las prioridades cambian, e invertimos la mayoría de nuestros recursos en fundar una familia. Para la pareja, hay menos de todo: dinero, tiempo, libertad, privacidad, intimidad y sexo. Con el tiempo salimos de esta etapa con papeles redefinidos en el contexto de toda una nueva entidad: la familia. Pero para que la vida familiar prospere se necesita constancia, previsibilidad y estabilidad, precisamente los elementos que pueden acabar con el erotismo. Es muy difícil para algunas mujeres regresar al egoísmo del deseo después de ser madres. El deseo es inherentemente egoísta, pero mucho de la vida familiar tiene que ver con la abnegación y la generosidad. Seguir conectada con tu sexualidad es un reto aún mayor, pero es algo que tienes que hacer. Inmersos en sus papeles de madre y padre, es difícil volver a verse como una pareja sexual. ¿Qué debes hacer? Debes verte en primer lugar como un individuo, aparte de tu pareja y de tus hijos, y luego, crea un espacio erótico con tu pareja para ser amantes y no padres.

¿Qué pasa con las parejas que dicen que son "los mejores amigos", pero rara vez tienen relaciones sexuales?

Algunas parejas que van a ver a Esther dicen que son "los mejores amigos", pero nunca hacen el amor. Es un problema existencial: ¿cómo conciliar la comodidad y la excitación al mismo tiempo, en el mismo lugar y con la misma persona? Es difícil sentir deseo sexual por tu mejor amigo, porque no hay tensión en la amistad y el deseo se alimenta de la tensión, el misterio y lo desconocido. ¿Empezaron con más fricción, pero la relación se ha convertido en un tipo de amistad menos sexual? ¿La relación se ha vuelto familiar, porque uno de ustedes desempeña el papel de padre, madre o hermano? Este tipo de complacencia es quizá uno de los factores más importantes que extingue el deseo, aún más que el estrés, los hijos, el cansancio o no tener tiempo. Sin embargo, todo esto se puede arreglar. Fíjate qué papeles desempeñan uno con el otro e intenta hacer ajustes. Algunas veces es necesario recurrir a la guía de la terapia.

¿Por qué ya no tienes sexo desenfrenado y espontáneo?

El sexo espontáneo es un mito. Pregúntate por qué no tienes sexo desenfrenado y espontáneo después de quince años de matrimonio. La respuesta es que nunca fue espontáneo. Cuando apenas eran novios, pasabas horas, tal vez días pensando en el sexo antes de que realmente ocurriera. En muchos casos pusiste la fecha, lo pensaste, decidiste qué ponerte, dónde cenar y muchos otros detalles. Ahora la planeación parece más deliberada. Pero eso en sí mismo puede ser sensual. Se trata de tener la disposición a involucrarse, lo que despierta el deseo y la excitación, que al final llevan al sexo. Las parejas que tienen buen sexo, dedican tiempo a averiguar qué necesitan para que funcione. Sea lo que sea, saben lo que se necesita para hacer la transición de la vida laboral o doméstica a la vida erótica, y la planeación forma parte de su vida erótica.

¿Y si es él quien no lo desea?

Noticias de última hora: si tienes menos sexo, es muy probable que sea por él, no por ti. La razón no tiene nada que ver contigo. No es tu peso, edad, cabello o ropa. Con los hombres, muchas veces es cuestión de un problema de salud o un medicamento para el colesterol, diabetes o presión arterial, muchos de los cuales se ha comprobado que crean algunos problemas sexuales. Él debe hablar con su médico. Es probable que también tu pareja tenga más de cincuenta años y que las cosas no funcionen como antes, ya que sus hormonas y nivel de condición física también han cambiado. Así es como sucede por lo general: durante buena parte de sus vidas, los hombres inician el contacto erótico porque ya tienen una erección o sienten que viene una en camino. Pero con la edad, ya no pasa automáticamente, y para muchos hombres eso acaba con su interés en el sexo. Tu pareja no está acostumbrada a necesitar estimulación y puede ser problemático cuando esto sucede. No sabe qué hacer, excepto evitarlo. La mujer cree que es su culpa y que ya no le atrae a su pareja. La mujer está tan acostumbrada a que él tenga una erección sin necesidad de ayuda, que cuando debe hacer algo para tener sexo con él, se siente amenazada. Es una situación llena de desilusión, suspicacia y frustración. Algunas reacciones comunes incluyen aventuras amorosas, evasión o una receta de Viagra (la mayoría de los hombres que toman Viagra dejan de hacerlo después de unos meses debido a que ayuda a que el hombre funcione, pero no le da el deseo).

Esto crea la necesidad de una aproximación al sexo basada en la relación amorosa, que las mujeres comprenden bien. Entonces, el hombre necesita acostumbrarse a algo con lo que las mujeres se sienten cómodas: cultivar una relación para generar deseo y excitación. Y la mujer necesita acostumbrarse al hecho de que es algo que el hombre ahora necesita también. Una vez que lo logran, las parejas comparten una gran vida sexual. Éste es uno de esos momentos en los que se llega a una encrucijada: ¿escogerás, como mujer, el camino que te permitirá trabajar con tu pareja para superar este obstáculo (que de seguro implicará cambios en los sentimientos que antes tenían), o escogerás darte por vencida y cerrar el negocio?

Después de los cincuenta la vida trae consigo demasiados problemas para pensar siquiera en el sexo

Tener más de cincuenta años trae consigo situaciones estresantes que asustan: enfermedades, muerte, pérdida del empleo y padres ancianos. Lo que solía ser ocasional, ahora parece ser la norma. Es pesado, a veces deprimente; esas cosas pueden disminuir en gran medida tu interés en el sexo. Es verdad. Habrá periodos en tu vida en los que tengas que lidiar con distracciones externas que te obliguen a reducir tu actividad sexual, pero eso no significa que debas dejar de pensar en ti como ser sexual. Cultiva el espacio erótico con tu pareja para que cuando la oportunidad se presente compruebes que tu energía sexual está vivita y coleando y la recibas con los brazos abiertos.

**¿Cómo se crea
un espacio erótico?**

Ya sea que tengas hijos o no, un espacio erótico es esencial para tener vida sexual con tu pareja. No es un lugar físico necesariamente, sino un sitio emocional al que los dos acuden para expresar el amor físicamente. El espacio erótico es donde se reúnen, no como ciudadanos responsables y productivos, ni como adultos, padres o cuidadores, sino como amantes. Es un espacio donde el sexo puede suceder, si es lo que ambos quieren, y un espacio donde no estás ocupada cuidando de nadie más. Esther sugirió algunas ideas geniales de cómo crear un espacio erótico:

• *Usa el BlackBerry*. Mandar mensajes de texto y correos eléctricos para conectarse en ese espacio erótico es muy sensual, sin nada que tenga que ver con la boleta de calificaciones de Juanito o con que necesitan cambiar los neumáticos. Es una forma de coquetear entre ustedes y de crear la expectación de entrar físicamente en su espacio erótico cuando sea posible. Mándale un mensaje o un correo electrónico juguetón durante el día para iniciar una cadena erótica entre ustedes. Cuando lleguen a casa, no tendrán que hacer demasiado esfuerzo para dejar su papel de madre, padre o ejecutivo por el de amantes.

- *¿Quieres decir que no somos la misma persona?* Respeta la "otredad" de tu pareja, su independencia de ser, las cosas que le interesan y que a ti no te importan. No te esfuerces por fingir entusiasmo por sus pasatiempos; mejor dale el tiempo para que los disfrute. Cuando la individualidad y las diferencias se acentúan, ves a la otra persona como un ser separado de ti misma. El erotismo requiere esta separación, y florece en el espacio erótico entre tú y tu pareja.

- *¿Me puedes presentar a ese chico apuesto que está por allá?* Observa a tu pareja cuando esté practicando un deporte, conversando en una fiesta, dando un discurso o jugando con los hijos. Míralo como hombre, no como tu esposo o el padre de tus hijos. Míralo con nuevos ojos. Si te das cuenta de que es atractivo para otras, quizá te sientas más atraída sexualmente a él. Esto crea una sensación de riesgo, misterio y deseo que hace que estés más interesada en entrar en el espacio erótico.

- *¿Qué? ¿Yo? ¿Preocupada?* No es sensual tener que preocuparte por tu pareja. Él siente lo mismo. La damisela en problemas simplemente no funciona en la cama. No tienes que actuar como una dominatrix, pero ser frágil o parecer necesitada puede extinguir todo deseo sexual. Quieres una pareja que sepa manejarse, que no sea dependiente de ti o insegura. El buen sexo requiere que seas egoísta. No puedes preocuparte por la otra persona, porque tienes que centrarte por completo en ti. Si tu pareja es alguien necesitado, es difícil olvidarse de lo demás y pasarla bien.

- *Aprende a coquetear.* El coqueteo social es aceptable en muchas partes del mundo, pero en nuestra sociedad orientada a las metas (por lo general, los hombres) creen que si coqueteas es para terminar en la cama, o sea, que debe haber un resultado. Un coqueteo leve con otros puede aumentar tu confianza sexual y hacerte sentir sexy. Coquetea por diversión, no para provocar celos en tu pareja o hacerlo sentir inseguro, y debes dejar que también coquetee.

Crea el espacio y él vendrá;
una vez que lo tengas,
¿cómo se entra?

La lista de pretextos para no tener relaciones sexuales no tiene fin, y decir que no puede volverse un hábito. Queríamos que Esther nos revelara la fórmula mágica para, ¡puf!, tener ganas. Ella describió tres formas principales, o puntos de entrada, que permiten a las mujeres llegar a ese estado de ánimo:

- *Excitación.* A las mujeres las excitan más cosas que a los hombres. La excitación puede iniciar con una película, un libro, una fantasía, lencería o una infinidad de cosas. Cuando te sientes excitada y te encuentras con tu pareja, una cosa lleva a la otra. La excitación lleva al deseo y el deseo lleva al sexo. Averigua qué es lo que te excita para usarlo cuando lo necesites.

- *Deseo.* El deseo es querer que te seduzcan. Con este punto de entrada, quieres que te seduzcan y tener un encuentro activo con tu pareja. El deseo se aviva cuando ves a tu pareja con nuevos ojos. Por ejemplo, cuando ves que se pone una camisa nueva, o hace algo que disfruta, o incluso cuando lo ves coqueteando con la cajera del banco, puedes llegar a sentir deseo por él. Entonces tienes que actuar según ese deseo y usar algunas de las herramientas que inician la excitación que los llevará a la experiencia sexual.

- *Disposición.* El punto de entrada más importante para las mujeres de más de cincuenta años puede que sea la disposición a entregarse al juego de deseo y seducción. Si has ignorado, descuidado o negado tu ser sexual por un buen tiempo, debes decidir conscientemente si quieres sexo para permitirte sentir deseo.

La disposición no debe confundirse con el sexo por lástima o por obligación. Simplemente reconoce que estás lista, eres capaz y que tienes la disposición, y haz saber a tu pareja que él también puede ayudar un poco.

Habrá días en los que un punto de entrada funcione mejor que otro, pero a lo que todo esto se reduce es: tener disposición a ser sexual. Debes entender qué punto de entrada vas a utilizar. A veces tendrás que darte ánimos, y eso está bien. Nos convencemos de hacer cosas todo el tiempo: salir, ir a un evento, preparar la cena; pero por alguna razón se cree que no tenemos que convencernos de querer sexo. El hecho de hablar contigo misma para convencerte de querer sexo puede despertar tu apetito, y casi siempre terminamos contentas de habernos convencido.

Puedes tener varios matrimonios en tu vida

¡Vaya! Eso sí que nos llamó la atención y nos preocupó un poco. ¿Están condenados nuestros matrimonios? ¿Debemos divorciarnos y hallar otra persona para poder sentir de nuevo la emoción? No, claro que no, explicó Esther. Por supuesto, habrá algunas de nosotras que se divorcien o enviuden y se comprometan en otra relación. Pero hay una alternativa: si te reinventas tú misma y tu relación sexual con tu pareja, puedes tener un nuevo matrimonio con la misma persona. Esther calcula que ha tenido tres matrimonios. Es una idea romántica, encantadora y emocionante. Ya tuviste el matrimonio de los recién casados, el de la pareja de padres jóvenes y ahora tienes el matrimonio de más edad, pero más sabio, y así continúa. Si seguimos el consejo de Esther y hacemos que nuestra pareja nos siga podemos comenzar de nuevo, uno con el otro. ¿Casarme de nuevo con Howard? Sí, acepto.

¿Y si no estás casada?

Casados, en noviazgo, solteros, buscando, hombres y mujeres, mujeres y mujeres, hombres y hombres, el concepto es el mismo. Tienen que crear su espacio erótico juntos y encontrar los puntos de entrada. Depende de ustedes, y todo se trata de ustedes.

Eres dueña de tu vida sexual

Nuestra vida sexual puede ser tan candente como queramos, todo el tiempo que queramos. Depende de nosotras.

Tener sexo es maravilloso, pero no siempre ha de ser el resultado final. Mantener el contacto con tu ser sexual y tener una relación íntima con tu pareja en el espacio erótico sustentará tu vida erótica, y eso es precisamente de lo que se trata.

La gente a veces le pide a Esther que recomiende aceites, lociones o trucos en la cama para hacer más interesantes la vida sexual. Su respuesta es siempre la misma: ni siquiera pienses en comprarte ropa interior nueva o aprender una posición acrobática hasta que hayas desarrollado tu seguridad sexual y hayas creado un espacio erótico. Los dos terminarán sintiéndose ridículos, porque esas cosas no les permiten enfrentar los problemas reales.

Una vez que hayas construido o reconstruido los cimientos sólidos de tu relación sexual con tu pareja entonces podrá comenzar la verdadera diversión. Porque, después de los cincuenta, de eso se trata, ¿o no? De diversión y placer. Deja de ser tan seria al respecto. ¡Relájate y pásala bien! Si no sabes bien por dónde empezar, te recomiendo Jamaica.

Actúa

Todas aprendimos mucho de Esther. Exploramos muchas preguntas sobre cómo fortalecer nuestro ser erótico después de los cincuenta y avivar el fuego, sin importar las circunstancias particulares. Algunos de nuestros consejos favoritos fueron:

- Reflexiona en el punto de entrada que quieres utilizar.
- Acepta que a veces simplemente no estás de humor.
- Comprende que a veces puede que él no esté de humor, y eso está bien.
- Piensa menos en tu apariencia.
- Proponte crear (y visitar) tu espacio erótico, porque no siempre estarás de vacaciones, ¿verdad?
- Crea una cuenta de correo que nadie más pueda revisar e intenta que se escriban uno al otro durante el día.
- Piensa un poco más en él durante el día, no como padre, esposo o ejecutivo de negocios, sino como hombre.
- Crea un ambiente en casa que sea tranquilo, feliz, lleno de amor y aceptación y que sea (apropiadamente) sensual.

- Deja que tus hijos vean que tú y tu pareja están conectados en muchos niveles: tómense de las manos, abrácense y sonrían. Ustedes son su modelo de conducta después de todo.
- Usa lubricante cuando lo necesites.
- Usa productos de estrógeno si son necesarios (habla con tu médico).
- Realiza veinte ejercicios de Kegel dos veces al día para mantener en forma esa parte de tu cuerpo (es muy sencillo: sólo aprieta ese músculo, mantenlo, afloja y ya.)
- Mantente saludable y activa para que tengas la energía suficiente para hacer cualquier cosa.
- Mantente conectada con otras personas, así como con tus propios intereses.
- Pídele a tus amigas nuevas ideas. Nunca eres demasiado vieja para aprender.
- Dale un vistazo a los nuevos juguetes divertidos que han salido a la venta.
- Deja de leer estudios sobre la frecuencia con que otras personas tienen sexo. ¿A quién le importa?

CAPÍTULO 5

Tú eres lo que comes

No más comidas sin sentido

De niña no pensaba mucho en lo que comía a menos que tuviera algo que ver con la mantequilla de cacahuate, en especial untada en una rebanada suave de pan blanco Wonder. Recuerdo haber ido en una visita escolar a la fábrica de pan Wonder en Brooklyn, donde nos dieron a todos una hogaza de pan en miniatura, en una fabulosa envoltura de lunares, para llevar a casa. Cada rebanada esponjosa estaba "enriquecida", razón por la que tenía muy satisfechas a todas las madres.

Una papa, dos papas...

Mi abuela alemana era de la escuela de cocina en la que "todo se hace desde el principio" y se regodeaba en su habilidad de la posguerra de poner en la mesa carne con papas (y salsa y papas, y más papas) todas las tardes, excepto las tardes de los viernes en las que el menú era pescado. Cocinar era motivo de orgullo para ella y le preocupaba mucho que mi hermana y yo comiéramos los alimentos y las vitaminas adecuadas todos los días, como lo especifica la pirámide alimentaria. Cada mañana, nos esperaba en la mesa de la cocina un vaso de jugo de naranja recién exprimido, con una tapa encima para que "las vitaminas no se le fueran". Siempre procuraba que tomáramos también una cucharada de aceite de hígado de bacalao, pero nosotras salíamos corriendo con nuestras mochilas antes de que la sirviera.

¿Alguien quiere una cena de microondas frente al televisor?

Su idea de buena salud de la "madre patria" no estaba tan lejos de lo que los nutriólogos recomiendan que comamos ahora: alimentos frescos, yogur, pan integral, aceite de pescado (aunque los menús de la abuela eran a veces un poco pesados por la carne y las papas). Todas estas cosas eran parte de la dieta diaria de mi propia abuela. Fue la generación de mi madre la que prefirió la comida procesada y fácil de preparar. La comida de microondas, la comida rápida de nuestra generación, era un lujo del sábado por la noche para mi hermana y para mí. Incluidos con el pollo frito y el puré de papas en un "plato" de aluminio diseñado con ingenio, había montones de sodio y grasa. Pero ¿a quién le importaba? Era la comida perfecta cuando veíamos *Los locos Addams* o el *Súper Agente 86*.

Ya no hacen esas células grasas como antes

En retrospectiva, ahora me horrorizo, pero en su momento pensábamos que era una comida deliciosa. Sin duda, estas "cenas de lujo" contribuyeron a engordar mis células grasas. Todos nacemos con cierto número de células grasas y luego obtenemos más durante la pubertad, cuando las hormonas sexuales entran en acción (por lo general, las células grasas dejan de producirse después de la pubertad). Cuando engordamos, nuestros cuerpos almacenan grasa, pero el número de células grasas es el mismo, sólo que cada una de ellas engorda cada vez más (la excepción a esta regla es cuando un adulto aumenta una cantidad extraordinaria). El tamaño de las células grasas en los cuerpos adultos tiene su inicio en nuestra niñez y adolescencia, cuando se forman estas células. Mientras más células grasas tengamos de niños (y mientras más engordan), más difícil será deshacerse de ellas de adultos.

Cuando tenía veintitantos o treinta y tantos años mi peso era muy estable. De vez en cuando, después de comer muchos pastelillos y sándwiches de mantequilla de cacahuate y mermelada (de pan Wonder, por supuesto) en esas largas noches que me desvelaba trabajando) aumentaba un poco de peso hasta que mis jeans ya no me cerraban. En ese momento comía menos o intentaba alguna nueva dieta que estaba de moda y en un par de semanas volvía a mi peso normal.

Pero ya no.

Los días en los que bajaba de peso con rapidez y facilidad quedaron en el pasado. Las cosas comenzaron a cambiar lenta, pero inexorablemente hasta que a mis cincuenta y un años pesaba siete kilogramos más que cuando era treintañera. No es terrible, pero es cierto. Esos kilos se abrían camino poco a poco para integrarse a mi cuerpo de manera que parecía permanente. Tal vez fueron todas esas comidas de microondas que finalmente me estaban cobrando la cuenta. De repente tuve una visión de mí dentro de cinco años. No era nada bonito lo que veía, y definitivamente no era sano. El sobrepeso es causa de muchas enfermedades (ver los capítulos 1 y 2). Las células grasas producen excedentes de estrógeno y demasiado estrógeno produce ciertos tipos de cáncer. Eso no está nada bien.

¿Cómo sucede esto?

Pues muy fácil: come más, haz menos ejercicio y pasa por la menopausia. Aumentar un poco de peso (hasta dos kilos y medio) es normal después de la menopausia, pero más de cinco kilos no.

Los primeros cinco años después de la menopausia son un momento crucial para reevaluar tu nutrición y programa de ejercicio, ya que en este momento es cuando tendemos a aumentar más de peso y perder masa ósea.

¿Qué vas a hacer al respecto?

Como en el caso de muchas mujeres, lo primero que pensé fue deshacerme de esos taimados kilos extra con una dieta. Tal vez los especialistas de la salud difieran en la forma en la que la gente debe bajar de peso, pero hay algo en lo que todos concuerdan: cuando la gente "se pone a dieta" tiene un porcentaje de éxito de 10 por ciento. Eso significa que hay sólo 10 por ciento de probabilidades de bajar el peso y mantenerlo, o de bajar de peso en general. ¿Por qué?

Las dietas no sirven

Muchas de nosotras pensamos que la palabra "dieta" es sinónimo de "bajar de peso", y no de "sé sana y permanece sana". Hay cientos de "dietas para adelgazar". Todas prometen cambios rápidos y drásticos de kilos y grasa, pero hay una pregunta sencilla que debes hacerte antes de comenzar una dieta: "¿Puedo comer de esta manera por el resto de mi vida?".

Muchas dietas para bajar de peso se centran de forma excesiva en un solo alimento o tipo de alimento (como toronjas o proteínas) y pasan por alto el principio básico de toda buena nutrición: una dieta equilibrada incluye alimentos variados. Tomar vitaminas en pastillas no compensa la diferencia. En cuanto terminamos las aburridas dietas que nos sujetan a ciertas reglas y regresamos a "la alimentación de la vida real", el peso rebota. Peor aún, con frecuencia sucede que las personas que estaban a dieta pierden la capacidad de regular su forma de comer, por lo que aumentan otros cinco kilos. Entonces, para volver a bajar de peso, comienzan otra dieta. Éste es el síndrome de la dieta de yoyo, que causa estragos en nuestro metabolismo. ¿Recuerdas las células grasas? Cada vez que aumentas y bajas, aumentas y bajas, aumentas y bajas de peso es más difícil para las células perder grasa y, como es lógico, es más difícil bajar de peso. Es un círculo vicioso que garantiza el fracaso. Es hora de romper el ciclo.

Las mujeres no pueden vivir solamente de proteínas

Una de las dietas más populares y perdurables de las últimas décadas es la de Atkins, que conozco bien. Comencé esta dieta con el propósito explícito de bajar los últimos cinco kilos tercos que aumenté después de que nació mi segunda hija (había aumentado unos 23 kilogramos en total, pero no hay por qué hablar al respecto). Dejé de comer pasta y pan, incluso integral, creyendo que todos los carbohidratos eran malos. Me sentía hambrienta, mi sentido común me decía que no estaba obteniendo todos los nutrientes que necesitaba y que no podía mantener esta forma de alimentación (de verdad, no se puede). Al irme acercando a los cincuenta, comencé de nuevo a engordar poco a poco, me sentía mal y letárgica, lo que provocaba que disminuyera el ejercicio diario. Mi cuerpo me estaba mandando un mensaje.

¿Qué tipo de modelo de conducta soy?

Estaba fallando de forma lamentable como modelo de conducta para mis hijas. Insistía en que ellas comieran brócoli, pero yo ni lo tocaba. Demasiados carbohidratos, el doctor Atkins me susurraba al oído. Definitivamente había llegado el momento de buscar una solución sensata, madura y duradera.

El doctor Fischer siente nuestro peso

Después de mi experiencia con el plan del doctor Atkins, era conveniente que me reuniera con el doctor Stuart Fischer que, durante más de ocho años dirigió el Centro Atkins junto con el fundador, el doctor Robert Atkins. El doctor Fischer está de acuerdo en que una dieta sin o muy baja en carbohidratos no es una forma de alimentación sostenible a largo plazo. En la actualidad dirige el Park Avenue Diet Center en Nueva York y es firme partidario de seguir una dieta con una amplia variedad de alimentos, entre ellos, aceite de oliva, cereales integrales, verduras y frutas, junto con una determinada cantidad de proteínas saludables todos los días.

Aunque el doctor Fischer emplea la palabra "dieta" en el nombre de su clínica y en el título de su libro (*The Park Avenue Diet*), apoya el método "antidieta" para bajar de peso. Cree que el camino hacia una mejor salud y apariencia física debe incluir cambios físicos, psicológicos y conductuales que se refuercen mutuamente. Todas las "dietas" tratan los síntomas, no las causas. Es como dar una aspirina para bajar la fiebre sin curar la causa de la fiebre. La respuesta, cree él, radica en una revaluación total de la persona, que incluya hasta la ropa, cabello y actitudes.

Es toda una experiencia corporal

El principio en el que se basa el plan del doctor Fischer es atender los diferentes componentes de la imagen corporal de forma simultánea. Si una se centra solamente en perder peso, pero sigue poniéndose la misma ropa holgada, o tiene un corte de cabello que la haga sentir poco atractiva, es muy probable que fracase. Para las mujeres debe ser una experiencia integral, mental y física.

Una verdad llana y simple: sobrepeso = problemas de salud

El doctor Fischer me dio todo un discurso sobre la obesidad en el país. No es nada bueno. Más de dos terceras partes de la población adulta estadunidense tienen sobrepeso. Aunque ninguno de nosotros quiere tener sobrepeso, por lo general no nos damos cuenta de que estamos contribuyendo a enfermarnos por tener un peso mayor que el que deberíamos. Muchas enfermedades se relacionan directamente con el sobrepeso (ver más detalles en los capítulos 1 y 2), por lo

que más nos conviene bajar la mayor cantidad de kilos que podamos, en especial si ésos se concentran en la cintura. Éste, dice el doctor Fischer, es el peor tipo de grasa: la grasa visceral.

¿Qué es la grasa visceral?

Yo nunca había oído el término "grasa visceral", pero no me gustó para nada desde que escuché al doctor Fischer mencionarlo: grasa visceral. Me sonaba a algo escurridizo y malvado. Y sin duda es escurridiza y muy mala. Es la grasa que no puedes ver, la que rodea el corazón y demás órganos internos. No es nada bueno.

Buenas noticias: es sencillo deshacerse de la grasa visceral

Es más sencillo deshacerse de la grasa visceral que de ese colchón de más en tu trasero. Simplemente necesitas alimentarte mejor, mover el cuerpo haciendo ejercicio de forma regular y reducir el consumo de grasas saturadas (que se encuentran en la carne e incluso en el pollo); así acabarás con ella. La grasa visceral es como una cuenta de cheques: así como viene se va.

Todas tenemos grasa subcutánea, que es la capa de grasa perceptible debajo de la piel. La grasa visceral es más profunda, se aloja debajo de los músculos y puede ser peligrosa porque rodea los órganos vitales y el hígado la metaboliza, lo que la convierte en colesterol en la sangre. Las mujeres posmenopáusicas que tienen un exceso de grasa abdominal corren mayor riesgo de sufrir del síndrome metabólico, que precede a la diabetes y las enfermedades cardiovasculares (ver los capítulos 1 y 2 para mayor información).

¿Cómo saber si tienes grasa visceral?

Si tienes sobrepeso, es muy probable que tengas grasa visceral. Sin embargo, incluso las mujeres con peso normal pueden tener un exceso de grasa abdominal. Mídete la cintura, ya que la grasa visceral tiende a localizarse justo en la región abdominal.

Reduce esos centímetros: la talla de cintura debe ser menor que la mitad de tu estatura

La meta debe ser tener una medida de cintura que sea menor que 89 centímetros, o menos de la mitad de tu estatura. Guarda la báscula y saca la cinta métrica.

Sencillo, pero no siempre fácil

Alguien me lo dijo alguna vez. No lo entendí bien en el momento, pero ahora tiene mucho más sentido. Hemos establecido la meta: la cintura debe medir menos de 89 centímetros (sencillo); ahora veremos cómo lograrla (no siempre es fácil). Pero primero, debes saber que cada paso pequeño que des para avanzar hacia la meta es un gran paso hacia una vida mejor. Con cada centímetro que bajes estarás más sana.

¿Cómo lograrlo? Deja de hacer dietas y comienza a alimentarte

Hacer dietas no funciona, pero alimentarte sí. Muchas dietas no toman en cuenta las relaciones conductuales y emocionales que la gente tiene con la comida. La comida se utiliza para crear vínculos de afecto con amigos y familiares, consolarse, aliviar el estrés y celebrar los logros. Ésta es la razón por la que las dietas restrictivas no son sostenibles. Si se eliminan grupos enteros de alimentos o demasiadas calorías el organismo compensa y desacelera el metabolismo o crea una intensa necesidad de comer, por lo que uno termina comiendo de más.

¿Quién eres?

Comprométete a ser una mujer saludable, una mujer que merece gozar de buena salud. Estamos envejeciendo, pero también podemos ser sanas. Imagínate cómo te gustaría verte, sentirte y ser y lo que necesitas modificar para lograrlo. Presta atención a lo que comes. Observa tu cabello, maquillaje, piel, cómo te ejercitas, cómo pasas el tiempo y cómo te presentas ante el mundo (ver los capítulos que siguen donde se presentan buenas ideas al respecto). ¿Cómo se ve tu yo "ideal"? ¿Cómo se viste? ¿De qué conversa? ¿Cómo se comporta? La verdad es que una vez que comienzas a alimentarte mejor y a adelgazar, te verás y sentirás mejor, y estarás motivada para hacer todo mejor. Los puntos se unen y una acción te lleva a la otra. Antes de que te des cuenta, serás la mujer de cincuenta y tantos más atractiva de tu barrio.

La doctora de los doctores de la nutrición

La nutrición es complicada y compleja y por eso busqué el asesoramiento médico de la doctora Laura Lefkowitz. La doctora Lefkowitz es médico especialista en radiología oncológica y psiquiatría, pero decidió que en lugar de tratar a la gente después de que se enferma, la ayudaría a prevenir las enfermedades. Volvió a la escuela y ahora se especializa en asesoría nutricional y salud. La doctora Lefkowitz trabaja en colaboración estrecha con los médicos de cabecera de sus pacientes y es conocida como la "doctora de los doctores de nutrición y salud".

Olvida la pirámide

Yo sabía muy poco de nutrición (más allá de la tristemente conocida pirámide alimentaria) antes de la primera reunión con la doctora Lefkowitz, pero ella dejó una cosa en claro: comer los alimentos inadecuados tendrá repercusiones a largo plazo en nuestra salud, pero comer los alimentos adecuados (de forma constante y no como algo pasajero) ofrece una buena oportunidad de pelear por mantenernos sanas a medida que envejezcamos. Planteó una estrategia sensata e integral para mujeres de más de cincuenta años.

Primero, una explicación de qué es "nivel bajo de azúcar en la sangre" y "metabolismo"

Estos dos términos se usan comúnmente con respecto a los alimentos y a la pérdida de peso, y entender cómo controlarlos te ayudará a adelgazar y mantenerte en tu peso.

- *Nivel bajo de azúcar en la sangre*: los alimentos azucarados y los muy refinados (o sea, los que distan de ser "integrales"), como el pan blanco y la pasta de harina blanca se transforman en azúcar en la sangre. Comer tales alimentos provoca un aumento repentino y temporal del nivel de azúcar en la sangre, seguido de una sobreproducción de insulina (para intentar procesar toda el azúcar), lo que provoca una disminución radical del nivel de azúcar en pocas horas. El término médico que se usa para esta situación es *hipoglucemia*, o baja concentración de azúcar en la sangre. Probablemente la has experimentado. Una se siente muy mal cuando tiene hipoglucemia y después se siente tentada a comer en exceso para compensar cómo se sentía, y por lo general se apetece algo dulce por el exceso de insulina. Si esto sucede de forma frecuente y repetitiva, el organismo cree que debe almacenar el exceso de azúcar como grasa para uso futuro. Por consiguiente, almacena más grasa y se vuelve un gran círculo vicioso.

- *Metabolismo es la medida de la eficiencia con la que el organismo consume combustible (alimento)*. El índice metabólico varía en cada persona, pero también depende de nuestra constitución corporal a lo largo de nuestra vida. Después de la menopausia, el porcentaje de tejido muscular disminuye con respecto al tejido graso; por lo tanto, quemamos menos calorías debido a que los músculos queman más calorías en reposo que lo que queman grasas. Si consumes la misma cantidad de calorías ahora que cuando eras más joven y no quemas más calorías, engordarás.

El plan es sencillo: alimentos integrales en porciones prudentes

Comer por salud y por disfrute no son actividades mutuamente excluyentes. Para mí, esto fue una revelación y un alivio. La doctora Lefkowitz no cree en las dietas, sino en comer alimentos integrales, sin procesar, puros y limpios y en tener cuidado con el tamaño de las porciones (es decir, no comer de más). Haz esto y lo lograrás.

Los fundamentos de tu nuevo plan de alimentación de por vida

- Comer alimentos integrales.
- Comer más verduras.
- Comer más granos integrales.
- Comer a lo largo del día (cada dos o tres horas).
- Desayunar todos los días.
- Tomar mucha agua.
- Evitar la comida procesada.
- Cuidar el tamaño de las porciones, en particular si estás en una etapa de pérdida de peso.
- Procura comer alimentos orgánicos cuando sea posible.
- Si necesitas comer algo para sentirte feliz, está bien, pero luego continúa con tu plan de alimentación saludable.

¿Qué es un alimento integral?

Los "alimentos integrales" son aquellos que no son procesados (o muy poco) y muy parecidos a su estado natural. Algunos ejemplos son las verduras frescas o congeladas, los cereales integrales (trigo, arroz, quinua), frutas, nueces, semillas, legumbres (frijoles), huevos y leche. También se considera que el pescado, la carne de aves y la carne roja, preparados sin ningún aditivo o modificación, son alimentos integrales. Una porción de salmón a la parrilla puede considerarse un alimento integral, pero no las barras de pescado procesadas.

Esto es una guía, no son reglas

Aquí no se trata de todo o nada. No creas que esto es una dieta de una sola oportunidad en la que te rindes y vuelves a tus viejos hábitos por comer de vez en cuando una rebanada de pastel de fresa y mantequilla. ¡Está bien si lo haces! No hay necesidad de llegar a extremos absurdos. Esto es una sugerencia, y debes seguir este marco de acuerdo con cómo te sientas y cómo te funcione (aunque sí funciona).

¿Puedes vivir sin estos alimentos? Inténtalo

Haz lo posible por descartar los siguientes alimentos de tu cocina y de tu cuerpo. Ninguno de ellos tiene verdadero valor nutricional y todos pueden causar grandes estragos en tu metabolismo y en tu nivel de azúcar en la sangre, y posiblemente provoquen que engordes o, por lo menos, impiden que bajes de peso:

Azúcar y jarabe de maíz con alto contenido de fructosa

Ambos te hacen engordar, aportan calorías vacías, alteran el nivel de azúcar en la sangre y el metabolismo, arruinan los dientes, afectan el estado de ánimo y no ofrecen ningún beneficio a la salud. Se incluyen en una cantidad sorprendente de alimentos, así que fíjate en las etiquetas. Esto incluye bebidas como los refrescos.

Edulcorantes artificiales

Splenda (sucralosa), Nutrasweet (aspartame), Equal (aspartame), Sweet N' Low (sacarina) y cualquier alimento "dietético" que contenga estos ingredientes son un problema. Las personas que tienen sobrepeso son los mayores consumidores de alimentos que contienen estas sustancias químicas. Estos edulcorantes engañan al cerebro haciéndolo pensar que estás comiendo azúcar real. El nivel de azúcar baja y el ciclo continúa.

Harina blanca

Esto incluye pan blanco, pizza y pasta, galletas, pasteles, tartas, donas y todo lo que esté hecho con harina blanca. Hace años, muchas empresas le quitaron las partes importantes y nutritivas al grano de trigo: el salvado y el germen (como el germen de trigo), porque las fábricas de panadería descubrieron que esta "harina refinada" (con la que hacen el pan Wonder) era más sencilla de trabajar y prolongaba la fecha de caducidad de la harina y de los productos que se fabrican con ella. Para que la harina pueda ofrecer algún beneficio a la salud debe tener tanto el salvado como el germen.

Arroz blanco

Al igual que a la harina blanca, al arroz blanco se le quitan todos los nutrientes. Históricamente, los asiáticos han tenido la incidencia más baja de enfermedades cardiovasculares y cáncer. No se debe al arroz blanco, sino a todas las verduras y las proteínas vegetales de soya que comen (y probablemente debido a toda la carne que no comen).

En cambio, empieza a comprar y comer estos alimentos:

Alimentos orgánicos

En muchos cultivos se rocían pesticidas y agentes químicos que pueden entrar en nuestro organismo cuando comemos los alimentos. Los productos orgánicos se consiguen con facilidad en cualquier supermercado, sin importar dónde vivas. También los puedes conseguir en los mercados de productores de la localidad. Comienza con algunas verduras orgánicas y después amplía tu horizonte orgánico y compra pan, cereales, carne y productos lácteos orgánicos. Los productos orgánicos cuestan un poco más, pero eso probablemente cambie cuando la demanda aumente.

Productos de granos integrales

Los granos integrales son aquellos a los que no se les han extraído los nutrientes con la "refinación". La lista incluye avena, trigo integral, arroz integral, pasta de trigo integral, cebada, alforfón (kasha), mijo y quinua. Estos granos contienen enzimas esenciales, hierro, fibra dietética, vitamina E y el complejo de vitamina B. Debido a que el cuerpo los asimila despacio, estos granos aportan energía sostenida, producen la sensación de estar satisfecho por más tiempo y ayudan a mantener estable el nivel de azúcar en la sangre.

Arroz integral

El arroz integral es sumamente nutritivo, tiene todas las capas de fibra y nutrientes intactas; además, tiene la mayor cantidad de complejo B de todos los cereales y también contiene hierro, vitamina E, aminoácidos y ácido linoleico. Tiene un alto **contenido de fibra**, muy poco sodio y **está compuesto** en 80 por ciento por carbohidratos complejos. Es un excelente alimento que puede comerse de diferentes formas: solo, combinado con verduras y frijoles, en guisados, rollos de sushi, pilafs y pudines.

Leguminosas

Las leguminosas (frijoles negros, garbanzos, lentejas, chícharos deshidratados o frescos, frijoles pintos y de otras variedades) son una de las mejores maneras de agregar proteínas vegetales (en lugar de proteínas animales) a tu dieta. Tienen alto contenido de hierro, vitamina B y fibra y hay tantos tipos de leguminosas y maneras de prepararlas que nunca te cansarás de comerlas. Son muy buenas en sopas, guisados y burritos, o los clásicos frijoles bayos con arroz, pero un simple plato de arroz integral, frijoles negros y verduras al vapor o salteadas, con una pizca de sal de mar y aceite de oliva es una comida perfecta.

Verduras

Están repletas de vitaminas, minerales y antioxidantes y deben comerse en cantidades ilimitadas todos los días (excepto los elotes y camotes).

Verduras de hojas verde oscuro

La col china, col rizada, acelgas y espinacas son los alimentos que más falta hacen en las dietas modernas, pero comer verduras de hojas verde oscuro es esencial para una buena salud. Hay verduras frondosas verde oscuro que puedes utilizar en ensaladas, como la arúgula, los canónigos y lechugas. Las hojas verdes son muy ricas en calcio, magnesio, hierro, potasio, fósforo, cinc y vitaminas A, C, E y K. Tienen mucha fibra, ácido fólico y clorofila.

Nueces y semillas

Comer almendras, nueces, nueces de la India, semillas de girasol y otros tipos de nueces es una forma sencilla de agregar grasas saludables a la dieta. Los datos sobre los beneficios son enormes. Comer un puñado de nueces cinco veces a la semana puede reducir el riesgo de enfermedad coronaria entre 25 y 40 por ciento. Las semillas y las nueces son excelentes bocadillos portátiles y son sensacionales cuando se utilizan en la preparación de muchos platillos. Evita las semillas fritas, saladas y prefiere las naturales o tostadas sin aceite.

Calcio

Lo mejor es obtener calcio de una fuente sin o muy pocas grasas, pero es incluso mejor obtenerlo de fuentes no lácteas como las verduras frondosas, brócoli, col rizada, almendras, sardinas, salmón enlatado, tofu y pasta de ajonjolí. El organismo asimila mucho más fácilmente el calcio de cualquiera de estos alimentos que el de los productos lácteos. (La mayoría de nosotros no sabemos esto debido a que la industria de los lácteos y sus grandes campañas publicitarias nos convencen de que la leche es la mejor fuente de calcio.) Una o dos porciones de lácteos al día está bien, pero hay que preferir otras fuentes. Aun así se necesitan suplementos, ya que para obtener la cantidad necesaria de calcio de la comida tendríamos que comer más de lo que podemos.

Fruta

Las manzanas, melones, naranjas y ciruelas son naturalmente dulces, jugosos y son excelentes postres. Muchas frutas están repletas de antioxidantes (especialmente las moras), fibra, vitaminas y minerales. Son bajas en calorías, altas en nutrientes, portátiles, fáciles de comer y se combinan bien con otros alimentos como el yogur o el cereal.

Proteína

Hay proteínas en tantos de los alimentos que comemos en el transcurso de un día normal que difícilmente se podría decir que Estados Unidos "carece de proteína". El consumo de proteína varía de acuerdo con las necesidades individuales: por lo general, entre 40 y 60 gramos por día. La ración de proteína animal no debe ser mayor que la palma de tu mano. Procura consumir pollo y carne orgánica de reses alimentadas con hierba solamente para que no comas las hormonas artificiales y los antibióticos que les dan a los animales.

Huevos

Los huevos son fáciles de digerir y nuestros cuerpos pueden asimilar la mayoría de la proteína que se encuentra en ellos. Son un alimento casi perfecto. Trata de comerlos varias veces a la semana. Si te preocupan las yemas, come sólo las claras, por ejemplo, en un omelete. Si te alimentas de acuerdo con lo que te sugiere este capítulo, comer un huevo o dos, con yema y todo, está bien. No hay diferencia nutricional entre el huevo rojo y el huevo blanco, pero trata de comprar cuando sea posible los que están enriquecidos con ácidos grasos Omega 3.

Edulcorantes naturales

Come edulcorantes naturales, como la miel de maple (no la artificial con jarabe de maíz con alto contenido de fructosa), miel de abeja y néctar de agave. La miel es el edulcorante natural más antiguo y es más dulce que el azúcar. Es lo mejor que puedes tomar en caso de tos o gripe. El néctar de agave es un endulzante natural líquido hecho del jugo del agave. Es más dulce que el azúcar, pero tiene mucho menor efecto en los niveles de azúcar en la sangre. Usa el néctar de agave en lugar de azúcar para la mayoría de las recetas. Existen algunos otros, y la mayoría pueden conseguirse en cualquier supermercado o en las tiendas naturistas.

Chocolate amargo

No cualquier chocolate amargo, sino el fabuloso y delicioso chocolate amargo que contiene cuando menos 75 por ciento de cacao (a menudo se muestra el porcentaje en el frente del empaque). Come un trozo pequeño todos los días. El chocolate amargo está repleto de antioxidantes que combaten el cáncer (más que la leche con chocolate) y también tiene algunos beneficios divertidos. Unos investigadores italianos descubrieron que las mujeres que comen chocolate amargo tienen mayor impulso sexual que las que no lo comen.

Vino tinto

En el vino tinto se encuentran antioxidantes que combaten el envejecimiento: resveratrol y polifenoles, que pueden neutralizar los radicales libres que causan enfermedades. El vino tinto es un adelgazador natural de la sangre, que ayuda a mantener el corazón sano. Un estudio reciente mostró que el consumo regular y moderado de vino tinto es el mayor contribuyente de los beneficios de la dieta mediterránea. Una copa (o dos en ocasiones) con una cena saludable es fantástica, pero limítate a no más de siete copas a la semana. Algunos estudios han mostrado que las mujeres que consumen más de la cantidad recomendada de alcohol aumentan el riesgo de contraer cáncer de mama, lo que contrarresta todos los beneficios para la salud del corazón que ofrece el vino tinto.

¿Qué pasa con los suplementos?

No podemos obtener todo lo que necesitamos de la comida. Comeríamos demasiado y consumiríamos demasiadas calorías, así que tomar suplementos alimenticios tiene sentido. Antes de que comiences a tomar suplementos debes realizarte un examen médico completo, que incluya análisis de sangre para revisar tus niveles de nutrientes y asegurar que no te falte algún nutriente en específico. Si sigues este plan alimenticio, estos suplementos te ayudarán a cubrir las necesidades básicas.

Multivitamínicos y multiminerales

Preferentemente uno sin hierro, ya que cuando la menstruación termina, ya no necesitamos tanto hierro. El organismo debe tener una cantidad suficiente de minerales y vitaminas que sean esenciales para las mujeres de más de cincuenta años, como la vitamina D y el magnesio (que son necesarios para la absorción adecuada de calcio).

Calcio: 1,500 mg al día

El calcio es un componente esencial para mantener la buena salud y prevenir la pérdida ósea y la osteoporosis.

Vitamina D: 1,500 UI al día

La vitamina D, conocida como la "vitamina solar" debido a que el organismo la fabrica a partir de la luz del sol, es esencial para regular los niveles de calcio que absorben nuestros cuerpos. Pero la vitamina D también es importante para disminuir el riesgo de cáncer, enfermedades cardiovasculares, intolerancia a la glucosa, presión arterial alta, asma, algunas enfermedades infecciosas, algunos tipos de cáncer y diabetes. Aunque la leche de muchas marcas está adicionada con vitamina D, tendríamos que beber por lo menos veinte vasos al día para tener los niveles mínimos, así que los suplementos son esenciales.

Aceite de pescado:
1,000 mg (1 g) al día

El aceite de pescado es la mejor fuente de ácidos grasos Omega 3, ácido docosahexaenoico (DHA) y ácido eicosapentanoico (EPA). Hay muchísimos beneficios de incluir en la dieta el aceite de pescado: ayuda a prevenir las enfermedades cardiovasculares, mejora la circulación sanguínea, fortalece el sistema inmunitario, reduce la inflamación y la formación de coágulos en la sangre y los tejidos, es útil para tratar la artritis y el reumatismo, ayuda a mejorar la resequedad de la piel, a tener el cabello más brilloso y también a prevenir la pérdida del cabello. Le doy aceite de pescado hasta a mi perro.

Aceite de linaza:
1,000 mg (1 g) al día

A diferencia del aceite de pescado, el aceite de linaza es rico en el tercer ácido graso: el ácido alfa linolénico (ALA). ALA es un ácido graso de cadena corta, que también se encuentra en nueces, semillas de calabaza y algunas otras fuentes vegetales, pero no en el aceite de pescado. Ayuda a mitigar algunos síntomas de la menopausia, como los ojos resecos, a disminuir el colesterol y la presión arterial y a reducir el riesgo de algunos tipos de cáncer, mejora la absorción de calcio, ayuda a quemar grasa y sirve para tratar algunos tipos de depresión.

El plan sencillo para ya no comer sin sentido

Podemos elegir entre comer sin prudencia y comer bien. Sobre todo, debemos comer lo que realmente necesitamos y lo que nos hace sentir bien y fuertes.

Sigue este plan de alimentación saludable junto con el programa de ejercicios físicos que se presenta en el capítulo 6, para obtener mejores resultados.

Lleva el control
de tu alimentación en un diario

La mejor manera de comenzar este programa es llevar un diario de alimentación. Compra un cuaderno especial y anota todo lo que comas y bebas en cada comida y colación, e incluye las cantidades. Hazlo todos los días y todo el día durante algunas semanas, si no un poco más. De verdad funciona. Las mujeres que llevan un diario mientras hacen cambios en sus hábitos alimenticios tienen mayor éxito que las que no lo hacen.

Lo que se presenta a continuación es un punto de partida para que elabores tu propio plan. Un componente importante es hacer "carga frontal" de comida: nunca omitas el desayuno. Necesitas un desayuno saludable (sin harina o azúcar refinada) para que te dé energía, estabilice el nivel de azúcar en la sangre y ayude a que tu metabolismo funcione mejor para quemar la grasa y las calorías a lo largo del día.

Bebe esto todos los días

- *Agua*: bebe agua todo el día. Tomar agua en cantidad suficiente ayuda a los órganos a funcionar, y no beberás de "lo otro" (o no tanto), como refresco o jugos con muchas calorías. Trata de beber ocho vasos de agua al día. Revisa tu orina periódicamente. ¿Es oscura? Eso quiere decir que no estás tomando suficiente agua y que puedes estar deshidratada. La orina debe ser de color amarillo muy claro.
- *Café o té negro*: pero no más de dos tazas y mientras más temprano, mejor. Trata de tomarlo temprano para que no te quite el sueño, y siempre come algo mientras lo tomas. Si no, la cafeína puede actuar como el azúcar: el nivel de azúcar en la sangre aumenta, lo que produce que baje demasiado el nivel en unas horas. Demasiada cafeína puede hacerte sentir ansiosa, estresada y de mal humor. El té negro normal (como el té English Breakfast, o Earl Grey) tiene el mismo efecto. Algunas tazas de café desaceleran el proceso de envejecimiento, combaten la enfermedad de Alzheimer, mejoran la memoria a corto plazo, disminuyen el riesgo de un accidente vascular cerebral y mejoran el rendimiento cuando haces ejercicio.
- *Té verde*: varias tazas al día, caliente o frío. El líquido más benéfico

(después del agua) es el té verde. Tómalo caliente, helado o como quieras, pero tómalo. Las mujeres que toman té verde todos los días tienen un índice de masa corporal (IMC) sensiblemente menor, lo mismo que la medida de cintura que las que no lo toman. El té verde tiene antioxidantes y ayuda a evitar el crecimiento de células cancerosas.

- *Vino tinto*: una pequeña copa cada día, o varias veces a la semana. Si te gusta el vino, tomar una copa de vino tinto todos los días puede tener efectos positivos en la salud del corazón y también ayuda a combatir la enfermedad de Alzheimer, pero no tomes más de siete copas a la semana.

Come esto todos los días

- *Nueces y semillas*: dos porciones al día. Comer nueces media hora antes de la comida puede llenarte y evitar que comas de más. Son ricas en proteínas, fibra y grasas saludables para el corazón. Unta mantequilla de nuez en otros alimentos (compra del tipo que no contiene azúcar agregada, pero con sal está bien, a menos que sigas una dieta baja en sal), agrega nueces y semillas a ensaladas, combínalas con frutas y verduras, o cómelas como bocadillo. Trata de comprar tostadas sin aceite o sin sal.

Una porción es:

12 almendras
4 nueces de Brasil
10 nueces de la India
10 avellanas
6 nueces de Macadamia
15 cacahuates
25 pistaches
¼ de taza de semilla de calabaza
¼ de taza de nueces de soya
1 cucharada de semilla de girasol
¼ de taza de nueces
1 cucharada de mantequilla de nuez

- *Granos integrales*: come 2-3 porciones al día. Aléjate del pan blanco y de los demás carbohidratos procesados, papas blancas, arroz blanco y pasta normal.

Una porción es:

1 rebanada de pan de trigo integral o de algún otro grano.
½ panecillo inglés o bagel de harina integral.
½ taza de pasta de trigo integral.
½ taza de avena cocida.
½ taza de arroz integral cocido.
½ taza de mijo cocido.
½ taza de couscous cocido.
½ taza de cebada cocida.
½ taza de quinua cocida.

- *Verduras*: todas las verduras y cuantas veces quieras, todos los días. Trata de incluir una amplia variedad de colores en tu dieta de verduras (es un buen indicativo de que estás equilibrando los nutrientes). Come por lo menos una porción de verduras de hojas verde oscuro todos los días.

Tamaño de la porción: ilimitada

Limita tus porciones de estos vegetales:

Come 1-2 porciones de los siguientes vegetales (que NO son ilimitados porque contienen almidón y aportan muchas calorías) en lugar de un grano integral en una comida, si lo deseas:
- Maíz (1 mazorca o ½ taza de granos).
- Chícharos.
- Camote o ñame.
- Papa blanca.
- Calabaza (todas las variedades).

- *Alimentos ricos en calcio*: dos porciones todos los días. Ya sea de origen lácteo o vegetal, el calcio es un componente clave de la buena salud, en especial para mantener los huesos fuertes.

Una porción es:

230 ml de leche descremada o baja en grasa.
230 ml de yogur natural, bajo en grasa o sin grasa (preferentemente estilo griego).

½ taza de queso cottage bajo en grasa o queso fresco.

Sardinas enlatadas (430 g, con espinas).

Salmón enlatado (430 g, con espinas).

1 taza de verduras de hoja verde (espinaca, col rizada, lechuga verde oscuro, etcétera).

1 taza de brócoli.

2 cucharadas de semillas de ajonjolí.

- *Frutas*: 2-3 porciones todos los días. Come fruta fresca, de temporada y orgánica. Procura que una o más de tus porciones diarias sean moras, ya que tienen muchos nutrientes y antioxidantes.

Una porción es:

1 manzana.

2 chabacanos frescos.

1 plátano pequeño (o ½ grande).

½ de taza de zarzamoras.

½ taza de mora azul.

½ melón.

12 cerezas.

2 higos frescos.

1 toronja.

15 uvas.

¼ de melón verde.

2 kiwis.

½ mango.

1 naranja.

1 durazno.

2 ciruelas.

½ taza de frambuesas.

1 pera.

1 taza de fresas.

2 mandarinas.

1 taza de sandía.

- *Proteína*: 3 porciones todos los días (de origen animal o vegetal). Obtenemos proteínas de tantos alimentos que comemos que rara vez estamos en riesgo de necesitar proteína.

Algunos alimentos que contienen niveles altos de proteína

Una porción es:

½ tofu firme.

1 cucharadita de mantequilla de nuez (cacahuate, almendra,

nuez de la India o de semilla de girasol).

½ taza de queso cottage bajo en grasa.

½ taza de yogur bajo en grasa o sin grasa.

½ taza de queso fresco.

⅓ taza de queso ricotta.

⅓ taza de queso feta.

- *Proteínas de origen vegetal*: varía. Los alimentos que contienen niveles altos de proteína de origen vegetal son bajos en calorías, grasa saturada y tienen más nutrientes que las proteínas de origen animal. Algunos granos son particularmente altos en proteína, como la quinua, kamut (especie de trigo), mijo y alforfón (kasha). También busca las nuevas pastas ricas en proteína. Y por supuesto, las nueces y semillas son una excelente fuente de proteína.

- *Proteína de origen animal*: como fuente de proteína de origen animal, procura comprar alimentos orgánicos, de aves de corral, de animales alimentados con pasto, libres de hormonas y antibióticos siempre que sea posible, lo que disminuirá tu exposición a sustancias químicas en la comida. De ser posible, no comas proteína de origen animal todos los días. Prepara tus alimentos de una forma sencilla para que sean lo más parecido posible a los alimentos integrales. Regla general: no proceses en exceso los alimentos.

Usa la mano para medir las porciones de proteína animal:

- El tamaño de la porción de carne, el pollo y cerdo es el tamaño de la palma de la mano (no toda tu mano), o sea, como 120 g.
- El tamaño de la porción de pescado es la mano completa, o sea, como 170 g.

Algunas opciones saludables de proteína animal son:

- Pollo sin piel o pechuga de pavo.

- Carne de res sin grasa.
- Pescados y mariscos (los pescados aceitosos, como el salmón salvaje y la trucha alpina son las mejores opciones).
- Huevos: 1-2 al día, o una cantidad ilimitada de claras de huevo.

Actúa

Una vez que comiences a llevar tu diario de alimentación, te sorprenderá ver lo que realmente comes, y también lo que no comes, todos los días. Te ayudará a frenar las comidas sin sentido y a tomar buenas decisiones. A continuación se presenta un ejemplo de mi nueva forma de alimentarme, basado en mi diario de alimentación. Ten en cuenta siempre el tamaño y la cantidad de las porciones.

5:30-5:45 AM, inicio del día

Agrega dos cucharadas de jugo de limón a un vaso de agua tibia o caliente y tómatelo a primera hora todas las mañanas para limpiar, hidratar y poner en marcha el organismo. Espera treinta minutos para comer o beber cualquier otra cosa.

6:15 AM, café

Una o dos tazas medianas y trata de no utilizar azúcar o endulzantes artificiales. Aléjate de cualquier bebida Venti endulzada de Starbucks, excepto en ocasiones especiales.

6:30 AM, desayuno, parte 1

Divide el desayuno en dos partes, si es posible. Si te gusta tomar un desayuno sustancioso muy temprano, entonces come juntas las partes 1 y 2 del desayuno. La parte 1 consiste por lo general en una rebanada de pan tostado de trigo integral con mantequilla de nuez y la parte 2 en dos huevos, un tazón de avena (o algún otro cereal integral) con fruta y nueces tostadas, o fruta con yogur.

7:00 AM

Prepárate para trabajar o hacer ejercicio. Si haces ejercicio a esta hora, tendrás la energía suficiente que te proporcionaron el café y el desayuno. Tu rendimiento será mejor, el metabolismo se acelerará y quemarás más calorías si comes algunos carbohidratos sanos y proteínas antes del ejercicio, y el café ayuda también.

Come uno o dos huevos revueltos o un omelete de claras de huevo con col rizada cocida de la noche anterior, o un poco de yogur (mi favorito es el de estilo griego, que es tan espeso como la crema ácida) combinado con moras azules y dos cucharadas de semillas de linaza o granos que quedaron de la noche anterior. Bebe agua o té verde.

Colación de media mañana. Evita que baje el nivel de azúcar en la sangre. Come queso cottage, zanahorias, una manzana, un plátano o un puñado de moras o almendras. Toma agua simple, agua mineral o té verde (caliente o frío).

Trata de comer muchas verduras, un poco de proteína y una cantidad pequeña de carbohidratos buenos en esta comida. Algunas buenas opciones son una ensalada con leguminosas, tofu, pescado o pollo, junto con una variedad de vegetales, o una ensalada verde con sopa (de chícharos deshidratados, lentejas o verduras). Si tomaste un desayuno ligero, come un omelete, *frittata* o dos huevos cocidos con algunas verduras de guarnición.

El arroz integral y brócoli con pollo o tofu es otra buena opción. La pasta de trigo integral con tomates, queso mozzarella y albahaca (sin cocer) es un platillo fabuloso para el almuerzo o la cena. Todos estos alimentos son fáciles de preparar en casa, y también se pueden pedir en cualquier restaurante. También puedes armar un buen almuerzo con las sobras: mezcla ½ taza de col rizada (salteada la noche anterior con arándanos deshidratados y almendras rebanadas), ½ taza de garbanzos y ½ taza de quinua, o abre una lata de salmón salvaje y mézclalo con una cucharada de yogur estilo griego y eneldo. Bebe agua sola, agua mineral o té verde.

Evita que baje el nivel de glucosa. Toma una fruta o algunas nueces. O también puedes comer algunas verduras rebanadas con hummus o un dip de frijoles negros. Si no terminaste el almuerzo, termínalo ahora. Refréscate con agua simple, agua mineral o té verde.

Comienza cada cena, ya sea en casa o en un restaurante, con una ensalada verde (mientras más oscuras sean las hojas, más sana será la ensalada), pero sólo con un poco de aceite y vinagre. Come una pequeña cantidad de proteína y muchas verduras (al menos una de hojas verde oscuro). Toma una porción pequeña de granos o de almidón, pero no más de ½ taza. Si tu cena no incluye proteína animal, duplica la cantidad de granos. Y como siempre, puedes comer verduras en cantidades ilimitadas. Varias veces a la semana disfruta de una copa de vino tinto.

Postre

Trata de no comer postre todos los días, pero si tienes algún antojo en especial de vez en cuando (tal vez dos veces por semana), respeta esa necesidad y disfrútalo. Presta atención al tamaño de la porción y no te sientas culpable. Si estás en un restaurante, comparte tu postre con otra persona, o come la mitad y llévate a casa la otra mitad. Como alternativa, puedes comer un poco de fruta y un trozo pequeño de chocolate amargo.

Antes de las 11 PM. ¡Hora de acostarse!

Mientras más tarde permanezcas despierta, más hambre te dará. Si te despiertas a las 5:30 o a las 6:00 de la mañana, necesitas irte a dormir a las 10:30 u 11:00 de la noche de todos modos. Necesitamos por lo menos siete horas de sueño para estar sanas. Mantén un vaso de agua junto a la cama.

¿Funciona todo esto?

El día que llegué al consultorio de la doctora Lefkowitz pesaba casi siete kilos más del peso que deseaba tener, me sentía cansada la mayor parte del tiempo y había disminuido mi ritmo de ejercicio. Seis meses después, los kilos de más habían desaparecido y siguen así. Me sentía muy bien, el ejercicio volvió a formar parte habitual de mi vida (ver el capítulo 6) y mi examen médico anual mostró una mejoría en casi todos los indicadores de salud importantes. La mejor parte es que estoy comiendo y no haciendo dieta. No me interesa verme como cuando tenía veinticinco años, pero quiero sentirme en forma, sana y sí, debo admitirlo, orgullosa de mí misma.

CAPÍTULO 6

Mueve el cuerpo

Ejercicio que te gustará hacer

¿El que quiera azul celeste, que le cueste? ¡De ningún modo!

De niña, hice mucho ejercicio: patinaba con una llave colgando del cuello, y andaba en bicicleta en mi vecindario de Brooklyn. Mi hermana y yo llegábamos de la escuela, comíamos galletas Oreo con leche, hacíamos la tarea lo más pronto posible y salíamos corriendo a jugar con los otros niños. En nuestras bicicletas fingíamos viajar a lugares que creíamos que jamás visitaríamos. Cuando cruzáramos la calle 52 estaríamos en Italia. El otro lado de la avenida N era Londres, donde imaginábamos que estábamos sentadas frente a la casa donde los Beatles vivían juntos, como en la película *Help*. Pero teníamos nuestros límites, y eran muy estrictos. No teníamos permitido cruzar la avenida Utica y no podíamos ir más allá de siete cuadras en cualquier dirección. No lo hacíamos, porque sabíamos que dos pares de ojos de nuestros padres estaban vigilándonos. Pero cuántos kilómetros cubríamos en esa área, ni siquiera puedo imaginarlo.

Tantas rosquillas, tan poco tiempo

Una vez que pasé a bachillerato, centré toda mi atención en los libros y en los muchachos más que en el ejercicio. Cuando entré a la universidad, vivía en Queens, iba a la St. John's University y trabajaba por las noches y los sábados en Bloomingdale's vendiendo zapatos (siempre me han gustado los zapatos, así que esto era un pedazo de cielo para mí) y no pensaba para nada en el ejercicio. Mi mayor placer durante la universidad no era dar vueltas al vecindario en bicicleta, sino salir con mis amigos los sábados por la noche y llegar a casa tan tarde que podía recoger la edición dominical del *Times* y las rosquillas recién hechas en el camino. Me quedaba despierta comiendo rosquillas mientras leía el periódico y dormía hasta el mediodía todos los domingos, mi único día libre. Era fabuloso. Tenía apenas veinte años, podía llevar este estilo de vida y aun así estar en forma.

Cuando iba a cumplir treinta años, no sólo regresé al ejercicio, sino que me convertí en un dechado de virtudes deportivas. Tenía la banda elástica de la cabeza, los calentadores de piernas, el leotardo de una pieza para ponérmelo encima de las mallas. Mis modelos eran "Feel the Burn" de Jane Fonda y "Let's get physical" de Olivia Newton-John. Trabajaba todo el día y luego iba directo al gimnasio con mi (enorme) walkman de Sony atado al brazo.

Incluso permití que me torturara el famoso Radu, que era y sigue siendo el gurú del ejercicio de Cindy Crawford. Sus clases se consideraban como lo más difícil en la ciudad y recuerdo haber hecho un gran esfuerzo durante todas esas horas que me costaban un ojo de la cara, pensando si la cara reflejaba el dolor y la tortura que sentía el cuerpo. Esto no era divertido. ¿Tenía que ser tan difícil estar en forma? ¿De verdad tenía que vivir con el lema "el que quiera azul celeste, que le cueste"? De súbito dejé de hacer ejercicio.

Adiós ejercicio, hola curva de la felicidad

Cuando tuve a mi segunda hija a la edad de cuarenta y un años, me sentía muy abrumada, sin tiempo y había dejado todos los programas de ejercicio. Abandonar el ejercicio es de lo más sencillo. En el fondo siempre tenía la molesta sensación de que algún día, sí, "algún día", la realidad me iba a alcanzar y me daría un puntapié en el trasero fofo. Y así, "algún día" iba a tomar esas pesas que guardé en el clóset y pasaría algunos minutos con ellas, pero "algún día" nunca llegó, hasta que...

¡Vamos, mamá, vamos!

El maratón de la ciudad de Nueva York pasa junto al edificio de departamentos donde vivimos en la Primera Avenida. Cada año conocemos a alguien que participa en la carrera y mis hijas y yo sacamos nuestros rotuladores y hacemos carteles para apoyar a todos. Hace unos años, estábamos en nuestro lugar habitual en la esquina cuando Sarah se volvió a mirarme y dijo: "Quiero levantar una pancarta que diga '¡vamos, mamá, vamos!'". Elizabeth, que entonces tenía cinco años, inmediatamente miró a nuestros vecinos y exclamó: "¡Mi mamá va a correr el maratón!". Todos me miraron y lo único que se me ocurrió decir fue: "Sí, sí, voy a correr".

Nunca había corrido en mi vida por voluntad propia. Podía hacer un plié decoroso y utilizar la escaladora bastante bien. Pero ¿correr? No lo hacía desde el temido "día de campo" en la escuela pública 203.

¡El *Wall Street Journal* al rescate!

Unos días después, cuando esperaba que todos hubieran olvidado mi impulsiva promesa, vi un artículo en el *Wall Street Journal*. Era una entrevista con el exmaratonista olímpico Jeff

Galloway, en la que decía que cualquier persona podía correr un maratón si seguía un programa sencillo que él había diseñado. Mientras más leía, más emocionada estaba. Sí, pensé, sí, yo puedo. Pero primero debía conversar con Jeff.

¡Puedes lograrlo!

Jeff es articulista de la revista *Runner's World* y autor de *Galloway's Book on Running,* un enorme éxito de librería. Su libro *Marathon: You Can Do It!* tenía tanto sentido para mí que estaba impaciente por empezar. Jeff me dedicó un tiempo para explicarme su filosofía y pasión por su programa y me convenció. Sí, podía lograrlo.

¡Lo logré!

Corrí el maratón de la ciudad de Nueva York apegándome al programa de entrenamiento de Jeff, que requería descansos de caminata libre y correr a ritmo constante. Tardé seis horas en terminarlo, pero lo hice. Mis hijas estaban muy orgullosas de su madre.

¡Sigo lográndolo!

Aprender a correr de la forma correcta me ha ayudado mucho a tener un sentido renovado de lo divertido que puede ser el ejercicio. Me pongo los audífonos,

programo algo de Tom Petty, a veces tomo la correa de Gunther, nuestro perro, y corro (con descansos de caminata). Mantengo mi peso y los indicadores de salud donde deben estar. También es bueno para despejar mi mente. Antes de que saques tus viejos tenis de correr (o que compres unos), sigue leyendo, porque hay pasos importantes que debemos dar antes de empezar a correr: 10,000 pasos, para ser exactos (llegaremos a eso más adelante en este mismo capítulo).

¿Por qué deberíamos hacerlo todos?

Conforme envejecemos perdemos fuerza muscular, flexibilidad, sentido del equilibrio y nuestros huesos adelgazan. Es parte del proceso natural del envejecimiento. En los primeros cinco años después de la menopausia, perdemos de 1 a 2 por ciento de densidad ósea cada año porque perdemos estrógeno, lo que nos acerca poco a poco a la osteoporosis, a menos que hagamos algo al respecto.

¿Qué es la osteoporosis?

La osteoporosis es una enfermedad degenerativa de los huesos que provoca que éstos se adelgacen y debiliten, con lo que aumenta considerablemente la probabilidad de que se fracturen. De acuerdo con la National Osteoporosis Foundation, cerca de diez millones de mujeres estadunidenses tienen osteoporosis y millones más tienen baja densidad ósea (osteopenia), lo que significa que van en camino hacia la osteoporosis. La mayoría no lo sabe. Con mucha frecuencia, sólo hasta que una mujer sufre una caída y se fractura un hueso se descubre que tiene pérdida ósea grave.

¿Quién está en mayor riesgo de desarrollar osteoporosis?

Los factores más importantes que contribuyen a la osteoporosis son:

- *Edad y menopausia*: mientras más envejeces, mayor es el riesgo.
- *Sexo*: las mujeres tienen un riesgo mucho mayor de desarrollar osteoporosis debido a que tienen menos tejido óseo que los hombres y lo pierden más rápido por la menopausia.
- *Estilo de vida*: si no tomas suficiente calcio o vitamina D, haces poco o nada de ejercicio de levantamiento de peso, fumas o bebes en exceso, eres más propensa a enfermarte.

- *Medicamentos y algunas enfermedades*: la osteoporosis se ha asociado con el uso de ciertos tipos de medicamentos con cortisona, así como a algunas enfermedades, como el hipertiroidismo, la artritis reumatoide y las enfermedades crónicas que limitan el movimiento corporal.
- *Antecedentes familiares*: la pérdida ósea y propensión a sufrir fracturas pueden ser hereditarias, aunque todavía se está estudiando esta relación.

Osteopenia: la primera parada antes de la osteoporosis

Cuando tenía cuarenta y siete años, el doctor Antoine me mandó mi primera prueba de densitometría ósea, una importante herramienta de diagnóstico que mide la densidad mineral ósea. En esta prueba, rayos x de baja densidad exploran la parte baja de la columna (las vértebras lumbares), caderas y antebrazos de diez a veinte minutos, se analiza la densidad ósea en múltiples zonas, se identifican los problemas y se establece un punto de referencia o línea de base para comparar futuros estudios de medición. La función principal de esta prueba es que el médico determine si estás en riesgo de sufrir fracturas.

Cuando me hicieron la prueba habían pasado algunos meses desde el maratón y seguía corriendo un poco, pero lo había disminuido a dos veces por semana cuando mucho. También estaba menopáusica y seguía una dieta estilo Atkins baja en carbohidratos, pocas verduras y frutas, mucha proteína procedente de la carne y muy poco calcio. Para colmo, no estaba tomando vitaminas.

Cuando el doctor Antoine se sentó conmigo para revisar los resultados de mi primer estudio de densidad ósea tenía una expresión adusta. Me advirtió que mis cifras estaban muy cerca del límite con el que él se sentía tranquilo y que yo debía empezar a tomar algunas medidas específicas, de forma inmediata, si quería evitar que continuara disminuyendo mi densidad ósea. Me dio instrucciones muy estrictas: más alimentos ricos en calcio, 1,500 mg de suplementos de calcio y 1,500 UI de suplementos de vitamina D todos los días, y más ejercicios de resistencia para todo mi cuerpo. "Ajá", musité. "Perfecto." Pero no lo hice. Seguí con mi propio programa porque estaba convencida de que sabía más que el doctor. Todavía no tenía cincuenta años y estaba tan acostumbrada a gozar de excelente salud que no imaginaba

siquiera que mis huesos pudieran ponerse en mi contra. Grave error.

Cuatro años después, justo después de cumplir los cincuenta y un años, el doctor Antoine me convenció de realizarme una segunda prueba de densidad ósea, después de haberla pospuesto dos años. ¿Cuáles fueron los resultados? Que tenía osteopenia. Sí, ahí estaba en los resultados, con todas sus letras.

La osteopenia es como la primera parada de un tren. En un par de paradas más, llegas a la osteoporosis. En los cuatro años que habían transcurrido desde mi última prueba de densidad ósea no había hecho nada para impedir que este tren continuara avanzando. Las cifras estaban ligeramente por debajo del límite normal, pero los hechos eran claros: en cuatro años había perdido una cantidad considerable de densidad ósea. Se había establecido una tendencia y ahora necesitaba hacer todo lo que pudiera para detenerla, pero ¿cómo?

¡Muévete!

Con mi nueva resolución de estar más fuerte y en forma de por vida, quise que los expertos más calificados me dijeran qué hacer y cómo lograrlo. Mi meta era crear un programa que incluyera para fortalecer el corazón, los pulmones y la parte inferior del cuerpo, quemar grasa y mantener mi peso; entrenamiento con pesas para crear masa muscular y fortalecer los huesos; y más actividad a lo largo de la semana para tener energía y sentirme (y verme) bien.

Ésta es la primera lección que aprendí: cuando empieces algo nuevo, debes caminar antes de querer correr.

10,000 pasos

Ésa es la cantidad de pasos que debemos dar todos los días. Había oído hablar del "plan de los 10,000 pasos", que presentó el exsecretario de salubridad de Estados Unidos C. Everett Koop, pero nunca le había prestado atención hasta que comenzó a surgir en las conversaciones con mi especialista en nutrición y mi entrenador físico. Comencé a preguntarme cuántos pasos daría en un día típico y si se me podía considerar como una persona físicamente activa.

Entonces pensé en mi esposo, Howard. Estaba segura de que el doctor Koop tenía en mente a Howard cuando formuló el plan de los 10,000 pasos. Si podía hallar la forma de convencer a Howard de que caminara más, entonces cualquiera podría hacerlo. Además,

lo pondría en el camino de una mejor salud.

Feliz cumpleaños, Howard. Te compré tu propio... ¡podómetro!

Tuve una idea brillante (o bueno, así me pareció). Para el cumpleaños de Howard, compré dos podómetros simples, uno para él y otro para mí. El primer día que los utilizamos nos sorprendió mucho lo poco que caminábamos en un día normal. Después de todo, vivíamos en la ciudad de Nueva York, donde caminar es parte integral de nuestras vidas. Los días que no salía a correr, caminaba menos de 4,000 pasos. Howard tenía incluso menos. Se requería una medida drástica.

Encuentra la manera de llegar a 10,000 pasos todos los días

No tardamos en darnos cuenta de que para la mayoría de nosotros, la rutina diaria no incluye 10,000 pasos. Debemos tomar la decisión de salir a caminar. Howard camina en su oficina y en nuestro departamento hasta que llega a la cifra. Camina cuando habla por teléfono, conversa con nuestras hijas o conmigo, camina de la oficina a casa y sale a caminar con nuestro perro.

¿Quieres una razón para caminar? Consíguete un perro

Nuestras hijas habían pedido un perro desde que apenas podían hablar, pero no lo habíamos permitido hasta hace poco. No estábamos interesados en educar a un cachorro, así que convencí a la familia de que la única manera en que tendríamos un perro era que consiguiéramos un "perro rescatado" adulto. Adoptamos a Gunther gracias a la American Brittany Rescue Network. Es muy lindo y juguetón y resultó ser una gran motivación para salir a caminar. Como vivimos en la ciudad, no podemos abrir la puerta trasera de la casa y dejarlo salir. Sufriría una gran caída desde el piso dieciocho, así que debemos sacarlo a dar caminatas largas y rápidas, intencionales, cuatro veces al día. Todas las noches, Howard y Gunther dan una larga caminata alrededor del vecindario, de por lo menos 45 minutos (unos 3,000 pasos) y yo saco a Gunther por la mañana y a mediodía a caminar y a veces a correr en Central Park. Howard y yo superamos ya por mucho los 10,000 pasos todos los días... gracias a Gunther.

Sugerencias para llegar a 10,000 pasos todos los días

- *Compra un podómetro.* Uno sencillo y barato es todo lo que necesitas para contar cada paso. Si tienes un iPhone, hay una "app" de un podómetro.
- *Ve aumentando la cantidad poco a poco hasta llegar a los 10,000.* Cada paso que des te acerca a una mejor salud. Agrega 200 o 500 pasos todos los días hasta que llegues a la meta de 10,000. Ve a tu paso, pero mantenlo constante.
- *Encuentra razones para caminar.* Camina a la tienda, al trabajo o al lugar donde vas a comer en vez de ir en automóvil o tomar un taxi. Cuando conduzcas a algún lugar, estaciona el automóvil en el otro extremo de la calle o del estacionamiento; por lo general, hay más lugares ahí. Sube las escaleras en lugar de tomar el elevador.
- *Camina con tu perro.* Aunque tengas un jardín inmenso, tu perro necesita también el ejercicio extra.
- *Explora tu ciudad.* La mayoría de las ciudades tienen caminos

municipales, senderos de usos múltiples y lugares interesantes en el centro de la ciudad que pueden ser hermosas rutas de caminata.

- *Usa unos buenos zapatos.* Unos zapatos cómodos son lo que debes utilizar cuando salgas a dar una "caminata intencional". Pero asegúrate de que todos (está bien, casi todos) tus zapatos sean suficientemente cómodos para caminar cierta distancia. Esto te motivará a caminar unos pasos más a lo largo del día.

- *Camina en la casa (o en tu lugar de trabajo).* Si estás hablando por teléfono, camina, no te sientes. Aprovecha cada oportunidad para moverte y busca nuevos lugares.

- *Sigue el programa para correr que se explica en este capítulo.* Si lo haces, a la larga llegarás a los 10,000 pasos fácilmente en los días que corras y tendrás más energía para caminatas largas en los días que no corras.

- *Dale seis meses para que se vuelva una rutina.* Es el tiempo mínimo que tarda la mayoría de la gente en dejar viejos hábitos y acostumbrarse a nuevos.

Camina antes de correr

La idea de los 10,000 pasos es un modo eficaz de comenzar el hábito de moverte todos los días. Para lograr mantener una nueva rutina debes hacerla con regularidad. Una vez que tengas el ímpetu, alcanzarás mejores beneficios de salud si agregas ejercicios cardiovasculares (o sólo "cardio" para los aficionados del gimnasio).

Yo decidí que correr sería parte de mi plan de ejercicio cardiovascular, y fui de vuelta con el hombre que influyó en mí para que empezara a correr: Jeff Galloway.

¿Por qué correr?

Es una pregunta válida. ¿Por qué correr? ¿Por qué no hacer otro tipo de ejercicio? Hay muchas formas de fortalecer el corazón: el entrenamiento en circuito, las clases de aerobics, *spinning* en una bicicleta fija, etcétera. Sin embargo, correr es el ejercicio más dinámico, básico y directo que existe. Además, es muy eficiente en lo que se refiere a los beneficios para la salud por hora. Lo puedes hacer en cualquier lugar, en cualquier momento y (ya que te compraste los tenis) es gratis. Lo puedes hacer sola, con un amigo, o como yo, con Tom Petty (en mi iPhone) y un perro. Se siente muy bien si lo haces bien.

¿Crees que ya eres demasiado vieja? Piénsalo de nuevo

Muchas personas mayores de cincuenta años tienen miedo a correr, porque creen que correr, o incluso hacer una caminata rápida, puede lastimar las articulaciones. No tiene por qué ser así si se hace de forma correcta. Después de treinta años de hacer su programa de caminar y correr, Jeff nunca se ha lastimado. Correr, a cualquier edad, ofrece muchos beneficios: reduce el riesgo de enfermedades cardiovasculares, cáncer, diabetes, depresión y demencia. Contrario a lo que muchas personas creen, correr no predispone las articulaciones a la artritis. Lo contrario es cierto: sin ejercicio, las personas en riesgo de desarrollar osteoartritis pueden quedar inválidas por tener las articulaciones rígidas y deterioradas. El ejercicio que aumenta la fuerza y la capacidad aeróbica disminuye el dolor, la depresión, la ansiedad y mejora la calidad de vida.

¿Qué pasa si tienes una enfermedad o padecimiento que te dificulta correr?

Correr y hacer otro tipo de ejercicios puede ayudar a mejorar la artritis, las enfermedades cardiovasculares y otras enfermedades graves. La mayoría de la gente que tiene un problema crónico puede mejorar su salud si hace ejercicio. Caminar o correr ayudan a contrarrestar los efectos de la enfermedad y lograr que te sientas mejor, más fuerte, más feliz y con más confianza. Consulta con tu médico para realizar las adaptaciones necesarias a tu situación específica.

Si se siente tan bien, ¿por qué los corredores tienen esas expresiones de dolor en la cara?

¿Alguna vez has visto a un corredor que parezca feliz? Yo, rara vez. Ahora sé por qué. Tienen dolor. Las piernas les duelen, los pulmones les arden y están cansados. Esto me preocupaba antes de empezar a correr, pero he aprendido de Jeff que correr no debe ser de esa manera. Incluso, puede hacerte sonreír.

Entonces, ¿cuál es el truco?

No hay ningún truco. La razón por la que funciona este programa es que no vas a salir corriendo a toda velocidad por la calle y no vas a correr todo el tiempo. Estarás alternando la carrera leve y suave con muchas caminatas intermedias regulares.

Antes de que empieces con tu nueva vida como corredora, dedica tiempo a los preparativos.

Realízate los exámenes necesarios y obtén la autorización para empezar a correr.

Visita a un podólogo

Si nunca has visitado a un podólogo, ahora es el momento. Puede que tengas problemas en los pies que te impidan avanzar en la carrera y te causen molestias innecesarias. Si dejas el problema sin atender, puede provocarte dolores en los pies, piernas y caderas y posiblemente una lesión más seria. La tensión sobre los pies de más de cincuenta años de caminar soportando peso, algunas veces con zapatos de tacón muy altos o puntiagudos, puede provocar problemas al ir envejeciendo. Cuando te duelen los pies, también te duele todo lo demás. Un buen podólogo te recomendará una marca específica de tenis para correr que te sirvan, y te dirá a dónde ir para recibir la mejor atención.

Ve a una tienda de tenis para correr

Tu podólogo te recomendará la mejor tienda de tenis en tu zona, pero también busca recomendaciones del grupo de corredores local. Unos buenos zapatos tenis para correr que te queden bien y estén diseñados para satisfacer tus necesidades particulares son de suma importancia. Una buena tienda tendrá vendedores bien capacitados que te medirán los pies y examinarán tu marcha al correr (te pedirán que corras algunos metros). Para aflojar los tenis nuevos, camina con ellos lo más posible antes de salir a correr.

Compra atuendo adecuado para correr

Usa un buen sostén para correr y una camiseta que se haya fabricado específicamente para correr, para que respire. Para la primavera, verano y otoño, usa pantalones para correr negros que lleguen a la rodilla, gorra y anteojos oscuros para proteger la cara de los rayos solares. En el invierno, usa pantalones más gruesos y largos (con *shorts* para correr negros encima), una camiseta de manga larga debajo de una chaqueta rompevientos, ligera e impermeable. Si hace mucho frío, ponte guantes para correr, gorra y camiseta de manga larga con cuello de tortuga.

Compra dos sostenes, dos playeras, dos pares de pantalones para correr, todo en negro y altérnalos. Es todo lo que necesitas y el negro es sencillo y se ve muy bien. En el verano, una camiseta de un color claro es más fresca, pero quédate con los *pants* negros.

Por último, pero no por ello menos importante: dile a todas las personas que conozcas que vas a empezar a correr

Una de las maneras que me obligan a cumplir algo que quiero hacer es decirle a la gente que lo voy a hacer. Entonces, lo hago. Jazon Zweig, uno de nuestros expertos del capítulo 11 me comentó sobre un sitio web donde la gente hace anuncios públicos sobre lo que pretende llevar a cabo: www.stickk.com. ¿Quieres hacer un cambio? Empieza por contárselo a todo el mundo. Entonces no te quedará más remedio que hacerlo.

El programa de carrera y caminata: ¡tú puedes lograrlo!

Éste es un programa muy sencillo de seguir. No tiene nada que la mayoría de nosotros no podamos hacer. Te enseñará a correr ágil y fácilmente y a aumentar poco a poco la distancia y la duración, más que la velocidad, alternando la carrera con la caminata en cada sesión. Si ya corres, sigue el plan de Jeff para correr de forma segura y reducir el riesgo de sufrir lesiones a medida que envejeces. Si nunca has corrido, una vez que salgas con tus súper tenis para correr, no querrás dar marcha atrás.

Reglas que debes seguir cuando realices el programa:

- *Deja tu ego en la puerta*. Correrás lenta y tranquilamente, con pausas de caminatas. Acostúmbrate a que la gente que corre a tu alrededor te rebase. Está bien. Ellos serán quienes se lastimen. Tú no. Probablemente se quedarán sin aliento. Tú no. Disfruta y concéntrate en lo que haces.
- *Corre tres veces a la semana*. Necesitas un día de descanso entre los días que corres. No es bueno para tu cuerpo correr todos los días, o incluso correr dos días seguidos.
- *No te quedes sin aliento*. Si mientras corres puedes hablar sin problema, entonces vas bien. ¿Te falta el aliento? Entonces vas demasiado rápido. Debes bajar el ritmo hasta que puedas respirar bien.
- *Come algo aproximadamente una hora antes de correr*. No comas nada pesado, pero sí algo que te

dé energía antes de hacer ejercicio, incluso si estás tratando de bajar de peso. Una taza de café es una excelente bebida para antes de correr.

- *Concéntrate en el paso.* Jeff recomienda "ir casi arrastrando los pies", o sea, mantener los pies casi tocando el suelo, sin levantar mucho las rodillas. Correr de forma lenta y tranquila te ayudará a evitar dolores y lastimaduras.
- *Las pausas para caminar son para siempre.* La meta no es ir aumentando tu capacidad hasta que ya no necesites las pausas para caminar. Siempre toma las pausas, sin importar cuántos años lleves corriendo, porque eso es lo que realmente te ayudará a seguir corriendo.

Cómo empezar:

- *Planea tres salidas a correr en la semana, en los días que mejor te acomode.* Sólo asegúrate de que no sean días consecutivos, y márcalos en tu calendario.
- *Camina despacio cinco minutos* para calentar.
- *Camina un poco más rápido otros diez minutos* y luego intenta correr

un poco para ver cómo te sientes. Presta atención a cada paso y trata de moverte despacio y silenciosamente. Asegúrate de poder hablar con facilidad.

- *Alterna diez segundos de correr con veinte segundos de caminar.*
- *Camina despacio diez minutos para bajar el ritmo.*

Si te sientes cómoda con esto, agrega cinco minutos más a tu ejercicio la segunda semana, e intenta correr veinte segundos a la vez. Si es demasiado, reduce un poco el tiempo. En unas semanas más agrega algunos segundos y minutos al programa y poco a poco ve aumentando la proporción entre correr y caminar como se explica a continuación.

Aumenta tu distancia y el tiempo que pasas corriendo, no la velocidad

Los beneficios para el sistema cardiovascular y el número de calorías quemadas se determinan por la distancia que cubres y el tiempo que pasas moviéndote, no por la velocidad. Las pausas para caminar te permiten llegar más lejos sin cansarte.

¿Ya eres corredora?

Jeff conoce a varias corredoras que incorporan las pausas para caminar a sus programas y mejoran sus tiempos de carrera. Ten una actitud abierta. Si ya corres de forma regular, ve directamente al programa completo que se presenta más adelante y omite la explicación del proceso de intensificación gradual de seis meses para principiantes.

Sigue este proceso de intensificación poco a poco, como se explica a continuación:

Aumenta la proporción entre correr y caminar paulatinamente en un periodo de seis meses. No te exijas más de lo que tu cuerpo te dice que es lo correcto.

- *Semanas 1 a 4*: camina diez minutos para calentar. Alterna 10 segundos de carrera con aproximadamente 2 minutos de caminata, para un total de 20 minutos. Camina 10 minutos para relajarte.
- *Semanas 5 a 26*: camina diez minutos para calentar. Alterna 20 segundos de carrera con 1 o 2 minutos de caminata, para un total de 30 minutos. Camina 10 minutos para relajarte.

- *A partir de la semana 26*: camina de cinco a diez minutos para calentar. Alterna 1 minuto de carrera con 1 o 2 minutos de caminata para un total de 45 minutos (dos veces a la semana) y de 60 a 90 minutos (una vez a la semana). Camina de cinco a diez minutos para relajarte.
- *Meta final*: trata de llegar a 2 o 3 minutos de carrera alternados con 1 minuto de caminata.

El programa de carrera y caminata que seguirás de por vida

Pon en marcha este programa paulatinamente. Con base en tu condición física inicial, tardarás varias semanas o varios meses para llegar a esta parte del programa. No te esfuerces más de lo debido. Tómate el tiempo para hacerlo correctamente.

Con este programa moverás el cuerpo todos los días, que es la meta final. Los días de la semana y las actividades son sugerencias; haz lo que te funcione y lo que disfrutes.

Todos los días comienza con una caminata de calentamiento de 5 minutos y termina con otra caminata de 5 o 10 minutos para relajarte.

Lunes	Corre y camina 45 minutos o más.
Martes	Camina todo lo que puedas o realiza otra actividad aeróbica como tenis, bicicleta, nadar o ejercicio en el gimnasio, pero no corras.
Miércoles	Corre y camina 45 minutos o más.
Jueves	Lo mismo que el martes.
Viernes	Lo mismo que el martes.
Sábado	Corre y camina de 60 a 90 minutos.
Domingo	Lo mismo que el martes.

¿Funciona?

Una vez que te acostumbres al programa y te des cuenta de la distancia y el tiempo que eres capaz de cubrir, y cuando empieces a ver que tu cuerpo cambia y la talla de la cintura baja, te sentirás muy bien. El programa combinado de los 10,000 pasos y carrera y caminata es la base para estar en forma y mantener un peso saludable, cuidar la salud del corazón y alejar para siempre la grasa visceral.

Sería maravilloso si el programa de carrera y caminata y los 10,000 pasos

Resumen de los diez puntos del programa de correr y caminar

- Realízate un examen médico antes de comenzar.
- Visita al podólogo y luego compra tenis para correr.
- Come algo una hora antes de empezar una sesión.
- Empieza despacio, y aumenta paulatinamente la proporción entre correr y caminar.
- Corre con los pies cerca del suelo, casi arrastrándolos.
- Nunca te quedes sin aliento, y asegúrate siempre de poder hablar sin sofocarte.
- Meta final: correr y caminar tres veces a la semana: 45 minutos (o más si lo deseas) dos veces a la semana y 90 minutos una vez.
- Mantente activa en los días de "descanso". Camina, practica un deporte, haz ejercicio con Wii Fit, pero no corras.
- Aumenta poco a poco la distancia, no la velocidad.
- Nunca dejes de hacer las pausas para caminar.

fuera lo único que necesitamos. Sin embargo, también está el otro lado de la ecuación para estar en forma: el programa de entrenamiento de resistencia muscular.

Flexiona esos músculos

La otra parte de la ecuación para estar en forma es el entrenamiento de resistencia muscular. Necesitas fortalecer los músculos para que puedas hacer cosas simples, como abrir un frasco, subir las escaleras, levantarte de una silla o, lo más importante, levantarte si te caes. El entrenamiento de resistencia es tu herramienta para fortalecer los músculos y los huesos.

Hmmm, me parece que Heidi Klum es muy fuerte. Haré lo mismo que ella

Desde hace años había oído hablar del entrenador David Kirsch, que trabaja regularmente con Heidi Klum, Anne Hathaway, Ellen Barkin y otras muchas celebridades (y otras personas no tan célebres, pero muy divertidas, como mis buenos amigos Larry y Alison). Este entrenador implacable presionó a Heidi para que llegara a tener una figura tan espléndida que fue la estrella del desfile de moda de ropa interior de Victoria's Secret sólo unas semanas después de dar a luz. Mis metas eran un poco diferentes de las de Heidi: lucir en forma, pero también evitar que la osteoporosis afectara mis huesos.

De acuerdo, David, vuélveme musculosa (o por lo menos más fuerte de lo que soy ahora)

Como el *best-seller* de David *The Ultimate New York Body Plan* tiene un plan de entrenamiento un poco estricto, yo esperaba que David hiciera un gesto despreciativo cuando me dijo que le "diera diez" (lagartijas) y yo me coloqué en el suelo y... pues... no pude hacer ni una sola. David es afable y paciente y me aseguró que si hacía algunos ejercicios sencillos todos los días, muy pronto estaría haciendo lagartijas como Heidi. Ésa fue una meta pequeña, pero lo que realmente quería que David me dijera era mucho más amplio: cómo ponerme en forma, fortalecer mis músculos y huesos y verme realmente fabulosa en ropa interior (sólo bromeo).

Le pregunté:

1. ¿Qué debo hacer?
2. ¿Cómo lo hago?
3. ¿Con qué frecuencia lo hago?

Primero, teníamos que decidir qué necesitaba más trabajo. En las mujeres de más de cincuenta años es típico encontrar muy poca fuerza en la parte superior del cuerpo, músculos abdominales débiles y varias partes flácidas, y yo tenía un poco de todo. Después de evaluar el estado de mi cuerpo un poco más con algunas sentadillas, más lagartijas y un rato en la máquina de remo, David estaba listo para darme sus recomendaciones.

Puedes hacer esto en casa

Yo quería un programa completo que pudiera hacer en casa o cuando saliera de viaje, fácil, seguro y rápido. Tenía que ser un programa que realmente funcionara, con metas y resultados claros. David creó el perfecto plan para satisfacer mis necesidades.

El plan de "entrenamiento básico de resistencia":

Haz esto todos los días, o por lo menos cuatro veces a la semana. Antes de empezar:

- *Obtén el visto bueno de tu médico.* Habla con tu doctor antes de comenzar cualquier programa de ejercicio, en especial si no has hecho nada últimamente.

- *Consigue un tapete de yoga o de ejercicio.* Realizarás estos ejercicios sobre la espalda y rodillas, así que asegúrate de proteger tu cuerpo mientras los haces.
- *Usa ropa cómoda que te permita mover.* Usa ropa elástica para que puedas ver tu forma y asegurarte de que sea la adecuada.
- *Usa los tenis para correr.* Es mejor que te pongas los tenis en lugar de hacerlo descalza.
- *Consigue un cronómetro.* Lo necesitarás para tomar el tiempo.
- *Compra pesas.* Con el tiempo querrás agregar peso a tu programa, una vez que domines los ejercicios básicos. Consigue un par de mancuernillas de 1.5 kg, 2.5 kg y 4.5 kg.

Las pautas:

- *Haz los ejercicios cuatro veces a la semana.* Todos los días sería ideal, pero con cuatro veces a la semana definitivamente verás resultados.
- *Hazlos como un circuito.* Cambia de un ejercicio a otro rápidamente. Cuando hayas terminado los cinco, toma un descanso de quince segundos y luego hazlos

de nuevo. La meta es fortalecer los músculos, pero también ejercitar el corazón, así que no dejes de moverte. Comienza con una sola ronda y poco a poco ve aumentando hasta tres. Esto no te tomará más de 15 minutos como máximo.

- *Estírate un poco antes de empezar y un poco cuando hayas terminado.* Afloja el cuerpo un poco, pero no te excedas.

- *Comienza despacio.* Ve aumentando a tres (o más) rondas poco a poco. Cuando tres rondas comiencen a resultarte muy fáciles, haz más repeticiones en cada una, pero aumenta paulatinamente tanto las repeticiones como las rondas. Si empiezas muy rápido, será mucho más probable que te lastimes. Presta mucha atención a cómo te sientes. Es bueno presionar el cuerpo, pero no demasiado, o se vengará.

- *Recuerda respirar.* Respira despacio y profundamente mientras realizas cada repetición de los ejercicios. Nunca aguantes la respiración.

Los ejercicios

- Lagartijas.
- Sentadillas.
- Sentadillas con piernas separadas.
- Planchas.
- Abdominales alternados.

Ejercicio número 1: lagartijas

Nada simboliza el estar en forma mejor que las simples lagartijas. Este ejercicio pone a prueba todo el cuerpo porque hace que cada parte trabaje: brazos, pecho, abdomen, caderas y piernas. Hacer lagartijas es el modo más sencillo, rápido y eficaz para estar en forma. Es posible que necesites empezar con unas lagartijas modificadas y trabajar poco a poco hasta lograr hacer las lagartijas completas. Hazlo de forma paulatina y tendrás todos los beneficios sin salir lastimada.

Cómo hacer las lagartijas modificadas: arrodíllate en el tapete y coloca las manos en el piso debajo del pecho. Mantén los brazos casi rectos, pero no pongas rígidos los codos. Sin despegar las rodillas del suelo, levanta los pies y cruza los tobillos. (A la cuenta de 3, flexiona los brazos hasta quedar a 5 cm del suelo, manteniendo el cuerpo recto, como en la plancha, de los talones a la cabeza. Los brazos deben flexionarse hacia los lados. Entonces, empújate hacia arriba a la cuenta de 3, el cuerpo debe permanecer recto en todo momento, como en la plancha. Mete el estómago y no lo aflojes o presionarás la espalda baja. Si haces esto de forma correcta, todo el cuerpo trabajará.) Haz 12 repeticiones. Poco a poco debes llegar a 15 repeticiones (o más si puedes).

Cómo hacer la lagartija completa: coloca el cuerpo completo en posición recta, como en la plancha, con los dedos y las puntas de los pies en el tapete y las manos directamente debajo del pecho. Estás lagartijas son difíciles, muy difíciles. Debes creer que puedes hacerlas, porque sí puedes. Haz 12 repeticiones y esfuérzate para lograr 15 poco a poco.

Ya sea que realices la versión modificada o la completa (o ambas), David te advierte que mantengas la espalda recta, metas el estómago y endurezcas los músculos abdominales. Toda la energía debe concentrarse en el pecho y los tríceps. No aflojes las caderas y el estómago; todo debe trabajar y estar tenso, como en una plancha. Debes visualizar una cuerda sujeta a la espalda

que te levanta hacia el techo y no permite que los músculos abdominales se caigan. Si no puedes descender hasta casi tocar el suelo para completar una repetición, baja parcialmente, pero siempre asegúrate de mantener la posición adecuada. Mantén la última repetición unos segundos más para que sea la más importante de la ronda.

Ejercicio número 2: sentadillas

Éste es uno de los ejercicios favoritos de David para trabajar toda la parte inferior del cuerpo: muslos, caderas y glúteos. La acción es como si te fueras a sentar en una silla. Si nunca las has hecho antes, intenta hacerlas con una silla detrás de ti.

Cómo hacer sentadillas: colócate con los pies separados por la distancia de un hombro a otro. Extiende los brazos frente a ti o coloca las manos en las caderas, lo que te haga sentir más equilibrada. Ahora flexiona las rodillas y saca los glúteos y el pecho y detente una vez que las rodillas estén flexionadas casi 90 grados, o si usas la silla, antes de sentarte en ella. Levántate presionando con los talones. Repite el ejercicio 15 veces.

Cuando te sientas cómoda con este ejercicio, puedes añadir mancuernillas y hacer flexiones de bíceps de la siguiente forma: al ir bajando, flexiona los bíceps, y al ir levantándote, estíralos. Empieza con pesas de 1.5 kg, y ve aumentando poco a poco a 2.5, 3.5 hasta 4.5 kg. Es una excelente forma de ejercitar los brazos mientras trabajas los glúteos.

Ejercicio número 3: sentadillas con piernas separadas

Esta versión de las sentadillas se centra en la parte interior de los muslos, un área problemática para muchas mujeres. David cree que es uno de los mejores ejercicios para tener el interior de los muslos fuerte, sin grasa y firme. También trabaja el resto del muslo y los glúteos.

Cómo hacer una sentadilla con piernas separadas: párate con los pies separados a una distancia mayor que el ancho de la cadera. Coloca los dedos de los pies hacia fuera y los talones hacia dentro. Lentamente apoya el peso del cuerpo en los talones mientras flexionas las rodillas hacia fuera en dirección de los dedos de los pies y te acuclillas, sacando el trasero. Mantén el pecho recto. Exhala al levantarte para volver a la posición inicial. Repite el ejercicio 15 veces. Cuando creas que has dominado este movimiento, puedes añadir dos cosas para hacerlo más difícil:

sostén una mancuernilla de 1.5 kg en cada mano, y empieza de puntillas; levanta los talones al ir bajando y luego apóyate en los talones al ir subiendo; aprieta los músculos de los glúteos todo el tiempo. Sin embargo, agrega estos dos elementos sólo hasta que hayas dominado los principios básicos de la sentadilla con piernas separadas.

Los dos ejercicios de sentadillas son muy difíciles, pero sumamente eficaces. Si necesitas ayuda para equilibrarte, apoya las manos en el respaldo de una silla o en una mesa. Es esencial que saques el trasero durante estos ejercicios o, como dice David: "¡Piensa en trasero cuando hagas sentadillas!". No metas el cóccix. Esto ejerce mucha presión en las rodillas.

Ejercicio número 4: planchas

Hice la plancha por primera vez cuando tomé una clase de pilates hace algunos años. Pensé que era increíblemente difícil, pero era casi una experiencia zen porque debes quedarte totalmente inmóvil por 60 segundos. Es un ejercicio asombroso en el que, como en las lagartijas, trabaja todo el cuerpo.

Cómo hacer una plancha: coloca el cuerpo en la posición de plancha, simulando la parte que va "hacia arriba" de una lagartija, pero quédate ahí, perfectamente inmóvil, entre 30 segundos y un minuto. Mantén el abdomen apretado y la espalda recta todo el tiempo. Trata de estirar todo el cuerpo, hacia atrás hasta los talones y hacia delante hasta la punta de tu cabeza. Nunca aflojes los músculos del abdomen y, como con las lagartijas, visualiza la cuerda atada a tu espalda que te levanta hacia el techo.

Cuando hagas este ejercicio, el corazón latirá con fuerza, los brazos temblarán y esperarás con impaciencia el timbre del cronómetro que te indica que ya pasaron los 60 segundos (o 30 o 45). David recomienda esta versión, con los brazos casi rectos, pero si tienes problemas de muñeca, puedes hacer una variación con los brazos flexionados para que los antebrazos queden en el suelo viendo hacia delante y los hombros estén directamente por encima de los codos.

Ejercicio número 5: abdominales

Aunque ejercitamos el abdomen con las lagartijas y la plancha, es buena idea dedicar un tiempo a hacer un ejercicio especial para esta parte del cuerpo. Los músculos abdominales fuertes se ven bien, por supuesto, pero también nos ayudan a mantener una buena postura

y a quitar mucha presión de la espalda a medida que envejecemos. Así explica David cómo se hace correctamente un ejercicio abdominal:

Abdominales con piernas flexionadas: acuéstate boca arriba en el tapete con las rodillas dobladas y las plantas de los pies tocando el suelo; aprieta el abdomen. Coloca las puntas de los dedos en la nuca. Mete el obligo hacia la columna, clavando el cóccix y exhalando al levantar los hombros algunos centímetros del suelo. Trata de lograr 5 a 7 centímetros al inicio y luego intenta un poco más alto a medida que te vayas fortaleciendo. Inhala cuando bajes. Concéntrate en la postura al hacer este ejercicio. No te empujes hacia arriba con las manos, cuello, hombros o espalda. Usa sólo los músculos abdominales. Mete todo lo demás. Usa un cronómetro y haz todos los abdominales que puedas en 60 segundos, pero asegúrate de que el movimiento sea siempre uniforme.

Piernas rectas: alterna ambas clases de abdominales para trabajar todos los músculos del abdomen con eficacia.

Abdominales con piernas rectas: acuéstate boca arriba con las manos en la nuca, mete el ombligo y usa los músculos abdominales para incorporarte y luego volver a acostarte. Respira durante el ejercicio: exhala al subir, inhala al bajar y mantén las piernas rectas en el suelo. Haz la mayor cantidad de ejercicios que puedas en 60 segundos con el mismo movimiento siempre.

A la larga podrás hacer una ronda completa en menos de cuatro minutos. Plantéate el reto de hacer tres rondas para que tengas un ejercicio de resistencia completo.

- *Lagartijas*: haz de 10 a 15 en menos de 45 segundos.
- *Sentadillas*: haz 15 en 30 segundos.
- *Sentadillas con piernas abiertas*: haz 15 en 30 segundos.
- *Posición de plancha*: aguanta de 30 a 60 segundos.
- *Abdominales*: haz todas las que puedas en 60 segundos.

¿Te sientes sin equilibrio?

A medida que envejecemos comenzamos a perder el equilibrio y esto nos hace propensas a sufrir caídas. La mejor manera de contrarrestar este proceso es mantener en forma el equilibrio. Varias veces al día, párate en un pie y flexiona la otra pierna hacia arriba; aguanta 30 segundos. Cambia de pierna y hazlo de nuevo. Si necesitas ayuda para equilibrarte, apóyate en un mueble o en el respaldo de una silla. Esto

es una parte esencial del ejercicio para ponerse en forma, por lo que te sugiero que te des tiempo para hacerlo. ¿Esperas en la fila del supermercado? Sólo levanta un poco una pierna del suelo y nadie se dará cuenta. Por cierto, ese es uno de los mejores momentos para hacer también los ejercicios de Kegel, aunque no recomendaría hacer las dos cosas al mismo tiempo (ver el capítulo 3 para más información sobre los ejercicios de Kegel).

¿Quieres otras opciones?

Caminar, correr y el entrenamiento de resistencia muscular son los tres componentes esenciales de nuestro nuevo plan a largo plazo para estar en forma. Pero hay otras opciones que puedes explorar si quieres ampliar el horizonte.

Zen = ejercicio para sentirse bien

El yoga ofrece excelentes beneficios a las mujeres de más de cincuenta años. Es bien conocido que alivia el estrés, la artritis, el dolor de espalda y otros problemas de articulaciones, además de que mejora la circulación. Las posturas mejoran el equilibrio y como el yoga es un ejercicio de sostener peso, ayuda a combatir la osteoporosis. También alivia algunos síntomas de la menopausia. Hay muchos estilos diferentes de yoga: los estilos regeneradores más suaves ayudan con el dolor de espalda para que puedas hacer ejercicio; los estilos que favorecen el estiramiento funcionan bien con la carrera y los entrenamientos de resistencia muscular; los movimientos rápidos de los estilos "fluidos" son ejercicios cardiovasculares y aumentan la fuerza y el vigor. El yoga es famoso por ser la opción de acondicionamiento físico preferida de esa mujer tan en forma de más de cincuenta, Madonna. Intenta los ejercicios de pilates, andar en bicicleta, hacer senderismo, bailar, hacer aeróbics o nadar, cualquier cosa que te haga quemar calorías, fortalezca el corazón y haga trabajar los músculos. Hazlo todos los días.

¿Quieres divertirte? Ejercítate con el Wii

Yoga, entrenamiento de resistencia, correr, pilates, hacer lagartijas... todo está ahí, en el Wii. Una voz muy paciente te entrena. Te miden el peso, Índice de masa corporal (IMC) y cómo controlas el equilibrio. Puedes establecer metas y revisarlas cada vez que pongas el Wii para ver cómo va tu rendimiento. Realiza el programa de Wii Fit en los días que no haces el

ejercicio de carrera y caminata, cuando haga mal tiempo, o por diversión. Hay muchas actividades de acondicionamiento físico: girar el aro alrededor de la cintura, caminar en la cuerda floja, salto de esquí y todo tipo de desafíos. No es un juguete, sino una manera divertida de ejercitar el cuerpo. Es un excelente medio para que los niños se muevan también. Lo recomiendo ampliamente.

¿Realmente funciona?

Todo lo que se sugiere aquí se ha investigado minuciosamente, comprobado y puesto en práctica por profesionales. Ahora yo lo hago, sin ningún trastorno de mi vida normal con mi trabajo, esposo, dos hijas y un perro. Es manejable y funciona. He bajado de peso, estoy más delgada y fuerte. Me siento mejor. Cuando visité hace poco a David Kirsch para hacer acto de presencia, me dijo que estaba muy satisfecho con el número de lagartijas que ya puedo hacer. Como digo en muchas cosas que me he esforzado para hacer: "¡Si yo puedo hacerlo, todos pueden!".

Actúa

No dejes que te desvíe de tus propósitos el último grito de la moda para ponerse en forma que veas en las revistas o en la televisión. Haz estas cosas con regularidad y verás los resultados:

- Camina 10,000 pasos todos los días.
- Corre y camina entre 45 y 60 minutos dos veces a la semana, y 90 minutos una vez a la semana.

- Realiza caminatas largas deliberadas o haz algo divertido que te mantenga activa los días en que no haces el programa de carrera y caminata.
- Encuentra nuevas maneras de mover el cuerpo todos los días.
- Realiza la rutina básica de entrenamiento de resistencia muscular por lo menos cuatro veces a la semana.
- Haz algunas lagartijas o abdominales extra cuando tengas un momento libre.

CAPÍTULO 7

Ama la piel
que te cubre

Soluciones inteligentes y fáciles
para el cuidado de la piel

Reflexionemos

Pasé los veranos de mi adolescencia tomando el sol en el patio de mi casa de Brooklyn y en la playa en Coney Island, con aceite de bebé untado en todo el cuerpo, un reflector apuntando a mi cara y la música de Creedence Clearwater Revival a todo volumen en el radio. Sufrí muchas quemaduras de sol en mi juventud que, algunos años después de cumplir los cincuenta han vuelto para cobrarme la cuenta.

Mayor, pero no mucho más prudente

Tiré mi reflector a la basura y traté de acordarme de ponerme bloqueador solar, pero incluso a los veinte y treinta años seguía sin ser cuidadosa. Admitámoslo: los bronceados pueden (temporalmente) hacernos ver saludables y sensacionales, y yo quería verme así. Muchas de nosotras nos sentimos fabulosas cuando tomamos el sol y muchas nos vemos muy bonitas con ese brillo entre color rosa y durazno en la cara. Pero ¿cuánto dura ese maravilloso brillo? ¿Un día? Luego se convierte en manchas marrones, arrugas, piel flácida y posiblemente, cáncer de piel. No vale la pena. Si exponemos demasiado la piel al sol no envejecerá bien y ningún bronceado la hará verse mejor. El cáncer de piel está aumentando entre las mujeres de más de cincuenta años, porque crecimos pensando que broncearnos era lo máximo. Ahora nuestra piel necesita atención, tanto por motivos estéticos como de salud. Debemos informarnos, tener cuidado, asumir el control, tomar decisiones inteligentes y hacer las cosas de forma correcta. Pero ¿qué, exactamente, es lo que debemos hacer?

Preguntémosle a mamá

De niña, veía a mi madre realizar sus meticulosos rituales de cuidado de piel cada mañana y tarde. Nunca seguía las modas pasajeras ni compraba lo más nuevo. Creía en lo básico por dos buenas razones: 1) no tenía mucho dinero, y 2) no tenía mucho tiempo. Nunca la he visto sin un tarro de crema limpiadora Pond's en el baño.

En virtud de que mi madre es una mujer dada a las rutinas (es genético), sigue haciendo lo mismo que hacía en aquel entonces y su piel aún tiene un aspecto fabuloso. Su programa incluye los pasos básicos que los dermatólogos aconsejan que debemos hacer todos los días: lavar, exfoliar, humectar y proteger. Empecé a pensar que podía hacer mucho más por mi piel, pero también (con un poco de suerte) deshacer un poco el daño que le había causado.

Enfrentar el futuro

Con todas las opciones científicas avanzadas que tenemos a la disposición en estos tiempos, pensé que podía hacer más eficaz la rutina básica de salud de la piel de mi madre. Cuando comencé a investigar exactamente qué y cómo hacerlo, encontré muchas opiniones contradictorias. Me frustraba, en especial cuando iba a una tienda departamental y cada vendedora de la sección de cosméticos intentaba venderme el "suero de la juventud" más reciente y fabuloso. No tardé en darme cuenta de que el cuidado de la piel podía ser una propuesta muy costosa.

Hace poco recibí un maravilloso catálogo por correo de una lujosa tienda departamental. Una de las cremas que venían en el catálogo costaba 750 dólares por menos de 60 g. ¿Que qué? Eso es mucho dinero por una cantidad tan pequeña de algo que puede o no servir. Desafortunadamente, vivimos en una sociedad centrada en la juventud y todos creemos que tenemos que "vernos jóvenes". Eso provoca que algunos estemos desesperados por probar cualquier cosa, incluida la cirugía, sin importar el costo. Yo no quiero "verme joven"; sólo quiero tener un aspecto saludable y no verme mayor de lo que estoy, y quiero protegerme del cáncer de piel. ¿Es mucho pedir?

Pregunta a los expertos

Cuando estaba en busca de un buen consejo para el cuidado de la piel de un dermatólogo, encontré a la doctora Doris Day, que es invitada asidua de programas de televisión como *Good Morning America,* y colabora en revistas como *Allure* y *Health.* La doctora Day escribió un magnífico libro sobre la piel sin edad titulado *Forget the Facelift.* El título me llamó la atención.

El libro de la doctora Day resume exactamente lo que yo buscaba en un programa de cuidado de la piel:

- Sin muchos cuidados.
- Costo mínimo.
- Sin cirugías.
- Mucha protección.

Cuando me reuní con la doctora Day, entendí que había encontrado a mi mentora en el cuidado de la piel. Ella es un ejemplo viviente de todo lo que el cuidado de la piel puede hacer por uno. Por confesión propia, la doctora Day, que está por cumplir cincuenta años, cometió errores en su juventud, como todas. Fumaba, se bronceaba más de la cuenta y no comía bien. Sin embargo, con tiempo, paciencia y un régimen de cuidado de la piel sencillo, pero persistente, ahora tiene una piel sana y resplandeciente. Es muy bella, y por añadidura, sonríe mucho, es positiva, afectuosa y es un placer estar en su compañía.

¡Una piel maravillosa es nuestro derecho!

También hablé con la inteligentísima doctora Patricia Wexler, que ha aparecido en programas de televisión como *The View* y *The Oprah Winfrey Show*, en muchas revistas de salud y belleza y es la gurú del cuidado de la piel de muchas celebridades. La doctora Wexler estaba muy contenta de compartir sus conocimientos con nosotras por una sencilla razón: está convencida de que si más mujeres aprendemos a cuidar la piel, no sólo nos veremos mejor, sino que habrá menos casos de cáncer de piel. Me dijo que no necesitamos productos costosos para el cuidado de la piel ni usar muchos productos, sólo los *correctos*. Para fundamentar su filosofía de "buen cuidado de la piel para todas", la doctora Wexler ha creado su propia línea de productos a buen precio y que tienen el sello de aprobación de la Skin Cancer Foundation, que fue una de las razones por las que me comuniqué con ella. Es nuestra coetánea y creó esta línea pensando en ella misma.

Piel bella por dentro y por fuera

La doctora Day comenzó mi educación sobre cuidado de piel señalando que necesitábamos tener una estrategia de cuidado de piel de "cuerpo completo". Debemos cuidar nuestra piel, comer bien, evitar las comidas y bebidas que no son buenas para la salud, hacer ejercicio con regularidad, no fumar, dormir lo suficiente y reducir el estrés. La salud de la piel es resultado directo de nuestro estado de salud en general, por lo que las decisiones de estilo de vida que tomamos todos los días influyen en que la piel se vea amarillenta y sin brillo o limpia y resplandeciente, sin importar la edad.

Como ya había empezado mi nuevo plan de alimentación sana y ejercicio regular, estaba preparada para pasar sin tardanza a un plan de cuidado de la piel.

Esto es lo que necesita saber

- ¿Qué debo hacer?
- ¿Qué productos necesito?
- ¿Qué resultados obtendré?
- ¿Cuánto me costará?
- ¿Qué más hay, si quiero ir más allá de lo básico?

Espejito, espejito...

La doctora Day me dio un espejo de aumento 5x, me pidió que me observara y le dijera qué era lo que me molestaba de mi piel. Lo hice y esto es lo que observé:

- Patas de gallo en las comisuras exteriores de los ojos (en especial cuando sonrío).
- Zonas resecas en las mejillas y a los lados de la barbilla.
- Manchas marrón claro, sobre todo del lado derecho de la frente donde me hago la raya del cabello.
- Pequeños puntos rojos de capilares rotos.
- Poros abiertos en el área de la nariz.
- Líneas sutiles debajo del labio inferior.
- Líneas por encima del labio superior.

- Pliegues profundos a ambos lados de la nariz que llegaban hasta las comisuras de la boca.
- Un surco entre las cejas por fruncirlas cuando tejo, creo yo.
- Piel sin brillo.

La doctora Day me aseguró que mi piel luciría mejor en unas pocas semanas si seguía algunos pasos sencillos y usaba los productos adecuados para mi piel madura.

¿Cuáles son esos productos?

Cuando la doctora Day elaboró el programa de cuidado de la piel, también recomendó algunos productos específicos. La doctora Wexler mencionó algunos otros, y probé muchos, muchos otros, con base en las descripciones de las dos doctoras de lo que debemos esperar de las cremas limpiadoras, humectantes y también de los filtros solares. He probado y comprobado cada uno de estos productos recomendados en el último año con buenos resultados. La siguiente no es una lista definitiva de productos eficaces. Siempre salen al mercado nuevos productos, así que consulta a tu dermatólogo periódicamente. También son útiles los recursos informativos que se indican al final del libro.

Con respecto a los productos, usa los que prefieras o prueba los nuevos, sólo para asegurarte de que los que utilizas hacen lo que se supone que deben hacer. Echa un vistazo a nuestras sugerencias para ver si te interesa probar algo nuevo. Casi todos los productos se venden en cualquier farmacia o supermercado en todo el país o por internet, a precios accesibles. Tener una piel sensacional no debe costar una fortuna, siempre que sigas estas guías.

Busca productos con péptidos

Los péptidos estimulan el cuerpo para que produzca más colágeno, que ayuda a devolver el brillo a la piel madura. El colágeno es una sustancia natural que engruesa la piel, le da elasticidad y la mantiene sin arrugas. Sin embargo, perdemos colágeno con el paso del tiempo y el daño que causa el sol empeora este proceso. Cuando el cuerpo produce más colágeno, las líneas finas y las arrugas se reducen y la piel se ve radiante y menos hinchada. La doctora Wexler usa un péptido muy eficaz llamado *haloxil* en su gel para los ojos antibolsas (que tiene un gran número de seguidoras y me encanta).

Busca productos con antioxidantes

La exposición de la piel a los rayos solares y la contaminación libera sustancias llamadas *radicales libres* en la piel, que entorpecen la producción de colágeno. Los antioxidantes detienen en seco la creación de radicales libres y conservan la reserva de colágeno. Los antioxidantes eficaces incluyen las vitaminas C y E, cinetina, ácido alfalipoico, idebenona y té verde. El más potente en el mercado el día de hoy es la cereza de café. El primer producto en el mercado hecho con cerezas de café fue RevaléSkin, pero Priori y algunas otras marcas se han apresurado a lanzar sus productos.

Exfoliar, exfoliar, exfoliar

Exfoliar es la clave de la perfección de la piel. Muchas mujeres tienen miedo de exfoliar todos los días, porque piensan que la piel puede irritarse. No es así, aseguran nuestras expertas, si usas los productos correctos, te exfolias con delicadeza y usas después un suero regenerativo, un humectante y productos para proteger la piel. Algunos productos recomendados se mencionan más adelante.

El plan fácil e inteligente de cuidado de la piel

He aquí el programa. Síguelo y tu piel se verá mejor, más fresca y más limpia. Pero esto sólo sucederá si también tomas la decisión de comer sanamente y hacer ejercicio para nutrir la piel desde dentro (ver los capítulos 5 y 6).

En cuanto te levantes por la mañana

1. Limpieza

Toma una toalla suave, húmeda y tibia y lávate la cara lenta y delicadamente con una pequeña cantidad de un limpiador facial recomendado, o sólo con agua tibia. Realiza movimientos circulares y dedica más tiempo a la zona T (el área alrededor de la nariz, barbilla y frente); luego enjuaga bien con agua fría. Seca la piel con golpecitos suaves con la toalla para dejarla ligeramente húmeda.

Productos recomendados:
- Limpiador facial Aveeno Ultra Calming.
- Limpiador facial RevaléSkin con cereza de café (se consigue por internet).
- Cualquier limpiador de Neutrogena.
- Limpiador de regeneración diaria Olay Regenerist.
- Limpiador suave para la piel Cetaphil.

2. Exfoliación

Exfolia la piel todos los días con un producto casero de microdermabrasión o una crema exfoliante. Carmindy, que es una de nuestras expertas en maquillaje del capítulo 8, usa azúcar blanca común y corriente con agua tibia en una tolla facial. Ella lo recomienda sin reservas, pero la doctora Wexler advierte que el azúcar puede ser muy áspera para la piel de algunas mujeres, aunque coincidió en que es una gran manera de exfoliar. Prueba y ve cómo te sienta. Enjuágate con agua tibia y limpia la piel con golpecitos suaves de la toalla hasta que quede ligeramente húmeda.

Productos recomendados:
- Dispositivo Neutrogena Healthy Skin Rejuvenator con almohadillas desechables.
- Toallas de limpieza y microexfoliación Olay Regenerist.
- Patricia Wexler Resurfacing Microbrasion System.

- Aveeno Skin Brightening Daily Scrub.
- O azúcar blanca común y corriente (gratis porque la tomaste de la cocina ahora que ya no la comes; ver el capítulo 5).

3. Humectación de la piel alrededor de los ojos

Usa el dedo anular (es el dedo con el tacto más delicado) para aplicar unas gotas de crema para los ojos debajo de ellos, pero evita acercarte demasiado a la línea de nacimiento de las pestañas, ya que puede irritar el ojo u obstruir un folículo y causar un orzuelo. Esparce con suavidad la crema alrededor de cada ojo, en especial en las comisuras exteriores donde aparecen las terribles patas de gallo. Asegúrate de que se absorba bien. Durante el día, considera usar una crema para los ojos adicionada con protección solar, como recomienda la Skin Cancer Foundation, y una crema sin protección solar de noche. Guarda un tarro extra de crema para los ojos en tu bolso para darte retoque rápido durante el día. El gel antibolsas de la doctora Wexler, llamado *Intensive De-Puffing Eye Gel*, es una excelente opción para revivir, refrescar y quitar las bolsas de los ojos, todo a la vez.

Productos recomendados:
- Patricia Wexler MD Instant De-Puff Eye Gel.
- Patricia Wexler MD Intensive 3-in-1 Eye Cream.
- Garnier Skin Renew Anti-Sun-Damage SPF 15 Daily Eye Cream.
- Olay Professional Pro-x Eye Restoration Complex.
- RoC Retinol Eye Cream.
- Relastin Eye Silk.
- DDF Protective Eye Cream SPF 15 Plus CoQ1.

4. Restaura y abrillanta la cara con un suero antioxidante

Toma un poco de loción con antioxidantes que sirva para dar brillo y uniformar el tono de la piel y aplica gotas por toda la cara. Con movimientos suaves hacia arriba, da masaje a la piel. También aplica un poco en el cuello y en el pecho.

Productos recomendados:
- Elige un suero que incluya cereza de café, té verde, CQ10, retinol, vitamina C o idebenona.
- RevaléSkin Coffe Berry Day Cream (SPF 15); lo puedes comprar por internet.
- Priori Brightening Facial Complex.
- SkinCeuticals Phoretin CF.

- Prevage by Elizabeth Arden Concentrated Brightening Serum.
- Aveeno Positively Ageless Rejuvenating Serum.
- Olay Regenerist Daily Regenerating Serum.
- Olay Professional Pro-X Discoloration Fighting Concentrate.
- Patricia Wexler MD MMPi-20 Intensive 3-in-1 Serum.

El proceso dura en total alrededor de 5 minutos.

Antes de salir por la mañana

Ya que te limpiaste, exfoliaste y aplicaste un suero antioxidante o loción para restaurar la piel, necesitas prepararla para el maquillaje y protegerla de la intemperie (sol y contaminación).

1. Humectación

Carmindy me convenció de utilizar el único humectante que ella usa: Crème de la Mer, que salió al mercado desde los años sesenta y tiene muchas seguidoras. La crema básica no tiene filtro de protección solar, por lo que también es buena opción para la noche y los meses de invierno en los que se necesita una crema más untuosa. Es lujosa y sentí la piel como terciopelo, pero es

cara. Para los días en que vayas a salir, utiliza humectante con protección solar (y un humectante con color o base con protección solar; ver el capítulo 8, donde encontrarás recomendaciones de productos). Introduce el dedo anular en el tarro y aplica puntos pequeños por toda la cara y cuello, masajeando la piel con movimientos suaves hacia arriba. Deja que repose unos minutos en lo que empiezas a vestirte, o lo que sea que necesites hacer antes de aplicar el protector solar (si es necesario).

Productos recomendados:

Cremas ultrahumectantes sin protección solar:
- Crème de la Mer.
- Olay Regenerist Micro-Sculpting Cream.
- Olay Professional Pro-x Wrinkle Smoothing Cream.

Algunos de los mejores humectantes con protección solar son:
- Olay Regenerist UV Defense Regeneration Lotion SPF 50.
- Aveeno Positively Radiant Daily Moisturizer SPF 30.
- Aveeno Ultra-Calming Daily Moisturizer SPF 30.
- Aveeno Positively Ageless Daily

Filtros solares

Algunos filtros solares ahora tienen un factor de protección solar de 100. ¿Realmente necesitamos un factor tan alto? El filtro solar protege la piel de dos tipos de rayos ultravioletas nocivos: UVA y UVB, que provocan envejecimiento y cáncer de piel. El factor de protección solar o FPS calcula cuánto tiempo te puedes exponer a los rayos solares directos sin que la radiación UVB cause daños. Si la piel sin filtro puede tolerar 10 minutos antes de quemarse, un FPS de 30 en teoría te da 300 minutos, o 5 horas. (En realidad, ningún filtro solar es tan eficaz por más de dos horas, debido a la absorción de la piel y el sudor.) El FPS 30 es el más bajo que puedes usar, pero un FPS muy alto no es tan importante como la cantidad y frecuencia de las aplicaciones. Los FPS muy altos son una herramienta de mercadotecnia, ya que la diferencia funcional en protección UVB entre un FPS de 100 y uno de 50 es marginal. A continuación se presentan las reglas de protección solar de nuestras especialistas:

- Busca filtros solares (o cremas humectantes con protección solar) que tengan los siguientes ingredientes: ecamsule (Mexoryl), dióxido de titanio y avobenzona (Parsol 1789).
- Asegúrate de que los ingredientes del filtro solar ofrezcan protección amplia (de amplio espectro) contra los rayos UVB y UVA.
- Usa unos 30 g (el equivalente de dos cucharadas o de un caballito de tequila) por cada aplicación para cubrir todo el cuerpo.
- Si usas un filtro en aerosol, aplica dos capas en caso de que te haya faltado alguna parte.
- Aplica el protector entre 15 y 30 minutos antes de la exposición solar.
- Vuelve a aplicar el protector después de nadar, secarte con la toalla, sudar, o cada dos horas, lo que suceda primero.
- El FPS más bajo que debes utilizar es de 30, en especial si estás a la intemperie, expuesta a los rayos directos del sol, e incluso (muy importante) cuando está nublado.

Moisturizer SPF 30.

- Bobbi Brown's Extra SPF 25 Moisturizing Balm.
- Patricia Wexler MD Universal Anti-Aging Moisturizer SPF 30.
- Patricia Wexler MD Intensive 3-in-1 Day Cream SPF 30 con MMPi-20.

2. Protégete con un filtro solar

Este paso es para los días que vas a salir al rayo del sol, o cuando no usas humectante y base con filtro solar. Después de haber aplicado la crema humectante, espera unos minutos y luego aplica el filtro solar (FPS 30 o mayor) sobre la capa de crema humectante. Aplica unas gotas por toda la cara, sin tocar el área de los ojos y masajea con movimientos delicados hacia arriba. Luego aplica en las manos, orejas, cuello, pecho y todas las partes del cuerpo que puedan exponerse a los rayos solares (incluidos los pies si vas a usar sandalias).

Productos recomendados:

- Neutrogena Ultra Sheer Dry Touch Sunblock SPF 45 o 55.
- SkinCeuticals Sport UV Defense 40.
- La Roche Posay Anthelios w Gel 40.

Muy bien, guapa, ahora estás lista para ponerte un poco de maquillaje (poco es la palabra importante) para dar brillo extra a tu fabulosa piel. Lee el capítulo 8 donde encontrarás excelentes consejos de nuestras expertas en maquillaje, Laura Geller y Carmindy.

Antes de acostarte

Así como te lo dijo tu madre, nunca te acuestes con el maquillaje puesto. Si quieres que la piel se vea bien, debes ser buena con ella y eso incluye limpiarla.

1. Desmaquíllate

La doctora Day recomienda la clásica crema Albolene, que existe desde tiempos inmemoriales (nuestras abuelas probablemente la usaron) y se encuentra en cualquier farmacia. Este producto modesto y barato es hidratante y muy eficaz para quitar el maquillaje, incluso el rímel a prueba de agua. Aplícalo en toda la cara, incluidos los párpados y luego usa un algodón o pañuelo desechable para quitártelo, o usa una toalla facial húmeda y tibia. La jalea de petróleo no se recomienda porque es muy espesa y puede tapar los poros y dejar una película molesta sobre los ojos. En comparación, la crema Albolene se vuelve líquida al contacto con la piel. A la doctora Day también le agrada la crema limpiadora Pond's y las toallitas húmedas para quitar el maquillaje. Con estos productos recomendados, no necesitarás un removedor de maquillaje por separado, ya que sirven muy bien para este propósito.

Productos recomendados:

- Crema limpiadora humectante Albolene.
- Crema limpiadora Pond's.
- Neutrogena Makeup Remover Cleansing Towelettes.

2. Limpieza facial

Refresca la cara con agua tibia, toma una cantidad pequeña de limpiador facial en las manos o con un pañuelo y lava toda la cara, incluso el área de los ojos, para quitar todos los residuos. Enjuaga y seca la cara con golpecitos suaves de la toalla.

Productos recomendados:

- Usa el mismo limpiador facial que utilizas por la mañana.

3. Humecta la piel alrededor de los ojos

Usa crema para ojos sin FPS (ver las recomendaciones mencionadas ante-

riormente) y con el dedo anular, aplica puntos pequeños en toda el área de los ojos. Hazlo hasta que toda la crema se absorba.

4. Asegúrate de que la piel esté completamente seca, y no húmeda, antes del paso 5

Ponte en el suelo y haz diez lagartijas mientras esperas a que la piel se seque antes del siguiente paso. O lávate los dientes y usa el hilo dental, si no te sientes tan ambiciosa.

5. Desprende las células de la piel y trabaja en esas arrugas mientras duermes

Los productos que contienen retinoides aceleran el proceso natural de desprendimiento de las células muertas de la piel para suavizar líneas finas y arrugas, quitar manchas marrones y uniformar el tono de la piel. Los retinoides son derivados de la vitamina A que puedes conseguir con tu dermatólogo (Retin-A o Renova) o en farmacias. Nuestras expertas recomiendan las marcas prescritas por el dermatólogo, que son más potentes y eficaces. Otras marcas que se venden sólo con prescripción médica son: Tri-luma, que combina hidroquinona (un retinoide) con un antiinflamatorio; Vivité, que tiene ingredientes que exfolian la piel y restablecen su tono uniforme; y Atralin, un producto retinoide más hidratante. Los retinoides pueden resecar la piel y cuando empieces a usar uno, quizá la piel se vea un poco agrietada e incluso puede despellejarse, pero este efecto no dura mucho. Debido a que este producto ayuda a quitar la capa superior de células de la piel y deja al descubierto las nuevas que están debajo, la piel estará más sensible a las quemaduras solares. Sé muy cuidadosa con la protección solar. Los productos son sencillos de utilizar. La piel debe estar completamente seca para evitar irritación. Toma una cantidad del tamaño de un chícharo, distribúyela por toda la cara y con movimientos suaves hacia arriba, masajea la piel. No apliques el producto cerca de los ojos, pero asegúrate de cubrir las patas de gallo.

Productos recomendados:

- Renova o Retin-A (sólo con receta, y dura 3 o 4 meses).
- RoC Multi-Corrextion Night Treatment.
- Neutrogena Advanced Solutions Skin Transforming Complex Nightly Renewal Cream.
- SkinCeuticals Retinol 1.0.

6. Huméctate (opcional)

Para asegurarte de que el retinoide no reseque la piel al hacer su trabajo, te sugiero aplicar una capa ligera de crema humectante (sin protección solar). Toma una pequeña cantidad y aplica la crema en la cara y masajea.

Productos recomendados:

- RevaléSkin Night Cream with Coffee Berry.
- Aveeno Ultra Calming Night Cream.
- Patricia Wexler MD Intensive Night Reversal and Repair Cream.

Eso es todo

El programa básico de cuidado de piel no es tardado y, a menos que optes por algunos lujos, no cuesta mucho. Gran cantidad de productos de belleza son costosos dependiendo de la percepción y cuánto creen las compañías que pueden cobrar por sus productos. Gasta donde importe. Por ejemplo, se ha comprobado que los retinoides son muy eficaces, así que gasta dinero en adquirir el mejor, aunque sea de receta médica. Si tu seguro médico ofrece un plan para la compra de medicamentos recetados, en ocasiones se puede conseguir un mejor precio o también puedes comprar el producto genérico equivalente del retinoide que tu dermatólogo te recomiende.

¿Funciona?

Pasé algunas semanas probando productos para decidir cuáles quería usar, y después empecé mi prueba oficial de ocho semanas del programa que detallé antes. Lo seguí religiosamente, y cuando volví a ver a la doctora Day ocho semanas después, ella coincidió en que mi piel había mejorado y dijo que continuaría así. Me advirtió que como me estaba deshaciendo de las células muertas, debía tener mayor cuidado de protegerla de los elementos con la crema humectante y el filtro solar. Para mejores resultados, la doctora Day me recomendó continuar el programa junto con una buena alimentación, hacer ejercicio y tomar decisiones de vida inteligentes.

Entonces, ¿qué hay con esas "otras cosas"?

¿Qué sucede si quieres hacer más? Ya sabes… "otras cosas". Tal vez ya te estén aplicando bótox o haciendo exfoliaciones químicas, o has estado pensando seriamente en ellas, pero hay otros muchos tratamientos que también puedes considerar.

Primero lo primero: ¿me dolerá (la cara y mi cuenta bancaria)?

Aunque ninguno de los siguientes tratamientos es quirúrgico, las molestias y el costo pueden variar, según lo que quieras. La doctora Wexler explicó que los adelantos médicos no quirúrgicos en dermatología presentan riesgos mínimos, funcionan sumamente bien y son mucho más accesibles que la cirugía plástica. Haz tu tarea de investigación y encuentra un dermatólogo o cirujano dermatólogo que gocen de reputación impecable. Investiga sus títulos y aptitudes en grupos respetados.

Ayuda para las quejas más comunes

A continuación menciono algunas de las inquietudes más comunes con respecto a la piel de mujeres de más de cincuenta años y lo que puedes hacer para atenderlas.

- *Patas de gallo*: arrugas pequeñas que salen de las comisuras de los ojos y se notan más cuando nos reímos; se pueden hacer más notorias con el paso del tiempo.
- *Arrugas de la boca a la nariz*: también llamadas *pliegues nasolabiales*, que van de los costados de la

nariz a la boca y a menudo son bastante profundas.

- *Líneas de expresión*: se puede formar entre las cejas una arruga profunda que es permanente y nos hace ver como si estuviéramos enojadas o tratando de concentrarnos.
- *Arrugas de la frente*: líneas que se forman cuando enarcas las cejas en una expresión de sorpresa o para demostrar emoción.

Tratamientos no quirúrgicos contra las arrugas

Bótox (toxina botulínica tipo A)

En cuanto la FDA lo aprobó en 2002, el bótox se volvió la opción preferida de las celebridades para quitar arrugas, en especial del entrecejo, la frente y la zona de las patas de gallo. El bótox se inyecta con una pequeña aguja directamente en el área que se va a tratar, relaja los músculos y alisa la piel hasta por cuatro meses. Aunque se deriva de la bacteria que provoca el botulismo, no hay bacterias en el producto final. La aplicación casi no provoca dolor y la recuperación es rápida. Los efectos secundarios, como dolor localizado, infecciones, inflamaciones, hipersensibilidad, hinchazón, enrojecimiento o moretones, son posibles, pero muy raros. El costo depende de cuáles y cuántas áreas se vayan a tratar. La mayoría de las mujeres se inyectan cada cuatro meses, pero varía. La FDA autorizó hace poco un fármaco similar, Reloxin, que ya se vende en Europa y Canadá con el nombre de Dysport. Dura por lo menos diez semanas más que el bótox. Alternativas: la doctora Wexler recomienda productos que contengan el péptido gaba, que ayuda a relajar los músculos. Sugiere probar estos productos antes de utilizar bótox. El uso de estos productos después de las inyecciones de bótox puede ayudar a prolongar el efecto.

Productos recomendados:

- Fastscription Advanced No-Injection Wrinkle Smoother by Patricia Wexler MD.
- Freeze 24-7 Instant Targeted Wrinkle Treatment.

Rellenadores temporales inyectables

Los rellenadores se inyectan en las arrugas para "rellenarlas" y alisar la piel. Con frecuencia se usan en arrugas que el bótox no puede tratar adecuadamente. El cuerpo absorbe los rellenadores temporales, por lo que no es necesario volver a rellenar las arrugas periódicamente. Algunos doctores usan un método por capas en el que primero aplican bótox y luego un rellenador. Los posibles efectos secundarios de todos los rellenadores (temporales o permanentes) incluyen hinchazón temporal y moretones. Se necesitan múltiples tratamientos para alcanzar los resultados deseados y la técnica es crucial, por lo que es muy importante que un médico competente los aplique. Una gran ventaja de los rellenadores temporales sobre los permanentes es que si los resultados no son satisfactorios, no duran para siempre; sin embargo, para mantener los resultados es preciso realizar el tratamiento varias veces al año.

Alternativas:

- La doctora Wexler recomienda usar una crema con polisilicona 11, que rellena las arrugas por 10 o 12 horas. Se puede aplicar directamente debajo de la base en lugar de un rellenador, o para prolongar el efecto de este último.

También recomienda:

- Crema humectante antiedad Youth As We Know It, creada por Bliss.

Los rellenadores temporales más comunes son:

Colágeno humano

El colágeno es una proteína que se encuentra naturalmente en la piel. Al envejecer perdemos colágeno y las arrugas aparecen, algunas de manera profunda. La terapia de reemplazo de colágeno puede restablecer la capa natural de soporte de esta proteína, suaviza las líneas faciales, disminuye las arrugas y hace los labios más regordetes. Cosmoderm (para las líneas finas) y Cosmoplast (para arrugas profundas) son dos tratamientos populares hechos de colágeno humano. Las inyecciones son dolorosas. En la mayoría de los casos se necesitan tres tratamientos al año.

Ácido hialurónico

Algunas de las marcas más populares son Restylane, Hylaform, Juvaderm, Captique, Prevelle Silk, Puragen y Perlane. Todos estos productos están hechos con ácido hialurónico, que existe naturalmente en todos los seres vivos. Como ocurre con el colágeno, nuestro organismo no rechaza este producto y la incidencia de reacciones negativas es muy baja. El efecto de cada uno dura de tres a nueve meses. Algunos, como Perlane, pueden llegar a durar hasta un año.

Ácido poliláctico sintético

El más conocido es Sculptra, también llamado New Fill. Está hecho con un tipo de azúcar de la familia del ácido alfahidroxílico. Se recomienda Sculptra para rellenar las arrugas más profundas de la cara, restablecer el volumen y el contorno natural, en especial en las mejillas hundidas, y para rellenar las arrugas profundas que van de la nariz a la boca. Este tratamiento puede durar hasta dos años o más, pero es común aplicar dos tratamientos.

Colágeno bovino

Sí, leíste bien: bovino, de vaca. Las marcas más conocidas, Zyderm (para líneas finas) y Zyplast (para arrugas profundas), cuentan con la aprobación de la FDA y se han utilizado con éxito desde hace más de veinte años. Estos productos pueden causar reacciones alérgicas, ya que están hechos con sustancias que no se encuentran naturalmente en el cuerpo humano y, por lo general, su efecto dura entre tres y cuatro meses. El producto más reciente de esta categoría de rellenadores es Evolence; es más caro, pero dura cerca de un año.

Microesferas a base de calcio

Un rellenador duradero se vende con el nombre comercial de Radiesse. El efecto dura cerca de un año.

Transferencia de grasa

También conocida como *uso de la propia grasa*. Es un concepto extraordinario: ¡extraer grasa del propio trasero o muslo e inyectarla en las arrugas faciales! Ay, si sólo tuviera el valor que se requiere... La inyección es muy cara. Uno pensaría que le harían un descuento por utilizar su propia grasa, ¿no? Los resultados pueden durar hasta seis meses, pero algunas personas han obtenido un arreglo permanente.

Rellenadores permanentes

Se emplean para tratar las mismas áreas que los rellenadores temporales: las arrugas de nariz a boca y las arrugas de la frente, el entrecejo y las patas de gallo. Es de suma importancia que estés segura de querer este tratamiento, porque los resultados son permanentes. Si quedas muy insatisfecha con los resultados, el rellenador puede retirarse por medios quirúrgicos, pero queda cicatriz.

Silicona

Silikon 1000 es uno de los rellenadores permanentes más famosos y está hecho de silicona líquida sumamente refinada.

Material sintético

El polimetilmetacrilato (PMMA) es un material sintético que se usa en implantes de cadera, cemento óseo y otros productos médicos. Artefill, que recibió la aprobación de la FDA en 2006, es una mezcla de microesferas de PMMA y colágeno bovino, que se inyecta en los sitios seleccionados a lo largo de varias sesiones. El número de inyecciones necesarias depende de la cantidad de sitios que se vayan a tratar.

Fuera, fuera manchas marrones (y líneas finas y capilares rotos)

La doctora Wexler afirma que una de las formas más eficaces de deshacerse de las manchas marrones y otros decoloramientos faciales es intentar primero con un kit de microdermabrasión para uso casero, como los recomendados antes, junto con un producto que tenga un retinoide. Si las manchas marrones y venas rojas son demasiado oscuras para cubrirlas con base y te molestan mucho, tenemos otras armas en el arsenal.

Lo que puedes hacer en casa

Exfoliaciones y microdermabrasión caseras

Si tienes manchas marrones extra tercas cambia la exfoliación doméstica por algo más potente como una combinación de productos de microdermabrasión, como el Neutrogena Healthy Skin Rejuvenator, y un exfoliador glicólico casero, como Avon Anew Clinical Advanced Retexturizing Peel. Alterna estos productos cada noche hasta que las manchas marrones se hayan aclarado lo suficiente como para no molestarte y luego regresa a tu programa básico de cuidado de la piel. Realiza esta rutina una vez al mes para evitar que te vuelvan a salir las manchas. La clave del éxito radica en seguir aplicando el programa básico de cuidado de la piel.

Crema con hidroquinona para blanquear

La hidroquinona inhibe la producción de melanina y desvanece las manchas marrones y otros decoloramientos de la piel, como la melasma, y tarda en surtir pleno efecto entre tres y seis meses. Cada noche, antes de ponerte el retinoide, aplica la crema directamente sobre las manchas marrones y áreas descoloridas (también en las manchas de las manos). Aplica el producto con retinoide sobre la crema blanqueadora. La hidroquinona debe usarse sólo algunos meses.

Lo que el dermatólogo puede hacer

Exfoliación química

La exfoliación química agiliza el proceso natural de exfoliación y es más rápida y más potente que todo lo que podamos hacer en casa. Los ingredientes, técnicas y potencia de las sustancias químicas varían y el dermatólogo debe ajustarlos de acuerdo con el tipo de piel y lo que la paciente desee. El tratamiento más popular consiste en una serie de exfoliaciones leves con ácido glicólico que se practican una vez al mes y van aumentando paulatinamente en intensidad. Las exfoliaciones medianas y profundas no son rápidas, fáciles ni indoloras. Puede que dejen la piel con costras y enrojecida (como una quemadura) y requerir que te quedes en casa varios días para recuperarte. Algunos expertos creen que una exfoliación leve o mediana al mes ayuda al cuerpo a deshacerse de las lesiones precancerosas antes de que se conviertan en un problema. Sin embargo, la American Cancer Society no ha definido ninguna postura respecto a las exfoliaciones faciales como estrategia de prevención de cáncer.

Las exfoliaciones químicas más comunes son:

- *Exfoliación con ácido glicólico*: el ácido glicólico disuelve la capa superior, más vieja de la piel y descubre la capa nueva, además de estimular la producción de colágeno. Por lo general, se realiza en series de tres a cinco exfoliaciones en las que se va incrementando la concentración y el tiempo de contacto. La exfoliación casi nunca deja huellas visibles, aunque la piel puede verse roja durante varias horas después de practicarla. La piel se siente más firme e hidratada casi al instante. Para deshacerse de las manchas marrones, el dermatólogo utiliza una concentración mayor en esas zonas, por lo que es posible que la piel se enrojezca más y queden algunas costras allí.
- *Exfoliación con ácido tricloroacético* (ATC): la exfoliación con ATC se considera la mejor de las exfoliaciones químicas para las mujeres

de más de cincuenta años. El dermatólogo puede aplicar el ATC a nivel superficial, medio o profundo, según la concentración de ácido empleada y el número de capas aplicadas. Es posible que debas planear un periodo de recuperación de acuerdo con el tipo de exfoliación que te hagan. La piel adquiere un tono blanco lechoso después de la exfoliación, luego se vuelve roja y más tarde se pone marrón oscuro y correosa. Tras de este colorido proceso, la piel se descama. En un promedio de una semana a diez días, la piel se verá más joven, las líneas finas habrán desaparecido y las manchas marrones habrán disminuido notablemente. Puede que se necesiten dos tratamientos para lograr un efecto total.

- *Exfoliación con ácido láctico*: el ácido láctico funciona básicamente de la misma manera que el ácido glicólico, pero es más suave que otras sustancias químicas exfoliantes, así que puede ser la mejor opción para la piel sensible o para personas que tienen enfermedades de la piel, como el acné rosácea. La exfoliación con ácido láctico se realiza en varias sesiones, o en combinación con otras exfoliaciones y a veces se utiliza como el primer exfoliante que prepara la piel para tratamientos más potentes.

Microdermabrasión

Es el proceso de exfoliación más potente, mucho más que cualquier cosa que podamos hacer en casa. Se aplican cristales finos sobre la piel para aflojar la capa exterior de células muertas, que después se aspiran con un aparato de succión. El programa recomendado es de uno o dos tratamientos al mes durante tres meses, seguidos por tratamientos de mantenimiento cada ocho semanas.

Láseres

Los dermatólogos utilizan rayos láser para tratar manchas marrones, capilares rotos, arrugas e incluso para quitar permanentemente vello facial y corporal, lo mismo que tatuajes.

- *Rayo láser* (rayo v): este rayo se utiliza específicamente para tratar quemaduras de sol, manchas marrones, capilares rotos, y acné rosácea. Consiste en una luz pulsada intensa (IPL, por sus siglas en inglés), que permite al dermatólogo dirigir el haz a un área concreta, en lugar de a toda la cara. Es especialmente eficaz para quitar venas rojas pequeñas. Se necesitan varias sesiones de tratamiento.

- *Láser de rubí Q-switch*: las manchas marrones aisladas en el pecho, manos, brazos o piernas se pueden borrar con este láser, que emite una luz roja que vaporiza el pigmento apiñado en áreas seleccionadas. Se forma una costra que desaparece después de algunas semanas. Quizá se necesiten de uno a tres tratamientos, de acuerdo con las zonas y el grado de daño sufrido.

- *Láser Fraxel*: este procedimiento es uno de los más eficaces que se realizan y logra mejoras espectaculares sin cirugía. El láser penetra debajo de la superficie de la piel, estimula la producción de colágeno y desvanece las líneas finas y las manchas marrones. El láser crea túneles microscópicos en la piel y actúa a través de ellos, para no provocar daños en la capa externa de la piel. Es probable que durante dos días después del tratamiento te veas como si hubieras sufrido una quemadura solar, pero la piel producirá nuevo colágeno después de varias semanas y cuando los tratamientos hayan concluido, la piel estará más suave, radiante y tendrá menos arrugas. No deja cicatrices y el riesgo de complicaciones es extremadamente bajo. Durante cada sesión se trata cerca de 20 por ciento de la cara, por lo que normalmente se requieren 4 o 5 sesiones.

- Láser CO_2 fraccionado: este tratamiento de recuperación de superficie cutánea es muy potente. Algunas marcas comerciales comunes son Fraxel Re:pair y TotalFX. Si tienes arrugas muy marcadas, muchas manchas oscuras o grandes cúmulos de hiperpigmentación, considera esta opción. El láser penetra a mucha más profundidad en la piel que con el procedimiento de láser Fraxel, y sólo se necesita un tratamiento. La recuperación puede tardar más de una semana. La piel se descama, y se verá roja y áspera durante la recuperación. Sin embargo, muchos expertos de belleza piensan que esta nueva versión del láser CO_2 es anticuada y no es el mejor procedimiento que puede elegirse.

Implica un compromiso enorme, ya que es oneroso, pero sólo requiere una sesión y la doctora Wexler considera que se puede esperar una reducción de hasta 90 por ciento de decoloración con este tratamiento.

Levanta la cara al cielo

¿Últimamente crees que tienes papada? Es curioso cómo funciona: cuando te levantas por la mañana, sientes la piel más regordeta y las arrugas son menos perceptibles. Pero al caer la noche, ¿parece que la cara se ve definitivamente menos regordeta y más, cómo decirlo con delicadeza... como si se fuera al sur? Si no te gusta lo que ves, hay algo que puedes hacer (o que te hagan, mejor dicho) que no requiere cirugía para contrarrestar la ley de la gravedad.

Thermage

Es un procedimiento no invasivo que se emplea para suavizar, tensar y dar contorno a la piel de la cara (o del cuerpo) y no requiere periodo de recuperación, por lo que las mujeres pueden salir a hacer su vida normal inmediatamente. Esta tecnología utiliza energía de radiofrecuencia para calentar la red de colágeno en la capa interna de la piel para que éste dé firmeza a la piel y cree un levantamiento facial suave, sin cirugía. También se puede utilizar para tratar la zona alrededor de los ojos, en lugar de recurrir a la cirugía. Pero he aquí el problema: como Thermage funciona mediante el calentamiento del colágeno de la piel, es indispensable tener colágeno suficiente para que surta efecto. Conversa con calma con tu dermatólogo. El tratamiento puede ser doloroso y necesita anestesia local o un sedante intravenoso. Algunas veces se necesitan dos tratamientos (el segundo a los seis meses). Los resultados duran años si la piel recibe buenos cuidados.

¿Alguien dijo cirugía?

Si optas por la cirugía, busca al mejor doctor disponible que se especialice en lo que quieras que te haga. Pregunta, habla con tus amigas, consulta con los médicos y asegúrate de que el cirujano que selecciones sea certificado por el colegio de la especialidad.

¡Todos a favor digan "sí"!

Realicé una encuesta que no tiene nada de científica entre amigas y amigas de mis amigas para preguntar a qué tipo de cirugía estética, si acaso, se someterían. La gran mayoría respondió que a la blefaroplastia, mejor conocida como "hacerse los ojos". Si te ves cansada cuando no lo estás; si tienes bolsas debajo de los ojos que incluso el gel antibolsas de la doctora Wexler no puede quitar; si tienes los ojos tan hundidos que ya no importa el color de sombra de ojos que te pongas; entonces, tal vez, y sólo tal vez, la cirugía es algo que te convenga considerar. Hay personas que tienen que hacerse esta operación por necesidad, porque tienen los párpados tan caídos que obstruyen la visión.

Los hechos

Hay algunas cosas importantes que debes hacer para tener una piel bella, sana y resplandeciente otra vez. Son las mismas cosas que haces por la cara.

Limpieza

Con el paso del tiempo, la piel tiende a resecarse. Las duchas más cortas a temperaturas más templadas son mejores que los baños de tina o las duchas largas con agua caliente. Después de bañarte, utiliza un limpiador humectante suave.

Productos recomendados:

- Aveeno Active Naturals Advanced Care Body Wash.
- Olay Body Quench Body Wash.

Exfoliación

Usa una crema de exfoliación corporal todos los días o varias veces a la semana. Mantén un frasco lleno de azúcar blanca en el baño y una toalla facial y úsalos para exfoliarte. Agrega algunas gotas de aceite perfumado, como lavanda.

Productos recomendados:

- Neutrogena Energizing Sugar Body Scrub.
- Azúcar blanca común y corriente.

Humectación

Unta la crema humectante mientras la piel siga húmeda. Los aceites comestibles naturales, como el de oliva o cártamo, son muy buenos y eficaces. Consigue una botella de plástico con una boquilla, como la que se utiliza para la salsa cátsup en los restaurantes, llénala de aceite de oliva y agrega unas gotas de lavanda u otro aceite esencial (de la tienda de productos naturales), agítalo y úsalo. Hace que la piel se sienta como si fuera de terciopelo (y también huele bien). Los aceites no humectan en estricto sentido (o sea, no aportan humedad), pero actúan como barrera para mantener la humedad del cuerpo. También puedes usar aceite con tu humectante favorito, en especial durante el invierno cuando la piel se reseca mucho. Considera un humectante con protección solar para uso diario.

Productos recomendados:

- Olay Body Quench Moisturizing Body Lotion for Extra Dry Skin (quisiera que le pusieran un FPS a esta loción corporal y entonces sería el producto perfecto).
- Avon Skin So Soft Satin Glow Ultimate Body Moisturizing Lotion SPF 15.
- Aveeno Active Naturals Daily Moisturizing Body Lotion SPF 15.
- Eucerin Everyday Protection Body Lotion SPF 15.
- Clarins Hydration-Plus Moisture Lotion SPF 15.
- Aceite de oliva (consigue aceite extra virgen, para que puedas ponerle también a tus ensaladas nutritivas).

Protección

¿Vas a salir? Tienes que ponerte protección solar. Para la mayoría de los días, trata de utilizar un humectante que ya tenga filtro solar. Si vas a pasar varias horas al sol, aplícate un protector solar de amplio espectro con FPS de por lo menos 30, y aplícalo cada dos horas.

Productos recomendados:

- Todos los protectores solares recomendados para la cara son adecuados para el cuerpo.

¿Tienes mapas de carreteras en las piernas?

Tal vez seas de esas mujeres afortunadas cuya piel esconde las venas, o quizá tengas piel clara en la que se nota hasta el más mínimo detalle vascular que tiene lugar debajo de la piel. Las venas varicosas son un problema de salud, pero otras venas visibles, como las venas de telaraña, son casi siempre una molestia cosmética. Por lo general son de origen genético, pero los cambios hormonales pueden propiciar que salgan durante la menopausia. Para prevenir las venas varicosas, baja los kilos que tengas de más y ejercítate regularmente: ambas cosas ayudan a reducir la presión en las venas y mejoran la circulación sanguínea. Si tiendes a tener venas varicosas, las medias de compresión ayudan. Ahora existen algunas de éstas que se ven como medias normales, de muchos colores y estilos. Una vez que las várices aparecen, hay algunas cosas que puedes hacer para deshacerte de las venas visibles, o por lo menos para esconderlas.

Para venas varicosas

Los médicos hacían "ligaduras y decorticaciones venosas" que requerían anestesia general y quedarse en el hospital varios días. Esta forma de tratar las várices se considera obsoleta y ya no se utiliza hoy en día. En el caso de venas varicosas grandes, hay opciones muy eficaces que sólo necesitan anestesia local y un tiempo mínimo de recuperación.

- *Ablación por radiofrecuencia* (RF): la ablación por radiofrecuencia es un procedimiento ambulatorio mínimamente invasivo que realiza un cirujano vascular (especialista en venas). El médico hace una pequeña incisión en la piel cerca de la vena dañada, e inserta un catéter pequeño que utiliza energía de radiofrecuencia (RF) para calentar la pared de la vena. La pared se contrae hasta que la vena queda cerrada. Una vez que se cierra la vena afectada, la sangre se redirige a las venas sanas.

- *Flebotomía transiluminada*: es una técnica quirúrgica mínimamente invasiva que se realiza con poca anestesia para extirpar venas varicosas. El cirujano vascular extirpa la vena con un instrumento eléctrico pequeño mientras la observa utilizando una luz brillante que pasa por debajo de la piel. Este método permite al cirujano extirpar venas con una cantidad mínima de incisiones en muy poco tiempo. Aunque esta técnica se usa para extirpar la vena, es muy superior a las ligaduras y decorticaciones venosas que antes eran la única opción. El periodo de recuperación es de varios días.

Para venas de telaraña

Se ven como garabatos pequeños de color rojo, azul y violáceo, y son en realidad capilares agrandados. Desaparecen con el tratamiento, pero aparecen otras nuevas. Las venas de telaraña casi siempre son de origen genético. Tendrás que lidiar con ellas cada dos o tres años. Las venas de telaraña no son un problema de salud, razón por la que las compañías de seguros comúnmente no cubren el costo del tratamiento.

Soluciones: éstas son las soluciones más eficaces para resolver el problema de las venas de telaraña.

- *Escleroterapia*: se considera la mejor opción para tratar las venas de telaraña. Se emplea una aguja diminuta para inyectar una solución salina en la vena; dicha solución provoca la retracción de la vena hasta que desaparece de la superficie de la piel. La sangre se redirige a través de nuevos capilares. Es posible que tengas que realizarte el tratamiento de nuevo en algunos años, ya que de seguro se formarán nuevas venas de telaraña.
- *Terapia láser*: el tratamiento con láser, al igual que los que se emplean para reparar los capilares rotos de la cara, puede reparar también las venas de telaraña. Estos tratamientos se utilizan en combinación con la escleroterapia para obtener mejores resultados. Por lo general se necesitan varias sesiones.

Levanta las piernas, si deseas evitar la cirugía

Una manera sencilla y eficaz de prevenir o reducir los problemas en las venas de las piernas consiste en acostarse en el suelo (sobre el tapete de yoga) con el trasero apoyado en la pared y levantar las piernas en posición recta. Si es demasiada carga para la espalda, descansa las piernas en una silla o en ángulo, con los pies apoyados en la pared. Quédate en esa posición diez minutos. Si puedes, medita, relájate, piensa qué bien se siente que la sangre vuelva a circular por las piernas. Es un magnífico estimulante para la tarde, que alivia la hinchazón de los pies, tobillos y piernas.

O solo cúbrelas

Siempre puedes utilizar maquillaje de piernas o un buen autobronceador para cubrir las imperfecciones. Una capa oscurece el tono de la piel en la medida suficiente para que las venas sean menos perceptibles, o puedes utilizar un bronceador de piernas, que te ayudará a camuflar las venas. Prueba un producto humectante que te dé un bronceado gradual.

Productos recomendados:

Algunos humectantes que dan color son:

- Jergens Natural Glow Daily Moisturizer.

- Neutrogena Summer Glow SPF 20.
- Aveeno Continuous Radiance Moisturizing Lotion.

Algunos autobronceadores son:
- L'Oréal Paris Sublime Bronze Luminous Bronzer Self-Tanning Lotion (que ofrece bronceado progresivo e instantáneo). .
- L'Oréal Sublime Tanning Towelettes.
- Cualquiera de los productos bronceadores de Clarins (siempre con FPS) .

Algunas opciones de maquillaje de piernas son:
- Sally Hansen Airbrush Leg Makeup.
- Scott Barnes Body Bling (en Victoria's Secret).

Manos arriba

Nuestras pobres manos trabajan demasiado y se resecan con las lavadas (pero sigue lavándolas) y por fregar platos. Rara vez les aplicamos protector solar y, excepto en invierno, están expuestas a la intemperie, solas y sin protección. Es hora de tratarlas bien. Protégelas todos los días con filtro solar. Para mejorar la apariencia huesuda o venosa de las manos, usa rellenadores, como Restylane o Sculptra.

Para las manchas marrones, aplica crema de hidroquinona en las manchas y luego un poco de retinoide encima.

Productos recomendados:
- Neutrogena Age Shield Hand Cream SPF 30.

No laves los platos sin ponerte guantes de hule y procura tener botellas pequeñas de humectante de manos en todos los lavabos de la casa. Cada vez que te laves las manos, huméctalas.

Los pies también necesitan cuidado

Dedica tiempo a dar a los pies el mismo tratamiento que al resto de la piel. Frota los pies con exfoliante corporal y talla los talones con piedra pómez cuando están mojados. Sécalos y huméctalos. Si están muy resecos, aplica masaje con crema enriquecida para pies por la noche y utiliza calcetines de algodón delgados para mantener la humectación. Ve a una pedicura profesional cada dos semanas durante el verano y una vez al mes el resto del año. Los pies estarán listos para las sandalias... y para correr.

Más allá de una piel bonita, hablemos de una piel sana

Hay algunas afecciones de la piel que ocurren con mayor frecuencia después de los cincuenta.

Psoriasis

Es una enfermedad común de la piel en personas mayores de cincuenta años. Se manifiesta como manchas rojas del tamaño de una moneda pequeña que tienen una cubierta escamosa delgada de color blanco platinado. A menudo forman placas irregulares grandes que dan comezón, son descamativas y molestas. Las mujeres con psoriasis pueden tener mayor riesgo de diabetes y presión arterial alta, probablemente por la inflamación que produce la enfermedad de la piel. El tratamiento es generalmente tópico.

Eccema

Eccema es un tipo de irritación de la piel que puede ser crónico, pero las formas temporales aparecen por contacto con una sustancia que provoca irritación, como el maquillaje. La piel se enrojece, se inflama y da comezón. No es una infección, sino una reacción. Puede aparecer en cualquier parte del cuerpo. Por lo general se recetan cremas esteroides y no esteroides para combatirla.

Herpes

El herpes zóster es una infección de los nervios causada por el virus de la varicela, que se queda en estado latente en el cuerpo si la persona afectada tuvo alguna vez la enfermedad. Sin embargo, se reactiva como herpes muchos años después, en especial en las personas mayores de sesenta años. Comienza como una erupción de ampollas pequeñas que arden, dan comezón y son dolorosas. El tratamiento incluye lociones calmantes, antibióticos, analgésicos, medicamentos antivirales y algunas veces hasta calmantes para el dolor si la molestia es muy intensa. La erupción desaparece con el tiempo, pero el dolor dura muchos meses, incluso años. Un ataque de herpes zóster generalmente deja a la persona vacunada contra futuros ataques, pero hay una vacuna eficaz que se recomienda para personas mayores de sesenta años (ver el capítulo I).

Cáncer de piel

El de piel es el tipo más común de cáncer. La Skin Cancer Foundation me dio algunos datos que deben considerarse:

- El de piel es el tipo más común de cáncer en Estados Unidos.
- Cada año hay más casos nuevos de cáncer de piel que el total combinado de cáncer de mama, próstata, pulmón y colon.
- Contrario a la creencia popular, sólo 23 por ciento de la exposición vitalicia al sol ocurre antes de los dieciocho años, por lo que la protección solar es un compromiso de por vida.

Tres tipos principales de cáncer de piel

Carcinoma de células basales

El más común de todos los cánceres de la piel. Afecta a casi un millón de personas al año. Si se detecta a tiempo, el índice de curación es superior a 95 por ciento. Aparece casi siempre en las zonas del cuerpo que se han expuesto al sol y es más común en personas mayores de cincuenta años. Si tienes una herida abierta que no cierra, una mancha rojiza o una protuberancia brillante en la piel que no desaparece, consulta a tu dermatólogo.

Carcinoma de células escamosas

El segundo tipo de cáncer más común en su estado precanceroso puede parecer una mancha roja escamosa. Es también uno de los cánceres más peligrosos y si se deja sin tratar, se puede extender a otros tejidos y órganos y ser mortal. Por lo general aparece años después de la exposición al sol, sobre todo, en partes del cuerpo que se han expuesto. Este cáncer es curable en 95 por ciento de los casos si se detecta a tiempo. La queratosis actínica se manifiesta como manchas escamosas precursoras del carcinoma de células escamosas. Lo mejor que puedes hacer es librarte de ellas con tratamiento. La terapia fotodinámica (TFD) es el tratamiento más común, el cual consiste en pintar zonas con una sustancia química fotosensible que luego se activa con una luz.

Melanoma maligno

El tercer tipo de cáncer de piel más común y mortal es el melanoma. Los síntomas a los que debes prestar atención se encuentran en la lista de evaluación ABCD (más adelante). El melanoma es responsable de 5 por ciento de todos los cánceres de piel y se debe a factores genéticos y a múltiples quemaduras solares. Se asemeja a una mancha marrón o negruzca, plana o levantada. Por lo general tiene bordes desiguales y más de un color. Aparece comúnmente en las partes del cuerpo que se han expuesto al sol, pero puede presentarse en cualquier lado, por ejemplo, el cuero cabelludo, las palmas de las manos, las plantas de los pies e incluso en los genitales. El melanoma casi siempre se desarrolla en un lunar que ya existía, pero también puede aparecer en piel que tenía aspecto normal.

Conoce el ABCD

De acuerdo con la American Cancer Society, casi todos los cánceres de células escamosas y basales se curan si se detectan y tratan a tiempo. Si el melanoma se detecta en sus primeras etapas y se trata adecuadamente, también es sumamente curable. Lo más importante que podemos hacer por nuestra piel es practicarnos un examen mensual con mucha luz frente a un espejo de cuerpo entero, para inspeccionarnos de pies a cabeza, incluso entre los dedos de los pies, detrás de las orejas y en todos esos recovecos donde el sol no nos da. Usa un espejo donde lo necesites. En concreto, busca manchas rojas o rosadas, protuberancias y manchas escamosas y evalúa el posible crecimiento o cambio de los lunares usando el método ABCD:

A. *Asimetría*: si una mitad no coincide con la otra mitad.
B. *Bordes irregulares*: si los bordes son accidentados.
C. *Color*: si la pigmentación no es uniforme, con varios grados de coloración marrón, negra o azulosa.
D. *Diámetro*: si el tamaño es mayor que la goma de un lápiz.

Si un lunar satisface alguno de los criterios anteriores, consulta a un dermatólogo cuanto antes. Es posible que el melanoma no tenga ninguna de estas características comunes, por lo que debes prestar mucha atención a nuevas protuberancias o cambios de la piel.

Ve a que te hagan un examen anual de la piel, sin falta

Un buen dermatólogo no sólo puede quitar esos molestos capilares rotos y líneas finas, sino que también puede revisarte todo el cuerpo, de la cabeza a los pies, cada año, para buscar señales de un posible cáncer. Muchos de estos cánceres crecen despacio, así que es muy posible que tu médico los detecte en una etapa temprana.

Actúa

Tenemos más de cincuenta años. De niñas y jóvenes creíamos que broncearse era divertido y que las mejores vacaciones del mundo eran tomar una piña colada en algún lugar del Caribe, en una silla de playa, bajo el sol (sí, sí, eso sigue sonando bien). No nos importaba ponernos bloqueador solar hasta que el daño estaba hecho. Nuestra responsabilidad ahora es asegurarnos de estar siempre alertas, buscar señales y reducir al mínimo el daño futuro. Nuestra otra gran tarea es ayudar a la siguiente generación a entender el error de nuestros hábitos. Dile a tus hijas, sobrinas y nietas que no siempre fuimos tan inteligentes como parecemos. Conforme se adelgaza la capa de ozono más rayos peligrosos UVB y UVA llegan a la Tierra y afectan a todos los que la habitamos, así que es probable que la incidencia del cáncer de piel vaya en aumento. Haz todo lo que sea posible para prevenir lo que se pueda prevenir y arreglar lo que se pueda arreglar. La siguiente es una lista de lo que puedes hacer ahora:

- Limita el tiempo que pasas bajo el sol.
- Usa filtros de protección solar.
- Cúbrete.
- Evita las camas de bronceado.
- Examina la piel cada mes e informa a tu médico si observas algún cambio.
- Usa anteojos de sol.
- Usa productos con retinoides.
- Exfóliate.

CAPÍTULO 8

Encara los hechos

Cuando se trata de maquillaje, menos es más

¿Adónde te fuiste, Helena Rubinstein?

Uno de los recuerdos más vívidos de mi infancia es el de entrar a escondidas en la habitación de mi madre para contemplar las maravillas de su kit de maquillaje: el rímel de Helena Rubinstein que venía en un tubito dorado, los labiales de color rojo intenso de Cover Girl, los pequeños lápices delineadores de cejas de Maybelline y, por supuesto, la crema limpiadora Pond's para quitar todo lo anterior al final del día. ¡Ay, la vida era más sencilla entonces! Sólo existían algunas marcas de cosméticos y había suficientes opciones para hacerlo interesante, pero no demasiadas como para enloquecer.

Todo lo que necesitas es amor

La primera compra de productos de belleza que hice por mi cuenta fue de una marca llamada Love. Esta marca comenzó con el agua de colonia Love's Baby Soft y luego con el Love's Face Gel, un gel transparente que se aplicaba en la cara y se dejaba secar. El resultado final era una cara muy brillante. Todavía no entiendo qué hacía precisamente el gel, pero te puedo decir que cuando me aplicaba mi Love's Face Gel e iba a la escuela, me sentía muy bien.

Todavía me divierte arreglarme y maquillarme, en especial cuando mis hijas me ven en acción. Incluso en los días que no tengo que salir a ningún lado, me tomo unos minutos para "embellecerme". Como estoy incorporando otras actualizaciones poscincuenta a mi vida, sé que es buen momento para encontrar una apariencia definitiva que esté entre mis experimentos con el Love's Face Gel y el siempre confiable kit de maquillaje de mi madre.

¡Vamos a maquillarnos!

Aunque sea muy divertido, éste será el capítulo más breve de todo el libro, porque mientras menos nos maquillemos después de los cincuenta años, mejor nos veremos. Estudié las revistas y anoté sus sugerencias; permití que consultoras expertas en las tiendas departamentales más exclusivas me "arreglaran". También aprendí técnicas profesionales de los maquillistas con más experiencia en el país. Y pasé horas frente al espejo del baño probando diferentes productos (muchos deleitaron y a veces horrorizaron a mis hijas). Probé muchos estilos y productos para mis amigas y obtuve muchas reacciones. ¡Adivina lo que descubrí después de casi un año de "investigación"! Mientras menos maquillaje use, mejor (y me atrevo a decir, más joven) me veré.

Esconde la verdad

En mi juventud, usaba un corrector para esconder los barros que me salían de vez en cuando y que gracias a la menopausia, ya no padezco. Sin embargo, durante mi investigación de maquillaje, fui a una de las tiendas departamentales más elegantes de Nueva York para hablar con alguno de sus consultores de belleza. Un joven de apariencia pensativa se ofreció a ayudarme, y le conté que estaba haciendo una investigación: ¿cuáles son los productos básicos de tratamiento para una mujer de más de cincuenta años? La primera palabra que salió de su boca fue: corrector. El corrector es la clave, me dijo. ¿La clave de qué?, quise saber. De un rostro fino. (¿Un rostro fino? Ah.)

Para demostrarlo, me aplicó corrector no sólo debajo de los ojos, sino también alrededor de la nariz y en lugares que jamás se me hubiera ocurrido ponérmelo. Encima de la crema, aplicó base. Y luego, más corrector, un poco de rubor, maquillaje de ojos, un poco de polvo y *voilà*. Me pasó un espejo.

Miré fijamente la imagen del espejo. Me veía diez años más vieja. El corrector pregonaba a gritos: ¡Alerta de arrugas! ¡Alerta de arrugas! Como es evidente, el joven nunca había oído que "menos es más". Con un ademán de dignidad, me puse los anteojos oscuros, le di las gracias al joven meditabundo y salí, prometiendo no volver a ponerme corrector en la cara jamás.

Una mejor consultora de belleza

Poco después de mi cita con el joven consultor de belleza y su corrector fui a ver a Diane von Furstenberg, que nos aconsejará sobre moda intemporal en el capítulo 10. Si alguien ha sabido cómo lucir un rostro fino a través de los años, es ella. En 1976, cuando yo todavía estaba en la universidad, Diane ya era dueña de su propia empresa, había diseñado uno de los estilos de ropa más exitosos (el vestido drapeado), había salido en la portada de *Newsweek*, era una belleza exótica y era el ídolo de toda mujer joven. Queríamos vernos como ella, vestir como ella y ser ella. Compré su primer libro: *Diane von Furstenberg's Book of Beauty*, en el que revelaba a sus numerosas admiradoras los rituales de belleza que seguía para el cuidado de la piel y el cabello, maquillaje y ejercicio. Conservé ese texto y seguí los consejos de Diane a lo largo de muchos novios, trabajos, departamentos y aventuras. Diane, sorprendida y halagada de oír que aún tenía el viejo libro después de tantos años, conversó conmigo sobre las rutinas de belleza que recomendaba entonces, si éstas habían sobrevivido a la prueba del tiempo y si aún nos sirven ahora que tenemos más de cincuenta años.

Las reglas de belleza de Diane von Furstenberg, entonces y ahora:

- *Una mujer es más atractiva cuando es ella misma, se ve natural y no altera demasiado su apariencia.* Una vez que te has puesto el maquillaje, ya sea de día o de noche, olvídate de él. Si sales, lleva contigo un lápiz labial y un pequeño espejo para retocarte después de comer, pero eso es todo.
- *Maquillarse debe ser divertido.* Ve a una tienda departamental y prueba lápices labiales y sombras de ojos. Permite que las consultoras de belleza de la tienda te maquillen de vez en cuando. Prueba nuevas cosas y disfruta.

- *Humecta la cara y déjala descansar.* El maquillaje lucirá mejor si dejas que la crema humectante se absorba mientras te vistes o haces algo más (¿unas lagartijas, tal vez?).
- *Prepárate para la ceremonia de maquillaje.* Piensa en el maquillaje como un ritual y prepárate. Echa el cabello hacia atrás para que toda tu atención se centre en el rostro y que comience la diversión.
- *Empieza tu día con un maquillaje ligero.* Siempre podrás aplicarte más de todo en el transcurso del día.
- *El maquillaje es una ilusión.* Lo más importante del maquillaje es aprender el principio de luz y sombra: la luz resalta una zona, la sombra la disimula. Destaca tus mejores rasgos con colores claros y disimula lo que menos te guste con colores oscuros.
- *Aplica el maquillaje con buena luz.* Cuando termines, examina el rostro bajo otras luces, en especial la luz natural, para asegurarte de que no te hayas maquillado de más.
- *Quítate el maquillaje en cuanto llegues a casa para que la piel respire.*

Incluso si vas a salir de nuevo por la noche, desmaquíllate, exfóliate con una toallita y tal vez tengas tiempo de ponerte rebanadas de pepino o bolsitas de té frías sobre los ojos unos 5 o 10 minutos, para luego volver a aplicar la crema humectante y dejarla que se absorba bien antes de maquillarte. Esto no sólo te da un nuevo comienzo con el maquillaje, sino que es una gran manera de recargar energía.

- *No tardes más de media hora en vestirte y arreglarte para la noche.* De esta manera, no lo pensarás ni te maquillarás de más.
- *Deja unos minutos extra para corregir.* Revisa el maquillaje una última vez bajo diferentes luces y espejos. ¿Contenta? Pues sal, pásatela bien y no te preocupes más.

Que venga la brigada de belleza

Las reglas de Diane, que he seguido fielmente desde hace más o menos tres décadas, siguen siendo mi guía general de belleza, pero quería actualizar los detalles. ¿Qué colores, por ejemplo, son los más favorecedores para nosotras ahora? ¿Debemos utilizar polvos o cremas? ¿Qué hacemos con los cambios en el tono de piel? Oh, bueno, está bien... ¿y con las arrugas?

Salí en busca de ayuda. Una muy buena ayuda.

Primera parada: Laura Geller

Laura Geller es la fundadora del Laura Geller Studio y es la creadora de su propia línea de maquillaje. Sus productos se venden en tiendas departamentales en Estados Unidos, por internet y en un canal de compras desde el hogar en el que ella presenta programas a menudo. Había visto a Laura en la televisión algunas veces y siempre me había impresionado su habilidad para relacionarse con su público. Las mujeres llaman al programa sólo para hablar con ella. Es de ese tipo de personas que siempre te hacen sentir bien.

La belleza según Laura

Laura cumplió cincuenta años poco antes de que nos reuniéramos, y quiso comenzar con algunos pensamientos generales sobre la belleza para mujeres de más de cincuenta años.

- *Ama tus arrugas.* Son la historia de tu vida. El maquillaje jamás cubrirá o esconderá las arrugas. De hecho, algunos maquillajes, si no se aplican apropiadamente (como el corrector, ¿cierto?) destacan las arrugas y las líneas de expresión. El papel del maquillaje es realzar la salud de la piel y su belleza natural.

- *Cuando te maquilles, luce como si no estuvieras maquillada.* Si el maquillaje es demasiado evidente o muy intenso, sólo servirá para quitarte belleza natural y te hará verte más vieja.

- *Diviértete con el maquillaje, pero primero encuentra una apariencia básica.* Perfecciona esa apariencia básica que te hace sentir sensacional y que puedes lograr en 5 minutos y construye a partir de ahí.

- *El corrector es tu amigo, pero sólo donde, cuando y si lo necesitas.* A los dos minutos de conocer a Laura, le conté de mi miedo al corrector. Ella comprendió. El corrector tiene su lugar en nuestro kit de maquillaje, pero mientras menos se utilice, siempre será mejor y algunas veces no se necesita para nada.

- *Usa brochas y esponjas especiales para aplicar maquillaje.* Nunca te lo pongas con los dedos. Las brochas y aplicadores de maquillaje son tan importantes como el propio maquillaje.

- *Resalta las cejas.* Las cejas enmarcan la cara.

- *No te olvides de cejas, delineador de ojos y pestañas.* Rellenar las cejas, delinear la base de las pestañas (arriba y abajo) y agregar una capa de rímel son cosas que por ningún motivo debes dejar de hacer. Las cejas enmarcan el rostro, el delineador acentúa y mejora la forma de los ojos y el rímel hace que resalten.

- *El lápiz labial es pura diversión.* Los lápices labiales que humectan y dan brillo son lo mejor para las mujeres de más de cincuenta años. Los colores más claros y rosados son lo más recomendable para uso diario. Evita los labiales pesados de colores fuertes y trata de no exagerar con el delineador de labios. El contorno oscuro por fuera está pasado de moda.

- *El rubor es una gran herramienta en pocas cantidades.* Sin importar la sombra que utilices (rosa, malva, durazno, bronce o una combinación) debe darle un brillo ligero y saludable al rostro y cierta definición a las mejillas.

Cómo logar una apariencia sencilla de todos los días

Necesitamos que el maquillaje:

- Sea fácil y rápido de aplicar.
- Le dé una apariencia resplandeciente y saludable a la piel.
- No se vea reseco y apelmazado.
- Utilice colores que favorezcan a cualquiera.
- Dure todo el día y pueda intensificarse por la noche.
- Nos haga ver sensacionales.

No es pedir demasiado, ¿o sí?

Estos productos son la base de un rostro fabuloso

Fijador de maquillaje

Es un gel o crema a base de silicona que va después de la crema humectante y prepara la piel para la base. El fijador de maquillaje suaviza las arrugas y los poros para que el maquillaje no se asiente en las líneas y crea una barrera que mantiene la humedad de la piel y fija el maquillaje.

Base

Para evitar una apariencia de "maquillaje pesado", procura ponerte una capa muy ligera y escoge un color que sea lo más parecido posible al tono natural de tu piel. Algunas buenas opciones son la base en crema, humectante con color, polvos minerales o una base en polvo compacto (la opción favorita de Laura para mujeres de más de cincuenta años); deben poder aplicarse fácil y rápidamente.

Corrector

Hay maneras y zonas donde aplicar el corrector que son eficaces.

Utilízalo solo si lo necesitas, cuando lo necesites y donde lo necesites. Lo que no puedes hacer es ponértelo en todos lados (como hizo el consultor de belleza).

Úsalo siempre después de aplicar la base, ya que quizá no lo necesites.

Necesitas dos correctores: uno para las ojeras, que será más ligero y cremoso, y otro para cubrir imperfecciones de la piel, manchas por la edad y capilares rotos, que será más espeso para que dure más y dé una mejor cobertura.

Usa la cantidad más pequeña posible y aplícalo con un pincel específicamente hecho para aplicar el corrector.

Rubor

Para la mayoría de nosotras, una sombra rosada de rubor, aplicada debajo de los pómulos será lo más favorecedor, pero también puedes utilizar un bronceador en polvo en lugar de rubor para que te dé un tono saludable más luminoso y veraniego. Laura prefiere trabajar con rubor y bronceador en polvo. La aplicación es sencilla. Succiona las mejillas para hallar la parte inferior de los pómulos y utiliza la brocha para aplicar el rubor hacia arriba y hacia fuera a lo largo del hueso hasta un poco más arriba de la ceja, casi como una letra C. Después de aplicarlo, toma una esponja, humedécela ligeramente con agua o humectante y date toques ligeros (no lo frotes) en toda la cara para combinar todo.

Sombras de ojos

Usa sombra de ojos mate. Evita no utilizar nada con brillo o demasiado resplandor (es para personas más jóvenes). Los marrones y colores crema son sombras que favorecen a todas para uso diario. Un color neutro es mejor para todo el párpado, con un color más oscuro en el pliegue.

Delineador de ojos

El delineador de ojos es una de las claves de una apariencia maravillosa. Define los ojos, los resalta y te hace lucir fabulosa. Laura prefiere delineadores líquidos, porque no se corren y duran todo el día, pero también se necesita pulso firme y un poco de práctica para aplicarlos, por lo que te recomiendo probar primero con lápices. Traza una línea delgada y suave, pero asegúrate de trazar toda la línea de nacimiento de las pestañas, en la parte superior e inferior de los párpados. No comiences la línea a la mitad del párpado superior, como proponen algunos artistas del maquillaje. El negro puede ser demasiado duro para el día, así que un tono chocolate o carbón van mejor en el día.

Rímel

Aplica una o dos capas de rímel en las pestañas del párpado superior únicamente, pero para la noche, también aplícalo en el párpado inferior para añadir un poco de dramatismo. El negro es el color universal perfecto para el rímel, pero las mujeres muy rubias pueden preferir un color marrón. Algunas nacen con pestañas largas y rizadas, pero la mayoría de nosotras nos beneficiamos de un instrumento de belleza indispensable: el rizador de pestañas. Utiliza acondicionador de pestañas primero (prepara las pestañas para el rímel y ayuda a hacerlas más espesas, con menos grumos), rízalas y luego aplica el rímel. Hará un mundo de diferencia en cómo se ven las pestañas.

Cejas

Usa un lápiz, pincel o gel para cejas para añadir color a éstas y rellenar los espacios donde sean escasas. Depílate las cejas si es necesario, pero ten en cuenta que la piel puede enrojecerse.

¿El resultado?

Laura utilizó productos de su propia línea cuando me maquilló y el resultado final fue hermoso: saludable, suave y muy favorecedor. La base en polvo compacto (Balance-n-Brighten, que tardó menos de 20 segundos en aplicar) cubrió las imperfecciones (¡y resultó que no necesitaba corrector!). Mi nuevo producto favorito de belleza, el Bronze-n-Brighten de Laura le dio a mi piel un lindo brillo. Estos dos productos son mis predilectos para el uso diario. Laura es un genio.

Una mujer obsesionada

Más tarde esa noche, cuando logré alejarme del espejo donde admiraba mi nuevo rostro recién maquillado, me senté con mis hijas Sarah y Elizabeth, muy conocedoras de la moda, a ver el último capítulo del programa *What Not to Wear* en The Learning Channel. En este programa, alguien es nominado en secreto por amigos y familiares para que le hagan un cambio de imagen completo, de pies a cabeza. Este segmento específico del programa se dedicó a una mujer que jamás se había maquillado. Después de que Stacy London y Clinton Kelly terminaron de impartir su sabiduría de estilo, llegó el turno de Carmindy para darle la famosa *apariencia Carmindy.*

Mientras la mujer se hallaba sentada en una silla con los brazos cruzados y una expresión de determinación inquebrantable a no permitir que la maquillaran, Carmindy apareció, le regaló una enorme sonrisa y le dio un abrazo muy fuerte. La angustia de la mujer se desvaneció claramente, dejó caer los brazos a los lados y dijo que estaba lista para un cambio. Carmindy no sólo le dio una nueva apariencia, sino que también le enseñó a recrearla en casa, y cómo lograrlo de forma sencilla y rápida. Mientras veía cómo se desarrollaba este drama de cambio de imagen, recordé el primer libro de Carmindy, *The 5-Minute Face*, y me di cuenta de que había encontrado a otra magnífica experta.

¡Eres bellísima!

Lo primero que me dijo Carmindy cuando me conoció fue: "¡Eres bellísima!". "No", respondí: "*Tú* eres bellísima". Y así estuvimos intercambiando elogios por un rato hasta que fuimos al grano. Carmindy es despampanante. Tiene un hermoso aspecto californiano de cabello rubio, ojos azules y apariencia fresca, usa una mínima cantidad de maquillaje y exuda afecto y sinceridad.

Comenzamos a hablar de todas las mujeres que conocíamos que son exitosas, inteligentes y bellas, pero optan por centrar la atención en sus aspectos negativos: las bolsas debajo de los ojos, los kilos de más, el cabello que se encrespa en clima húmedo, o en cualquier otro "negativo de belleza" que tengan. Todas hemos caído en esto. Hace años, Carmindy se dio cuenta de que ella también lo hacía y decidió hacer algo al respecto.

Se le ocurrió el simple acto de elogiar a otras mujeres. Lo hace todo el tiempo ahora. Dile a la próxima mujer que veas qué bonito se le ve su cabello o lo bien que le queda el vestido, o lo que sea que pienses, sinceramente, que puedes elogiarle y verás lo que pasa. Cuando una mujer se siente mejor sobre ella misma, se muestra más abierta a elogiar a otra mujer. Y así se sigue. Esto es lo que Carmindy llama "elogio contagioso". Es su intento básico por ayudar a las mujeres a reconocer su propia belleza. ¿El resultado?

Mujeres más seguras de sí mismas, sensuales y felices de ser lo que son. Es contagioso.

Realmente bella en cinco minutos

Me encanta la actitud de Carmindy, como también me fascina su método sencillo, sin complicaciones para maquillarse. Tiene una estrategia ágil de cinco minutos para mujeres de más de cincuenta años que quieren verse maravillosas en poco tiempo.

Los mejores consejos de Carmindy para mujeres de más de cincuenta años:

- *Usa maquillaje para realzar quien eres ahora.* No intentes verte más joven.
- *No te tatúes el maquillaje en la cara,* como el delineado permanente de cejas y pestañas.
- *Aléjate de cualquier cosa que brille en la cara.*
- *Si tienes los ojos caídos, prueba el rímel a prueba de agua.* No se corre.
- *Usa un espejo de aumento.*
- *Blanquea los dientes,* ya sea con tu dentista o con los productos para blanquearlos en casa.

- *Crea un levantamiento facial en 5 segundos.* Después de aplicar la base, toma un corrector de color claro (uno con tonos rosas sería mejor) y aplícalo con toquecitos ligeros en los pliegues que salen del lado de la nariz hasta la comisura de la boca (los pliegues nasolabiales). Haz lo mismo con la comisura exterior de cada ojo hacia el final de las cejas en forma de C. Difumina la crema con el dedo anular. Esto "levantará" las comisuras exteriores de los ojos y los pliegues alrededor de la boca y se verá tan bien como si te hubieras hecho "algo", sin cirugía, ni costos o tiempo de recuperación. Sí, sólo necesitas cinco segundos. Y funciona.

Tu estrategia de maquillaje:

Conforme envejecemos sucede algo curioso: mientras menos maquillaje usemos, mejor nos vemos y necesitamos menos tiempo para arreglarnos. En seguida te digo cómo verte bonita en minutos con una combinación de consejos de Laura Geller y Carmindy.

Sus recomendaciones fueron muy parecidas, excepto que a Laura le gusta la base en polvo compacto y el rubor, y Carmindy prefiere la crema. Probé todo y usé ambas técnicas con excelentes resultados.

Corre el cronómetro

Fijador de maquillaje

Toma una porción de fijador de maquillaje del tamaño de un chícharo y aplícala en toda la cara, incluso sobre los labios y párpados.

Base

Unta una esponja con base o humectante con color y aplícala con toquecitos ligeros en toda la cara, centrándote en las áreas que más lo necesitan: sobre zonas enrojecidas, alrededor de la nariz, en los párpados y debajo de los ojos. Difumina la base por toda la cara, con movimientos descendentes, incluso debajo de la barbilla. Si necesitas cubrir un poco más, aplica con la esponja para cubrir con suavidad la piel. Usa una cantidad del tamaño de una moneda pequeña o menos para toda la cara. Si te gusta la base en polvo compacto, aplícala con la brocha en movimientos circulares sobre la cara; aplica más si es necesario, pero difumínala con la brocha. No exageres con la base. Menos es más.

Corrector para ojos

Después de aplicar la base debajo de los ojos, es posible que no necesites corrector. Si es así, usa pincel delgado y aplica una pequeña cantidad de corrector ligero junto a las comisuras interiores de los ojos y difumínalo con movimientos descendentes hacia la mejilla con el dedo anular, sin acercarte a la nariz. Si necesitas más debajo de los ojos, utiliza el pincel (o el dedo) sin agregar más producto y da toquecitos suaves a lo largo, lo más cerca de las pestañas que sea posible, sin tirar de la piel.

Corrector de manchas

Para cubrir imperfecciones, manchas marrones y capilares, aplica el corrector sobre las manchas visibles con el pincel aplicador y luego usa el dedo anular para difuminarlo y que no se vean las manchas ni el corrector.

Resaltador

Ésta es el arma secreta de Carmindy para maquillar la cara en 5 minutos. El resaltador debe ser aperlado, y para la piel madura, por lo general un color crema es mejor. Con el pincel del corrector, un hisopo o el dedo anular aplica el resaltador en estas tres áreas solamente: debajo de las cejas, en la comisura interior de los ojos junto a los conductos lagrimales y en los pómulos. Difumina suavemente. El resultado final será un brillo luminoso en todos los lugares correctos. Para los pómulos: coloca dos dedos lado a lado debajo de la comisura exterior del ojo. Ahí es donde debes ponerte el resaltador.

Rubor

Aplica rubor (en crema o polvo) de tal manera que parezca un rubor natural. Aplica debajo de los pómulos con movimientos hacia fuera y hacia arriba. Usa una brocha especial para rubor para aplicarlo. Si te pusiste demasiado rubor, utiliza un poco de base en la esponja y con movimientos ascendentes, pasa la esponja para suavizar la intensidad del rubor.

Polvo traslúcido

Úsalo sólo si lo necesitas. No conviene agregar más color a la cara, sino fijar todo para que se quede en su lugar. La tendencia moderna es usar menos polvo y así la piel queda más húmeda. El polvo compacto es más fácil de controlar que el suelto. Introduce la

Los consejos de Carmindy para tener cejas hermosas

Arreglo:

- Cepilla las cejas hacia arriba, y recorta los vellos rebeldes con unas tijeras de manicure.
- Encuentra el punto de inicio: coloca un pincel verticalmente de modo que toque el costado de una de las fosas nasales. Mantén el pincel recto. Ahí es el punto donde la ceja debe empezar: alineado con el costado de la fosa nasal. Haz esto en cada lado. Si necesitas depilar algunos vellos para tener este punto de inicio, hazlo.
- Encuentra el punto final: toma el pincel de nuevo y apóyalo en la nariz. Describe un ángulo hacia la comisura exterior del ojo. El punto donde el pincel toque la ceja es exactamente donde ésta debe terminar. Depila los vellos que rebasen este punto.
- Recomendación: un profesional debe dar forma a las cejas la primera vez y luego ya podrás hacerlo tú sola.

Relleno:

- Una vez que las cejas estén bien arregladas, usa alguno de los productos (polvo, lápiz o gel) para rellenar y darles forma. Ten mucho cuidado con cómo lo haces para que no acabes viéndote como Groucho Marx.

Algunos consejos:

- ¿Qué color? Pelirrojas: un color arena claro; rubias: el mismo tono del color más oscuro del cabello; trigueñas y de pelo negro: un tono más claro que el color natural del cabello.
- ¿Qué producto? Polvo: aplícalo con un pincel pequeño y angulado, haciendo movimientos cortos y rápidos; lápiz: rellena los huecos de las cejas y extiende ligeramente éstas si es necesario, con movimientos cortos y rápidos; gel: se asemeja al rímel y puede tener color o no; realiza movimientos cortos hacia arriba.

brocha en el polvo, agítala para desprender el exceso de polvo y aplícalo con suavidad en la nariz, barbilla y sobre los párpados, sin tocar las mejillas.

Sombras de ojos

Una vez que te hayas puesto el resaltador, podrías omitir la sombra de ojos durante el día, para tener una apariencia agradable y ligera. Pero si quieres un poco más de impacto, toma un pincel para sombras de ojos, pásalo por un color neutro (el tono natural de la piel es una buena opción, o un color crema o beige) y aplícalo con suavidad sobre el párpado hasta casi llegar al hueso de la ceja, arriba del pliegue. Toma el pincel, límpialo con un pañuelo y pásalo por los párpados para difuminar la sombra. ¿Quieres más dramatismo? Agrega un poco de color oscuro en el pliegue.

Delineador de ojos

Cualquiera que sea el delineador que utilices (líquido, en lápiz o en gel), el objetivo es aplicarlo a lo largo de la línea de nacimiento de las pestañas, superior e inferior, y tan cerca de las raíces de las cejas como sea posible. Es más fácil y rápido utilizar un lápiz. Guarda el líquido o el gel para cuando tengas un poco más de tiempo (y después de practicar). Traza una línea delgada o los ojos se verán más pequeños. Toma un pincel delgado para suavizar las líneas que hiciste y para difuminar si es necesario. El marrón o color carbón son los mejores para el día. Guarda el negro para la noche.

Rímel

Para el día, usa rímel únicamente en las pestañas superiores. Comienza por aplicar acondicionador de pestañas y luego rízalas. No lo hagas sólo en un lugar porque no se verán naturales. Rízalas con movimientos cortos del frente a la base. No bombees el aplicador de rímel. Esto sólo provocará que el cepillo absorba rímel de más y se depositen grumos grandes en las pestañas. Limpia el aplicador con una toalla de papel (no uses un pañuelo desechable porque se rompe y los pedacitos se meterán a los ojos). Comienza lo más cerca posible de las raíces. Aplica una capa en las pestañas superiores solamente (trata de levantar el párpado con el dedo ligeramente, si te acomoda). Parpadear varias veces después de haber aplicado el rímel provoca que un poco de rímel se deposite en las pestañas inferiores, dándoles un toque de color.

Color de labios

Prefiere labiales de color claro o que sólo den brillo. Si el labial se corre, o el color se va demasiado pronto, procura utilizar un lápiz de color del labio (no uno oscuro que lo delinee) y luego aplica ungüento para labios o el lápiz labial por encima.

Agrega un poco más para una noche glamorosa

Cuando salgas por la noche, agrega un poco más de intensidad a los colores que utilizas.

- Cambia el lápiz delineador de ojos por un tubo de delineador líquido y prueba el negro o un marrón oscuro.
- Aplica un tono más oscuro de sombra de ojos en los pliegues de los párpados para darles más dramatismo, difumina todo con una brocha y extiende el color un poco más allá del pliegue.
- Aplica rímel negro a las pestañas superiores (dos capas) y a las pestañas inferiores (una capa).
- Si usas base, aplica un poco de polvo traslúcido en la zona T.
- Usa un color de labios ligeramente más oscuro (pero que siga siendo un tono rosado) y luego agrega un poco de brillo labial para que luzca aún más.
- Mírate una última vez en el espejo, ¡y para fuera, linda! Sólo lleva contigo un pequeño espejo y un labial y diviértete.

Más ligera en el verano

Durante el verano, haz más ligera la rutina de maquillaje; para ello, realiza algunos cambios sutiles y agrega más protección solar.

- Cambia a una crema humectante más ligera (loción en lugar de crema), con protección solar (ver el capítulo 7, donde encontrarás algunas recomendaciones).
- Usa un humectante con color y FPS de un tono ligeramente más oscuro, o polvo mineral con protección solar.
- Prueba el producto de Laura Geller Bronze-n-Balance como base en el verano.
- Cambia a rímel y delineador a prueba de agua.
- Prueba a utilizar bronceador en todo el cuerpo y en la cara para darles un poco de brillo dorado, sin tener que asolearte.

Lo mejor de lo mejor para después de los cincuenta años

Con el propósito de lucir formidable con un esfuerzo mínimo, he aquí la sabiduría de nuestras expertas:

- Menos es más. Usa poco maquillaje para verte más bonita.
- Usa protección solar todos los días, sean lluviosos o soleados.
- Debes tener una rutina básica de belleza que puedas llevar a cabo en 5 minutos o menos.
- Usa corrector sólo si es necesario.
- Resalta tres áreas fundamentales: debajo de las cejas, arriba de los pómulos y en las comisuras interiores de los ojos.
- Polvea solamente la zona T, si es necesario.
- Traza líneas muy finas con el delineador de ojos y sigue la línea natural de nacimiento de las pestañas, superior e inferior.
- Para uso diario, usa rímel negro o marrón y sólo en las pestañas superiores.
- Usa sombra de ojos de color neutro, extendiéndola un poco más allá del pliegue.
- Arregla las cejas.
- Usa un color rosado para las mejillas y los labios.
- Usa rubor cerca de los pómulos.
- Utiliza un delineador de labios del color de la piel para evitar que el color de los labios se corra.

Selecciona los productos

Hay tantos productos de belleza para elegir que las opciones te pueden volver loca o darte horas inacabables de diversión probando de todo. Después de muchos meses de investigación, pruebas, intentos, hablar y escuchar a las expertas (y mis amigas), éstos son los mejores productos para nosotras, de todos los precios. Donde menciono colores específicos, cualquier mujer puede usarlos y verse hermosa, pero con otros productos (como la base) depende del tono de piel de cada quien. ¡Diviértete!

Fijador de maquillaje

- Spackle de Laura Geller.
- Luminizing Face Primer de Sally Hansen Natural Beauty Inspired by Carmindy.
- Photo Finish Foundation Primer SPF 15 de Smashbox.
- Face Primer de Laura Mercier.

Base líquida

- Luminous Moisturizing Foundation de Bobbi Brown.

- Your Skin Makeup de Sally Hansen Natural Beauty Inspired by Carmindy.
- Dream Liquid Mousse Foundation de Maybelline.
- TruBlend Whipped Foundation de CoverGirl.
- Simply Ageless Cream Foundation de CoverGirl y Olay.
- Healthy Skin Liquid Makeup SPF 20 de Neutrogena.

Base en polvo

- Balance-n-Brighten de Laura Geller.
- Bronze-n-Brighten de Laura Geller.
- Ageless Minerale de Lancôme.
- Mineral Sheers Powder Foundation de Neutrogena.
- Bare Escentuals Mineral Powders.

Humectante con coloración

- Imanance Environmental Protection Tinted Cream SPF 15 de Lancôme.
- Tinted Moisturizer SPF 20 de Laura Mercier.
- SPF 15 Tinted Moisturizer de Bobbi Brown.
- Positively Radiant Tinted Moisturizer con SPF 30 DE Aveeno.
- Healthy Defense Daily Moisturizer Sheer Hint of Color SPF 30 de Neutrogena.

- Healthy Skin Glow Sheers SPF 30 de Neutrogena.

Resaltador

- Color Design Blush in Freeze Frame de Lancôme.
- Instant Age Rewind Double Face Perfector de Maybelline (usar el lado del resaltador).
- Natural Highlighter in Pink Luster de Sally Hansen Natural Beauty Inspired by Carmindy.
- Touche Éclat Radiant Touch de Yves Saint-Laurent.
- High Beam Highlighter de Benefit.
- Wonder Wand Eye Brightener (polvo) de Laura Geller.

Corrector para ojos

- Crease-less Concealer de Laura Geller.
- Skin Soothing Under Eye Corrector de Neutrogena.
- All-Over Brightener de Sally Hansen Natural Beauty Inspired by Carmindy.
- Instant Age Rewind Double Face Perfector de Maybelline (usar el lado del corrector).
- Eye Bright de Benefit.
- Creamy Concealer de Bobbi Brown.

Corrector de imperfecciones, capilares y manchas marrones

- Fast Fix Concealer de Sally Hansen Natural Beauty Inspired by Carmindy.
- Corrector de Bobbi Brown.
- ColorStay Concealer de Revlon.
- Hidden Agenda Concealer Set de Sonia Kashuk para Target.

Nota: si tomas un poco de base líquida de la tapa, la aplicas con el pincel del corrector, le das toquecitos ligeros y lo difuminas con el dedo lograrás un aspecto que funciona tan bien como el corrector.

Rubor en crema

- Pot Rouge for Lips and Cheeks de Bobbi Brown.
- Sheerest Cream Blush de Sally Hansen Natural Beauty Inspired by Carmindy.
- HiP High Intensity Pigments Blendable Blushing Cream de L'Oréal Paris.
- Simply Ageless Cream Blush de CoverGirl y Olay.
- Super Sheer Liquid Tint de Sonia Kashuk for Target.
- Dream Mousse Blush de Maybelline.

Rubor en polvo

- Blush-n-Brighten en Pink Grapefruit o Golden Apricot de Laura Geller.
- Cheekers Blush en Natural Twinkle de CoverGirl.
- Blush in Orgasm de NARS.
- Expert Wear Blush en Precious Pink de Maybelline.
- Powder Blush en Everything's Rosy de Revlon.
- Blush Subtil en Miel Glace' de Lancôme.
- Mineral Sheers Blush for Cheeks de Neutrogena.

Bronceador en polvo

- Bronze-n-Brighten in Fair or Regular de Laura Geller.

Base de sombra de ojos

- Skin Soothing Eye Tints en Petal de Neutrogena.
- Eye Spackle de Laura Geller.

Sombra de ojos

- Eye Shadow Quad de Sonia Kashuk para Target.
- Sugar Free Baked Shadow en Biscotti/Toast de Laura Geller.
- Instant Definition Eye Shadow Palette in The Mountain Palette de Sally Hansen Natural Beauty Inspired by Carmindy.

- ColorStay 12-Hour Eye Shadow Quad in Coffee Bean de Revlon.
- Mineral Eye Shadow de e.l.f.

Lápiz delineador de ojos

- ColorStay Eyeliner Pencil en marrón, carbón y azul marino de Revlon.
- Infallible Never Fail Eyeliner en marrón de L'Oréal Paris.
- Forever Stay Eye Pencil en color chocolate de Sally Hansen Natural Beauty Inspired by Carmindy.
- Powder Eye Pencil en azúcar morena y canela de Laura Geller.
- Waterproof Eyeliner Pencil en marrón de nyc.
- Ultra Luxury Eyeliner en marrón oscuro de Avon.
- Line & Seal 24 Eyeliner Pencil en carbón de Styli-Style.

Delineador líquido o en gel

- ColorStay Liquid Eye Pen en marrón ennegrecido de Revlon.
- Artliner Felt Line Tip Pen en marrón e Ice Carob de Lancôme.
- Long-Wear Gel Eyeliner en Chocolate Shimmer Ink y Graphite Shimmer Ink de Bobbi Brown.
- Dramatically Defining Long Wear Gel Eye Liner de Sonia Kashuk para Target.

Para arreglar y dar forma a las cejas

- Brow Tint/Brow Tamer de Laura Geller.
- Tinted Brow Gel de Anastasia Beverly Hills.
- Brow Pen de Anastasia Beverly Hills.
- Eye Brow Pencil de Maybelline.

Rizador de pestañas

- Rizador de pestañas Shu Uemura.

Acondicionador de pestañas

- Cils Booster XL de Lancôme.

Rímel (negro)

- Voluminous Mascara de L'Oréal Paris.
- Definicils Mascara de Lancôme.
- DiorShow Mascara de Dior.
- Great Lash Mascara de Maybelline.
- Double Extend Beauty Tubes Mascara de L'Oréal Paris.

Lápices labiales

- Creamy Lip Color en Rose Petal o Tulle de Bobbi Brown.
- Super Lustrous Lipstick (diferentes tonos) de Revlon.
- MoistureShine Lip Sheers SPF 20 en Pink Splash de Neutrogena.
- Comfort Lip Color en Perfect

Pink y Champagne Rose de Sally Hansen Natural Beauty Inspired by Carmindy.

- Moisture Plump Lip Balm en Sweet Plum de Sally Hansen Natural Beauty Inspired by Carmindy.
- Lip Colour en Pink Champagne de Laura Mercier.
- Colour Riche Lipstick en Tender Pink de L'Oréal Paris.

Acondicionador de labios

- A Kiss of Protection SPF 30 Lip Balm de Nivea.
- Beewax Lip Balm de Burt's Bees.
- Smith's Rosebud Salve.

Delineador de labios

- Lip Liner en Bare de Laura Geller.
- ColorStay Lip Liner en Natural de Revlon.
- Outlast Smoothwear Lip Liner en Nude de CoverGirl.

Brochas de maquillaje

Muchas empresas hacen magníficas brochas y pinceles. Sólo necesitas unas cuantas, así que vale la pena comprar las que son de alta calidad, ya que durarán mucho. Sólo recuerda lavarlas una vez a la semana con jabón antibacteriano para manos y agua caliente.

Las brochas que necesitas son:

- Brocha para rubor.
- Brocha para polvo.
- Pincel para sombra de ojos (para toda el área del ojo).
- Pincel para sombras del contorno de los ojos.
- Pincel para delinear los ojos con gel.
- Pincel para cejas si utilizas polvo para cejas.

Las compañías que fabrican las mejores brochas son:

- MAC.
- Sonia Kashuk para Target.
- Essence of Beauty.
- Posh.
- Bobbi Brown.
- Laura Geller.
- Consejo de Carmindy: ve a una tienda proveedora de artículos para arte. Es más barato.

Regálanos una sonrisa

¿Tus dientes aperlados realmente son de color perla? No te preocupes. Después de gastar dinero y tiempo en perfeccionar la piel y el maquillaje, no quieres tener una sonrisa con los dientes manchados. Los dientes envejecen. Mientras más café, té, vino tinto y salsa de tomate comamos y bebamos, más se mancharán los dientes y más viejos se verán. Este problema se resuelve muy fácil. Primero, cepilla los dientes y encías varias veces al día y utiliza hilo dental para mantenerlos limpios y sanos (Glide Deep Clean es el mejor). Ve a que te hagan limpieza dental y revisión por lo menos dos veces al año. Puede que experimentes un poco más de sensibilidad en los dientes después de los cincuenta años, por lo que te recomiendo usar una pasta de dientes adecuada, como Sensodyne.

Segundo, considera blanquear los dientes. Hay buenas opciones, según cuánto quieras gastar. Compra las cintas blanqueadoras de Crest, que son muy eficaces y baratas. También puedes ir con tu dentista a que te blanquee los dientes en el consultorio. O blanquéalos en casa con una solución y preparación hecha por tu dentista. Las tres opciones funcionan bien, pero el tratamiento de blanqueamiento que realiza el dentista es el más rápido, y eso es por lo que vas a pagar. Evita las pastas de dientes y enjuagues que dicen ser "blanqueadores" en las etiquetas. No sirven para nada.

Si quieres hacer un gran cambio en la apariencia de los dientes, lo que incluye tamaño, forma y color, entonces tal vez debas considerar un cambio de imagen dental completo: carillas de porcelana. Las carillas son aplicaciones serias de cosmética dental, pero si tienes los dientes astillados, superpuestos, torcidos, o con algún otro defecto, las carillas resolverán el problema a un precio considerable. Sin embargo, te durarán varias décadas.

Actúa

Debes mantener la piel saludable, el cuerpo en forma y la cara libre de maquillaje pesado; te encantará tu apariencia. Después de los cincuenta, cuando se trata de maquillaje, menos es más.

CAPÍTULO 9

No más días malos con el cabello

Hora de tirar a la basura la secadora

Se acabaron los ricitos

Siempre he tenido el cabello rebelde (hasta que aprendí a domarlo con una secadora, pero hablaré más sobre esto posteriormente). Un día cálido y húmedo de julio de 1969 en que tenía el cabello especialmente crespo y maltratado, tomé la decisión que cambiaría mi vida: mis días de ricitos se habían acabado. No sabía bien cómo se llevaría a cabo esta transformación, pero estaba segura de que ocurriría. Era la época del cabello lacio con raya en medio (como Michelle Phillips de The Mamas & the Papas). Debía tener el cabello lacio.

Para resolver el problema

Una amiga se ofreció a plancharme el cabello. Como eso no funcionó, logró aplacarlo con latas de jugo de naranja concentrado y gel. Cuando llovía, regresaba el cabello indomable, crespo y deteriorado. Lo llevé atado en una cola de caballo la mayor parte de los años setenta hasta que...

Descubrí la secadora de cabello

Para tener el cabello al estilo de "Farrah Fawcett", que era tan popular en los años setenta, tenía que dedicar 45 minutos a arreglármelo con la secadora (y lo hacía todos los días). Pero en cuanto se humedecía, aunque fuera muy ligeramente, el cabello se esponjaba y encrespaba de nuevo, y otra vez me veía obligada a aplacarlo con la cola de caballo hasta que pudiera volver a soltarlo sin peligro, en algún momento del otoño.

En los años noventa, las cosas fueron más sencillas (y más caras). El cabello lacio con luces se puso de moda. Y era imposible que uno misma lo hiciera. Gracias a mi estilista, por primera vez en mi vida tuve el cabello liso y suave como la seda. Y debido a que tenía esa terca tendencia, también debía plancharme los rizos (esta vez con una plancha para cabello). Finalmente empezó a gustarme mi cabello. Lo llevaba liso y podía dejarlo suelto, pero debía lavarlo y secarlo con la pistola de aire casi todos los días. Las nuevas tecnologías permitieron que las secadoras de cabello llegaran a altas temperaturas para producir máximo impacto (¿y destrucción?). Desde que comencé a experimentar con secadoras en los setenta, calculo que me he secado el cabello con pistola de aire durante más de treinta y cinco años. Casi todos los días.

¿Alguien dijo rizos dañados?

Gané la batalla contra mi cabello, pero perdí la guerra

Cuando cumplí cincuenta años, mi cabello saludable de la juventud era un recuerdo remoto. Los años de secarlo con pistola de aire, plancharlo, jalarlo con el cepillo, ponerme luces y lavarlo en exceso provocaron que se viera como animal arrollado en la carretera. Logré vencer a mi cabello rebelde hasta someterlo por completo.

Lo peor fue que me di cuenta de que también había estado luchando contra mi propia identidad. Desde 1969 había intentado cambiar mi cabello por algo que no era. Estaba cansada y malhumorada. Ya no quería pasar media hora frente al espejo todas las mañanas secándome el cabello con la pistola de aire. Era aburrido, tedioso y un enorme desperdicio de energía, sobre todo mía. Emprendí la búsqueda de un nuevo paradigma más sencillo en las demás áreas de mi vida desde que cumplí cincuenta y quería encontrar uno para este problema también. Pero ¿qué debía hacer?

Acudí a los expertos: charla con Ricitos de oro

Quedé de verme con mi amiga Jill para tomar café y charlar. Últimamente Jill había empezado a ir a un nuevo lugar a cortarse el cabello y se le veía sensacional: natural, no secado con pistola de aire. Me recomendó a Lorraine Massey, la mujer que dirige el Devachan Salon y autora de la nueva apariencia de Jill. Lorraine, fundadora y copropietaria de Devachan, tiene una cabellera espesa llena de rizos rubios y una idea muy clara de cómo se debe tratar el cabello: sin champú (o muy poco), sin secadora y sin peines o cepillos. En nuestro primer encuentro, Lorraine me miró con suspicacia, preguntándose si yo estaría realmente preparada para hacer de lado la pistola de aire y dejar libre a mi cabello. Me di cuenta de que ella no estaba segura al respecto. Yo tampoco estaba segura. Sabía que necesitaba un cambio y que debía rescatar mi cabello. Pero ¿sería a manos de Lorraine? ¿Y sin secadora?

Ponle fin al abuso y encuentra el tesoro escondido

Lorraine me lo explicó de la siguiente manera: si usas la pistola para secar el cabello, lo lavas en exceso y lo maltratas por décadas, ¿cómo quieres que brille? Es imposible. Los anunciantes nos han hecho creer que debemos lavarnos el cabello todos los días y aplicarnos todo tipo de productos para que se vea bien. El calor intenso de las secadoras y otros instrumentos para peinar el cabello, además de muchas sustancias químicas (sulfatos, en especial), destruyen la salud y la textura natural del cabello. Deja la dieta de uso intensivo de secadoras y champús y empezarán a aparecer en tu cabello formas y texturas hermosas. Es como un tesoro escondido. Tenemos que darnos permiso de dejar que la belleza natural aflore en lugar de tratar de darle al cabello una forma que no tiene.

¿Todavía sabes qué forma natural tenía tu cabello?

Lorraine calcula que más de 50 por ciento de las mujeres tiene el cabello rizado u ondulado. Conforme envejecemos, el cabello se va haciendo más hirsuto, sobre todo debido a las canas, así que incluso si teníamos el cabello lacio, al menos una parte acaba siendo ondulado. Muchas de nosotras maltratamos tanto nuestro cabello que acabamos por no saber cómo es realmente. Reflexiona en las siguientes preguntas para que comprendas cuánto has trabajado en contra de tu "verdadero cabello".

- ¿Necesitas secarte el cabello con pistola de aire para darle alguna forma?

- ¿Tienes una plancha de cabello?
- ¿Tienes tenazas para rizar el cabello?
- ¿Tienes en casa rulos térmicos?
- ¿Compras muchos productos de belleza para el cabello?
- ¿Se te esponja el cabello en condiciones de humedad, lluvia y calor?
- ¿Te recoges el cabello en una cola de caballo?
- ¿Tienes a menudo ese halo de cabello encrespado alrededor de la cabeza (sí, como bola de beisbol descosida)?
- ¿Vives con miedo a la humedad o la lluvia?
- ¿Piensas en tu cabello más de lo que deberías?
- ¿Constantemente buscas los últimos productos en el mercado para domar tu cabello hasta lograr someterlo?

Si respondiste que sí a alguna de estas preguntas, es muy probable que tu cabello tenga forma quebrada natural, o que lo tengas ensortijado. Si es así, acéptalo. No trates de cambiarlo. Te verás más bella y tendrás el cabello más sano. Si tienes el cabello naturalmente lacio, sigue leyendo, porque el siguiente programa para el cabello es para todos los tipos.

¡Déjalo libre! Ya sea que tengas el cabello rizado, ondulado o lacio sigue este programa y no te arrepentirás

Edward Joseph, que trabaja con Lorraine en Devachan desde hace más de diez años, es una de las personas más agradables que uno querría que le tocara el cabello. Ed me enseñó el proceso de limpieza, humectación y peinado para cualquier tipo de cabello, sea rizado, ondulado, lacio, largo o corto. Todo se reduce al mismo sencillo programa y el resultado final es fabuloso.

Tu nueva rutina para el cabello:

Productos que necesitarás:

- *Champú sin sulfatos*: los sulfatos, que son los ingredientes que causan que el champú y los detergentes produzcan espuma, son muy duros y deben evitarse.
- *Acondicionador*: este producto es el más importante de este programa, y debe usarse para humectar y dar forma al cabello y (a veces) para limpiarlo. Experimenta para ver cómo el acondicionador mejora el aspecto del cabello.
- *Productos para peinarse*: quizá no siempre tengas que utilizar productos para peinarte, pero debes tener un frasco de gel a la mano, en especial para días muy húmedos. Busca un gel que no contenga alcohol ni fragancia, que sea transparente y contenga los ingredientes PVP (polivinilo pirrolidona) y PVP/VA (acrilato de vinilo).
- *Una camiseta blanca vieja, o una toalla especial para el cabello*: ten a la mano algo absorbente para secarte el cabello con suavidad.
- *Botella atomizadora con agua y aceite de lavanda*: compra una bonita botella con atomizador, llénala de agua filtrada, agrega unas gotas de lavanda y agítala. Esto es lo que usarás para refrescar el cabello, en especial en esos días en los que no te mojas tu cabello en la ducha. *Nota al margen*: el aceite de lavanda es un repelente natural de piojos; por esa razón, a veces les rocío este aceite en la cabeza a mis hijas antes de que se vayan a la escuela o salgan de campamento.
- *Botella atomizadora con aceite de oliva y aceite de lavanda*: lo mismo

que el párrafo anterior, sólo que con aceite de oliva y una boquilla atomizadora. Úsalo cuando sientas el cabello muy seco. Rocía el cabello muy ligeramente, en especial antes de lavarlo.

- *Broches para el cabello*: compra un paquete de broches de 2.5 cm para sujetar el cabello, tanto para peinarlo como para secarlo.

Productos que definitivamente *no* necesitas:

- *Pistola para secar el cabello*: úsala lo menos posible. Mientras más "instrumentos" utilices con el cabello, más seco y dañado estará. Usa la pistola de aire sólo cuando sea necesario y a la menor temperatura posible con un difusor (para cabello rizado) o una boquilla (para cabello lacio). ¿Y las tenazas para rizar, las planchas para alaciar o los rulos térmicos? Regálalos. No los necesitas para lucir un peinado fabuloso, sin importar el tipo de cabello que tengas.
- *Cepillos y peines*: no los necesitarás, así que guárdalos. Desatarás los nudos en la ducha (con los dedos) y te "acomodarás" el cabello con los dedos para secarlo.

Regla 1:
Lávate el cabello con champú
una o dos veces a la semana
y usa solamente agua
y acondicionador los demás días

1. Aplica acondicionador en las puntas del cabello antes de acercarte al chorro de agua.
2. Masajea suavemente el cuero cabelludo bajo el chorro de agua.
3. Toma una pequeña cantidad (media cucharadita) de champú sin sulfatos. Masajea suavemente el cuero cabelludo con las puntas de los dedos. Enjuaga bien.
4. Ponte una cucharada de acondicionador en el cabello, comenzando por las puntas y extiéndelo con los dedos para quitar los nudos. Enjuaga por cinco segundos, para distribuirlo, no para quitarlo. Ésta es la clave.
5. Agacha la cabeza y flexiona el cuerpo como si fueras a tocar los pies y exprime suavemente el cabello de las puntas a las raíces para quitar el exceso de agua antes de salir de la ducha.

Regla 2:

Usa los dedos para peinarte,
no una secadora, peine o cepillo

1. Inclínate hacia delante de nuevo y deja que caiga el cabello. Utiliza una toalla (o camiseta) para estrujar un poco el cabello con movimientos circulares hacia arriba, como acordeón, hasta el cuero cabelludo.

2. Sin enderezarte, toma una pequeña cantidad de gel o algún otro producto de tu preferencia para peinar (si lo deseas) y aplícalo. Comienza en la nuca y distribuye con movimientos de presión por el resto del cuero cabelludo.

3. Levántate y verás que el cabello, lacio o rizado, caerá en su posición natural. Te puedes ayudar con los dedos.

4. Para evitar que quede tu cabello aplastado en la parte superior, usa algunos broches para levantarlo un poco en la coronilla. Mírate el espejo: la forma que le des al cabello en este momento es como se verá cuando se seque.

5. Para secar cabello rizado u ondulado: deja que el cabello se seque solo. Si no es posible (por ejemplo, si estás a punto de salir a la intemperie con temperaturas bajo cero), deja que se seque solo todo lo que puedas y luego usa la pistola con difusor a la menor temperatura posible. La idea de todo esto es no mover tu cabello cuando se seca, aunque lo tengas lacio. Eso evitará que se encrespe.

6. Para secar cabello lacio: puedes dejar que se seque solo o utilizar la secadora por poco tiempo a la "temperatura ambiente" (sin calor) sin cepillarlo. El calor de las pistolas de aire y jalar el cabello con cepillos es lo que más daña el cabello.

Podrás arreglarte el cabello en menos de cinco minutos. Juega con el acondicionador, gel y forma para ver cómo se ve mejor. Pasarán varios meses (o más) para que notes un cambio en la salud del cabello, pero tu nuevo régimen de peinado dará resultados instantáneos. Sé paciente y perseverante con el programa.

¿Cómo me veo, Frédéric Fekkai?

Seis meses después de comenzar el programa de salud para el cabello visité a Frédéric Fekkai en su oficina para que me hiciera una evaluación sincera y para hablar de las opiniones que tenía sobre el cuidado y color del cabello. Encantador y apuesto como siempre, Frédéric aprobó efusivamente mi nuevo estilo natural. Su filosofía (que va de acuerdo con la de Lorraine) es que nunca debemos luchar contra la textura natural del cabello. Los años noventa pasaron hace mucho, y la apariencia del cabello alaciado con pistola de aire quedó atrás (excepto de vez en cuando, sólo por diversión, pero no le avisen a Lorraine que dije eso). Debemos trabajar con lo que tenemos, sacar el mayor provecho de la textura y jugar con nuestra apariencia natural para mejorarla.

¿Cómo sacar el mayor provecho de lo que tenemos?

Quería oír todo lo que Frédéric tuviera que decir sobre cómo tratar y cuidar el cabello después de los cincuenta años. Muchas de sus clientas que comenzaron con él en los años ochenta y noventa ya tienen cincuenta años, así que él conoce bien lo que es mejor para nosotras.

Largo del cabello

La edad no significa nada cuando se trata del largo del cabello. Lo importante es quién eres, tu estilo de vida y tu personalidad. El largo del cabello debe mejorar tu silueta (estatura, forma, peso y talla en general) y no estropearla. Si alguien es alta, quizá le favorezca el cabello largo. Sin embargo, el cabello largo en una mujer de estatura corta y con un poco de sobrepeso puede ser un distractor que crea una apariencia desequilibrada. Si el objetivo es el cabello largo, debe estar sano. Despúntalo un poco hasta que el cabello sano tenga oportunidad de crecer. El cabello corto o de medio largo son excelentes opciones también.

Peinado

El peinado depende de la textura del cabello. Es importante tener un aspecto moderno, fresco y contemporáneo, sin importar el largo del cabello. Debe verse sensual, sin ser exagerado. Si tienes el cabello cortado en capas, no dejes que las puntas se dañen, ya que restan la apariencia saludable y pulida. Si haces que el cabello se seque solo (cosa que él recomienda), una vez que lo acomodes, déjalo en paz. No lo toques. Esto evitará que se encrespe y esponje.

Para lavar y acondicionar el cabello

No hay necesidad de lavar el cabello todos los días, en especial si lo tienes grueso. Evita aplicar acondicionador en las raíces. Aplícalo desde la mitad hasta las puntas, donde se necesita realmente. Pasa los dedos por el cabello cuando estés en la ducha y siempre sigue la dirección del cabello, nunca en contra.

Productos para peinar

Una vez que tienes el cabello limpio y acondicionado, y antes de que se seque (incluso si utilizas una secadora), aplica un poco de un producto para peinar antes de darle forma. La crema para dar brillo de Frédéric es uno de los mejores productos en el mercado, y deja el cabello brillante, suave y muy controlable.

Lléname de colores hermosos

Recuerdo la primera vez que utilicé un "colorante" para el cabello. En 1969, un año lleno de todo tipo de rebeliones, decidí ponerme un chorrito de aclarador del cabello Sun In mientras me bronceaba en el patio de la casa. En cuestión de horas mi cabello rubio había adquirido un vibrante tono anaranjado que combinaba con el bronceador Bain de Soleil Geleé que me había embadurnado (sin FPS, por supuesto). Mi madre me ayudó a disimularlo con su propio "kit de coloración casero" y poco a poco fue desapareciendo, pero (a pesar del primer experimento fallido) quedé enganchada. Ponerme luces en el cabello es parte de mi vida desde la universidad. Sin embargo, ahora asoman algunas canas, le pregunté a Frédéric si necesitaba hacer algo al respecto.

Tonos de gris

Hay muchos tonos de gris. Comenzamos con algunas canas. Luego aparecen más y llegamos a 20 por ciento de todo el cabello, luego a 30 por ciento, hasta que finalmente el cabello es 50 por ciento canoso. Es la progresión natural. Las canas se confunden muy bien con las luces y Frédéric recomienda ampliamente usar tanto luces claras como oscuras con las canas, sin importar el color natural del cabello, en lugar de teñir el cabello de un solo color. Una vez que tienes más de 50 por ciento del cabello canoso debes decidir si quieres:

- Continuar con luces claras mezcladas con gris (su favorito).
- Teñirte el cabello de un color y superponer luces claras (también conocido como proceso doble).
- Quedarte con el cabello canoso, sin agregar color.

Necesitas un muy buen colorista del cabello para que trabaje con las canas y combine artísticamente los tonos grises con las luces claras y oscuras.

Incluso si tu cabello es castaño oscuro, que hace que se noten las canas mucho más que con el cabello rubio, Frédéric recomienda usar las luces claras y oscuras entre el cabello castaño y las canas. El contraste es lo más importante para lograr un color fabuloso. Los bloques de un solo color te pueden hacer ver mayor y adelgazan el rostro. No te pongas muchas luces, ni uses un tono demasiado rubio, demasiado oscuro o demasiado de un solo color. Es poco atractivo. Algunas de las mujeres que Frédéric considera espléndidas modelos en cuanto se refiere al cabello son Michelle Pfeiffer, Kate Capshaw, Cheryl Tiegs, Sandra Bullock, Diane von Furstenberg, Dyan Cannon y Sharon Stone.

Otras sugerencias para un buen color

- El cabello teñido puede perder brillo después de la coloración, por lo que a menudo se usa un tratamiento abrillantador (producto a base de silicona que restaura y agrega lustre a la superficie del cabello) después del tratamiento. El abrillantador también es bueno para que las canas se vean más vibrantes. El abrillantador

sella la cutícula, combina las canas y las dejas resplandecientes.
- No uses champú el día que te tiñas el cabello.
- Siempre córtate el cabello antes de teñirlo, en especial si es un estilo nuevo. Esto permitirá al colorista ser más estratégico al agregar el color (en especial las luces) para crear mayor contraste en los lugares adecuados.

¿Cuáles son los mejores estilos para las mujeres de más de cincuenta años?

Frédéric cree que esto depende de cada mujer, su estilo de vida, silueta, estado del cabello, estatura y su personalidad. Hay muchas opciones excelentes, pero sin importar la que elijas, Frédéric sugiere que tomes en cuenta lo siguiente:

- No dejes que el cabello te abrume.
- El cabello largo es muy bonito, pero no *demasiado* largo. Algo **a** nivel de los hombros y la barbilla o ligeramente por debajo luce muy bien.
- Debes mantenerlo saludable (para ello, sigues este programa).
- Si el cabello es rizado u ondulado, las capas funcionan mejor.

- Si el cabello es naturalmente lacio, las capas se ven bien, pero un corte parejo también es favorecedor.
- La raya en medio generalmente no le favorece a la mayoría de las mujeres.
- Cualquiera que sea tu tipo o estilo de cabello, una apariencia suave se ve mejor que una más severa.
- Busca en las revistas y lleva una foto cuando vayas a cortarte el cabello con un nuevo estilo.
- Dile a tu estilista que no vas a usar la pistola de aire caliente para secar tu cabello ni cepillo, para que lo tome en cuenta.

Definitivamente no

- Uses un champú que contenga sulfatos.
- Laves el pelo con champú más de una vez (o dos) a la semana.
- Seques el cabello con aire caliente (debe ser a temperatura ambiente).
- Te cepilles el cabello.
- Pierdas la paciencia con tu cabello mientras crece.
- Caigas en la tentación de alisarte el cabello (incluso si ya tienes el cabello lacio) con secadora de aire caliente y un cepillo.

- Te recojas el cabello en una cola de caballo demasiado seguido.
- Tengas miedo a que tu cabello sea como realmente es.

Definitivamente sí

- Deja un poco de acondicionador en el cabello después de enjuagar (no en las raíces). Debe sentirse como la textura del alga marina.
- Experimenta con el color gris y haz que funcione en tu beneficio. No lo cubras, deja que sea parte de la combinación de colores en tu cabello.
- Utiliza luces claras y oscuras en lugar de teñirlo de un solo color.
- Haz del acondicionador la herramienta de peinado más importante que utilices.
- Busca un estilista que entienda tu cabello y lo que quieres hacer con él.

Productos recomendados

Prueba los productos que se sugieren a continuación y ve cuáles te funcionan mejor.

Champú

Todos son productos sin sulfatos

- DevaCurl No-Poo (limpiador que no produce espuma, ideal para cabello rizado y ondulado).
- DevaCurl Low-Poo (limpiador de poca espuma, ideal para cabello lacio).
- Fekkai au Naturel Weightless Shampoo.
- L'Oréal EverPure Sulfate Free Shampoo.
- Burt's Bees Very Voluminizing Pomegranate & Soy Shampoo.
- TIGI Bed Head Superstar Sulfate-Free Shampoo.

Acondicionador

- DevaCurl One Condition.
- Fekkai au Natural Weightless Conditioner.
- Fekkai Brilliant Glossing Conditioner.
- Fekkai Ageless Restructuring Conditioner.
- L'Oréal EverPure Sulfate Free Conditioner.
- Burt's Bees Hair Repair Shea & Grapefruit Deep Conditioner.

Productos para peinarse

- DevaCurl AnGell Styling Gel.
- Deva Set It Free Style Spray.

- Fekkai Glossing Cream.
- Fekkai Lucious Curls Cream.
- Phyto, Klorane, Christophe y Kiss my Face también son excelentes productos sin sulfatos.

Broches para el cabello

- Goody de 2.5 cm.

Cabello hoy, ¿y mañana?

Existe una relación entre jalar el cabello con un cepillo mientras se seca con aire caliente y la pérdida de cabello en las mujeres. Algunos casos pueden atribuirse a cambios hormonales, genes y ciertas enfermedades, pero jalar constantemente el cabello durante un periodo largo, puede exacerbar la caída. Planteé esta preocupación a la doctora Day, una de nuestras expertas del capítulo 7, y ella me explicó que la pérdida de cabello en las mujeres es común al ir envejeciendo. La pérdida normal es entre 100 y 150 cabellos todos los días. Cada cabello crece cerca de 1.3 cm por mes en un periodo de 2 a 6 años (aunque el periodo de crecimiento disminuye un poco con la edad) y luego se cae. El cabello crece y se cae en momentos muy diferentes. Muchos factores trastornan este ciclo. El resultado puede ser que el cabello se caiga antes de tiempo, o que no se reemplace al mismo tiempo que se cae. La mayoría de casos de cabello ralo o calvicie son reversibles en las mujeres una vez que se determina la causa. Consulta a tu dermatólogo.

Actúa

Es mejor usar champú lo menos posible; cuando lo uses, que sea uno sin sulfato. Debes mantener el cabello muy humectado y no usar secadora a menos que sea absolutamente necesario. Ve el gris de las canas como un nuevo color maravilloso que añadir a la combinación, tira los cepillos a la basura y sé audaz cuando se trate del largo y el estilo del cabello. Dale a tu cabello la oportunidad de ser lo que realmente es. Prueba este programa seis meses, y te prometo que nunca lo dejarás.

Todos los días (o un día sí y otro no)
- Lava el cabello con agua y acondicionador solamente.
- Aplica una pequeña cantidad de producto para peinar.

- Usa el atomizador de agua de lavanda para refrescar el cabello.

Una o dos veces por semana
- Lava el cabello con champú y acondicionador.
- Usa el atomizador con aceite de oliva y lavanda para lograr un acondicionamiento profundo antes de lavar el cabello (los días que utilices champú).

De vez en cuando
- Usa la secadora con un difusor los días que no tengas tiempo para esperar a que el cabello se seque solo.

Cada cuatro a seis semanas
- Tíñete el cabello de un solo color (si decides seguir este consejo).

Cada ocho a diez semanas
- Hazte luces claras.

Cada cinco a ocho meses
- Córtate el cabello.

CAPÍTULO 10

Te queda muy bien

Compras para tener un estilo sensacional

¿Nada de jeans? ¿Quién dice?

Entrevistaron a Ellen Barkin hace algunos años, más o menos en la época en que ambas íbamos a cumplir cincuenta. Yo estaba impaciente por leer lo que Ellen tenía que decir, porque me parece una mujer de mundo, sensata e inteligente, y me encanta su sonrisa sensual con la boca torcida. Leí con avidez sus comentarios y constantemente asentía con la cabeza hasta que llegué a sus "Reglas para la vida después de los 50". En concreto, esto: "No usar jeans para salir a cenar". ¿Cómo que no uses jeans? ¿Sólo porque tenemos más de cincuenta años? Admitía que los pantalones de mezclilla negros estaban bien para cenar, pero no los azules. Yo acababa de gastar mucho en un nuevo par de pantalones 7 For All Mankind. Son azul oscuro, hermosos y perfectamente apropiados para salir a cenar en Manhattan, o en cualquier parte del mundo. Y por Dios que me los pondré.

Mi amor por los jeans se remonta al primer pantalón que tuve de Jordache en los años setenta (que me ponía con mis zapatillas Candies). Y nada podía interponerse entre mis pantalones Calvin y yo. Sin embargo, las declaraciones de la señora Barkin me hicieron pensar que, al cumplir cincuenta años, a muchas de nosotras nos beneficiaría una revaluación de nuestro guardarropa. Nuestros cuerpos, rostros y estilos de vida cambian a través de las décadas y las modas no siempre duran. Aun así, ¿nada de jeans? Esto exigía una investigación a fondo.

¿Existen reglas sobre lo que debemos usar (o no usar) después de los cincuenta años?

Yo siempre me he puesto la ropa que me gusta, incluidos los jeans, con una sola salvedad: trato de no ponerme nada que me haga ver ridícula para mi edad (aunque mis hijas estén en desacuerdo). Una vez que las rodillas empezaron a parecerse a las de un elefante y las venas de telaraña comenzaron a aparecer en los muslos, decidí que había llegado el momento de guardar mis faldas cortas. Pero ¿debe ser esta una norma inflexible para todas las mujeres después de los cincuenta años, o sólo era una buena idea para mí? Me negaba a vivir atada a los mandamientos estrictos de la moda, pero necesitaba tener una guía para lograr una apariencia más favorecedora. No tengo tiempo ni interés en dedicarme a comprar y por ello, quería depurar mi estilo para verme bien sin demasiado esfuerzo y sin quedarme en la calle.

Sobre todo, quería respuestas a las preguntas sobre la ropa que últimamente teníamos mis amigas y yo:

- ¿Cómo podemos superar los estilos centrados en la juventud que son para mujeres de veintitantos años, excesivamente delgadas, sin vernos rechonchas?
- ¿Dónde podemos encontrar ropa que nos ayude a vernos bien y que sea apropiada para nuestra edad?
- ¿Cómo vernos sensuales, sin parecer vulgares?
- ¿Qué tan corto es "demasiado corto"?
- ¿Los brazos, aunque mejorados por las lagartijas recomendadas en el capítulo 6, deben quedar desterrados de la vista por siempre?
- ¿Cuáles son las prendas básicas que toda mujer de cincuenta años debe tener en su guardarropa?
- ¿Necesitamos gastar una fortuna para tener esta ropa?

Fui con una mujer que sabía que tendría las respuestas.

Mi inspiración para la moda: Diane von Furstenberg

Diane von Furstenberg, diseñadora, mujer de negocios exitosa y un icono de nuestra generación, conoce la moda. Cuando Diane tenía veintiocho años ya había inventado el icónico vestido drapeado, tenía cientos de empleados y había salido en la portada de *Newsweek*. Cuando tenía cuarenta años, dejó su empresa y se tomó un descanso de varios años. Una vez que cumplió los cincuenta, entró en un proceso de rejuvenecimiento total. Refundó su empresa, compró un edificio de oficinas enorme en el Meatpacking District de Manhattan y se casó de nuevo. Ha estado a la vanguardia de la moda por décadas, pero se mantiene fiel a su estilo: ropa sencilla, sensual, para toda ocasión y asequible para mujeres de todas las edades. Yo tengo uno de sus vestidos drapeados y he visto que muchas mujeres de veintitantos años los usan, como también se los he visto puestos a mujeres que no destacan precisamente por su delgadez. Diane entiende a la perfección las curvas del cuerpo femenino y siempre se pone sus diseños.

No hay más que una regla: sentirse cómoda

El día que fui a ver a Diane me puse uno de sus diseños: un vestido negro de lana, hasta la rodilla, con mangas de ¾ y un par de botas Diane von Furstenberg con medias de red negras.

Me sentía intemporal y clásica, no a la moda. Diane me dio una vuelta y aprobó con la cabeza: "Te ves fabulosa", me dijo. "¿Y sabes por qué?", preguntó. "¿Porque llevo un atuendo completo DVF?, propuse. "No, porque estás cómoda", respondió.

La única regla de la moda que Diane ofreció, la única regla en la que ella cree es: debes sentirte cómoda. El aspecto más importante que hace que una mujer se sienta fuerte, segura y sensual es la seguridad en sí misma; y para sentirte segura debes usar ropa que te haga sentir bien y te haga ver mejor. Diane llevaba puesto uno de sus atuendos distintivos el día que conversamos: mallas negras debajo de un caftán con estampado geométrico. Se veía despampanante. Su atuendo concordaba con lo que ha usado y diseñado desde hace muchos años: era elegante, sencillo e interesante. Podía cubrir cualquier "imperfección corporal" que tenga una mujer y hacerla sentir femenina y sensual.

Ámate a ti misma, incluso a tu cabello

Cuando nos vimos, Diane estaba a unas semanas de cumplir sesenta y dos años y yo estaba a punto de cumplir cincuenta y dos (ambas somos capricornio). Nos reímos de que estamos más en paz con nosotras mismas ahora que tenemos más de cincuenta años, con nuestros cuerpos, sexualidad, carreras profesionales, estilos e incluso el cabello. Diane, como yo, luchaba antes con el cabello ensortijado, pero optó por dejarlo al natural hace unos años. Indicó que esto era otro ejemplo de mayor confianza, que nos hace más bellas con la edad.

La belleza de la experiencia

En 1976, cuando Diane era ya famosa por su vestido drapeado y había publicado su primer libro, era mucho más insegura de lo que cualquiera hubiera imaginado. Dudaba de sí misma, de sus decisiones y seguía adelante más por instinto que por conocimiento. Ahora que es mayor y tiene más confianza en ella misma, comenta que toma decisiones basadas en la sensatez y la experiencia y considera que su forma de ver la moda lo refleja. Ahora tiene una visión más relajada de la mayoría de las cosas: maquillaje, cabello, ropa, e incluso cómo trata la piel y el cuerpo. Se mantiene en forma con ejercicios moderados, como yoga, pilates y caminatas y va a que le hagan masajes cada semana. No le interesa la cirugía plástica porque quiere que su cara siempre refleje quién es ella en cualquier momento particular de su vida. Y funciona. La impresión general que tengo de ella al ver su cabello, piel, maquillaje y ropa es que tiene un estilo suave, bonito, femenino y muy cómodo.

Tú eres la prioridad

Diane cree que una de las cosas más importantes que una mujer puede hacer por sí misma, en especial después de los cincuenta años, es ser su primera prioridad. Ama a su esposo, hijos y nietos, pero dice: "Mi mejor amiga soy yo misma, y me cuido bien". Si inviertes tiempo, energía y esfuerzo en crear una relación positiva contigo misma, surgirán otras relaciones positivas. Por años hemos cuidado de nuestras familias, hijos y comunidades, pero la mayoría de nosotras no nos hemos dado el mismo amor y cuidado. Ahora debemos hacerlo. Quizá parezca egoísta, dice Diane, pero no lo es. Si cuidas de tu persona al ir envejeciendo, estarás mejor preparada para cuidar de todo y de todos los que pasen por tu camino. Diane es un ejemplo viviente de su propia filosofía: goza de buena salud, es bella, fuerte y segura de sí misma y, según afirma, es más feliz que nunca.

¿Qué tiene esto que ver con moda?

Diane lo explica así: si estás sana y te sientes cómoda y a gusto contigo misma, emanarás un aura de confianza, sensualidad y poder. Escoge un atuendo que refuerce todo esto: ropa, peinado y maquillaje. Póntelo y luego olvídate de él. Sal y vive la vida sin preocuparte demasiado sobre tu apariencia. Ya nos preocupamos demasiado, y por muchos años, cuando éramos jóvenes e inseguras. Debemos divertirnos y no perder el tiempo pensando en todas las opciones de la moda. El consejo de Diane es descubrir qué es lo que te incomoda y qué te hace sentir cómoda. Debes entender qué tipo de ropa te hace preguntarte si te ves bien o no y cuál te pones sin dudar. Olvídate de las reglas y viste lo que te haga sentir bien.

¿Cómo saber qué ropa te hace sentir bien?

Diane tiene un consejo simple y excelente al respecto: pruébate todo. Revisa tu clóset y piensa qué ropa te hace sentir bien. Regala todo lo que no te haga sentir a gusto. Pasa tiempo con alguna persona que conozca de moda y te pueda mostrar distintos estilos para tu tipo de cuerpo. Ve a las tiendas departamentaless y pide orientación a las compradoras personales. Prueba ropa de distintos diseñadores. Ve qué cosas funcionan y qué cosas no. Una vez que comprendas esto, será sencillo. Y con eso, y un gran abrazo, me mandó de vuelta al mundo para ir de compras.

(Ah, por cierto, Diane ha visto a Ellen Barkin en jeans muchas ocasiones.)

Asistencia de los profesionales

Me agradó la idea de Diane de trabajar con una compradora personal para diseñar mi nuevo guardarropa, pero aunque he vivido en la capital de las compras del mundo desde hace más de cincuenta años, nunca he tenido una compradora personal. Me encanta la ropa, pero odio ir de compras. Es intimidante, quita demasiado tiempo y casi siempre me da hambre, me canso y me pongo de mal humor; esto se traduce en comprar cosas que no me quedan y no necesito. Además, ¿acaso las compradoras personales no son para "las señoras de la alta sociedad", esas mujeres que pueden gastarse miles de dólares en una sola tarde sin siquiera pestañear? Pero cuando empecé a preguntar a mujeres perfectamente normales que conozco, me dijeron que sí recurrían a las compradoras personales.

Seguía viendo con escepticismo la cuestión, pero una amiga me explicó cómo funciona: ella llama a su compradora personal una semana antes de ir de compras para concertar una cita y le explica el tipo de ropa que busca (para el trabajo, diversión, para la noche o lo que sea) y en el momento que entra en los probadores de "compras personales", ya están llenos de las opciones que seleccionó la consultora, en las tallas correctas, para que se las pruebe, además de zapatos, accesorios y hasta café. La compradora personal revisa la ropa de cada departamento y envía avisos a sus clientes cuando llegan nuevos modelos de sus diseñadores favoritos. ¿La mejor parte? No hay cargo por el servicio, ni compra mínima y no hay presión de adquirir nada. El objetivo es conservar a las clientas leales. Otra ventaja: una modista siempre está lista para acudir al llamado de la compradora personal si algo necesita ajustarse a la medida.

El Fifth Avenue Club de Saks

Saks Fifth Avenue fue mi primera escala, ya que es una tienda famosa por su excelente atención al cliente y tener un amplio catálogo de marcas. En el Fifth Avenue Club del departamento de compras personales conocí a Julie

Hackett-Behr, que ha sido consultora de estilo en Saks desde hace más de veinte años. Expliqué a Julie que aunque quería comprarme ropa, también quería entender qué guías de estilo y prendas de ropa (nada de reglas, gracias) podía proporcionarme que fueran útiles para todas las mujeres de más de cincuenta años. Disponía de un presupuesto de 2,000 dólares. Es una inversión fuerte, lo sé, pero todo era en nombre de la investigación.

Antes de que llegue lo nuevo, lo viejo tiene que irse

Como preparativo para mi sesión de compras, Julie me dio las mismas instrucciones que les da a todas sus nuevas clientas:

- *Ve a casa y revisa todo en tu guardarropa.* Debía evaluar cada prenda con toda sinceridad para ver si encajaba o no con mis nuevos criterios (sin olvidar nunca los consejos de Diane). ¿Me gustaba mi ropa? ¿Me hacía sentir bien? ¿Me la iba a poner de nuevo algún día? Esto me ayudó a reducir un poco mi "colección".
- *Haz una lista de todas las categorías de ropa que tengas:* pantalones, faldas, vestidos, suéteres,

chaquetas y demás, y luego organiza cada prenda por color, diseñador y talla. También me pidió que hiciera una lista de todas mis bolsas y zapatos. Este tipo de inventario es importante para una consultora de estilo, pero también es una excelente herramienta para evaluar lo que tienes, lo que te gusta y lo que quieres cambiar o aprovechar con tu nuevo estilo.

¡Vamos de compras!

Nuestra misión era elegir prendas que fueran:

1. Suficientemente clásicas para usarlas más de un año.
2. Fáciles de combinar con mi ropa actual y entre sí.
3. Del material adecuado para ponérmelas en dos o incluso tres estaciones del año.
4. No de un estilo demasiado juvenil, pero tampoco demasiado conservador.

Cuando llegué a mi cita de compras con Julie, me llevaron a un gran salón con ropa por todas partes. Me probé pantalones, tops, chaquetas, muchas faldas y algunos vestidos. De la primera tanda de ropa, sólo me quedé con algunas prendas (típico). Mientras esperaba tomando café en una elegante taza de porcelana, Julie y su asistente bajaron a los pisos de venta. Quince minutos después regresaron con los brazos llenos de ropa.

Dos horas después: los resultados

Nunca había disfrutado tanto de ir de compras como ese día. Fue tan divertido que si Julie me hubiera presionado un poco para que rebasara el presupuesto, lo habría hecho con gusto. Sin embargo, ella estaba determinada a que no gastara más de 2,000 dólares y, de ser posible, menos. Nada estaba rebajado, pero cada prenda me quedó perfectamente (aunque algunas necesitaban algún pequeño arreglo) y todas combinaban entre sí, como una pequeña familia feliz. Esto es lo que compré:

- Una chaqueta de lino a rayas, corta, color blanco, muy moderna, con cuello estilo Nehru, de Tahari.
- Una chaqueta de lino, color verde limón, mangas de ¾ de largo, de DKNY.
- Una blusa cruzada de tela con estampado geométrico, mangas

de ¾ de largo, de Diane von Furstenberg.
- Un vestido recto de algodón, sin mangas y a la rodilla, color bronce, de Hugo Boss.
- Una falda recta de mezclilla, color gris carbón, ajustable, hasta la rodilla, de Vince.
- Una falda recta, color negro, de Diane von Furstenberg.
- Pantalones de lino, color azul, de Tahari.
- Jeans rectos, color azul oscuro, de J Brand.
- Una camiseta sin mangas, color hueso, de Tahari.
- Una camiseta sin mangas, color negro, de Tahari.

Todas estas prendas pueden combinarse con todo lo demás. Cuando agregué estas diez prendas a mi guardarropa existente, sirvieron para ampliar la base. Las puedo usar por lo menos en tres estaciones y algunas de ellas todo el año. Todas son prendas clásicas, no modas pasajeras. Me quedan bien, combinan bien, el largo de las faldas y los pantalones es perfecto y me veo y me siento muy cómoda. Diane estaría complacida.

Justo en el blanco

La guía de Julie y su conocimiento de la moda definitivamente lograron lo que yo quería y compartiré todos sus consejos de planeación del guardarropa más adelante. Pero antes, tenía curiosidad de averiguar qué estilo podía tener a un precio más parecido al gasto común y habitual. Las tiendas de lujo son fabulosas para consejos de moda y para invertir en una chaqueta sensacional o un par de pantalones que te ajusten a la perfección que podrás usar por años. Pero como contrapunto de mi excursión de compras en Saks, decidí ir a otra excursión de compras a Target. Esta tienda tiene convenios con grandes diseñadores para producir ropa a bajos precios por tiempo limitado. Aunque ya había pasado por mi entrenamiento básico de moda con Julie en Saks, y Diane von Furstenberg me había hecho sentir muy segura de mí misma, quería una guía de modas y una compañera de compras.

Venga Ginny Hilfiger, vamos a Target

Ginny Hilfiger pasó más de veinte años diseñando ropa y quince de ellos trabajó lado a lado con su hermano Tommy como vicepresidenta de Tommy Hilfiger. En 2005, lanzó su propia marca.

Invité a Ginny a que me acompañara en esta aventura (bueno, está bien, le rogué) y ella accedió con gusto. Le encomendé la misma misión que a Julie: encontrar prendas que complementaran lo que ya tenía en casa, incluidas las nuevas de Saks, y que no fueran demasiado modernas para poder usarlas más de un año. El presupuesto: 500 dólares.

Atención compradoras de Target

Tal vez fue su compañía, tal vez la tienda, pero Ginny y yo la pasamos de lo lindo. Me estaba divirtiendo mucho como para usar los probadores y opté por ponerme encima y quitarme los vestidos que veía a ambos lados del pasillo 3 y probarme unas bermudas encima de los jeans en el pasillo 5. Aparte de la diversión, hicimos descubrimientos valiosísimos. Además, después de terminar las compras de ropa, adquirí algunos repuestos para mi trapeador de pisos. Eso no se puede hacer en Saks.

¿El resultado?

Tratamos de gastar 500 dólares, pero no pudimos. Terminé gastando 350 en veinte prendas, así que compré un fabuloso vestido Tracy Feith para mi hija Sarah con el dinero que me sobró. ¿Qué compré?

- Tres vestidos sin mangas: uno negro que tiene un poco de vuelo en la falda, muy retro; otro tiene estampado geométrico que me recuerda los diseños de Pucci de los años sesenta; el tercero es un vestido café con líneas cruzadas negras. Todos me llegan a la rodilla, están totalmente forrados y muy bien hechos. Cualquiera puede ponerse estos vestidos favorecedores y verse muy bien.
- Cuatro camisetas sin mangas: blanca, negra, anaranjada y café.
- Tres camisetas de manga corta: una negra y dos blancas.
- Una sudadera blanca.
- Dos pares de bermudas (caqui y de tela de algodón a rayas azules y blancas.
- Cuatro cárdigan de manga larga (negro, blanco, color crema y verde).
- Dos cárdigan de manga corta (uno negro y otro blanco).
- Un saco blazer corto, ceñido, de mezclilla ajustable color azul marino (completamente forrado, con costuras interiores realmente impresionantes).

Veinte prendas y todo por menos de 350 dólares

Estábamos impresionadas. Me encantaron el estilo y el precio, Ginny examinó cada prenda con los ojos de una experta diseñadora y se fijó en que cada vestido fuera forrado, las costuras estuvieran bien hechas y que la ropa fuera confeccionada para mujeres de verdad con proporciones humanas reales y no para supermodelos esqueléticas. Los vestidos que compré me quedaron muy bien sin necesidad de hacerles ningún arreglo y los estilos se verían fabulosos en cualquier mujer sin importar la talla. Las bermudas me quedaban como los "shorts citadinos" de Theory. Los cárdigan eran 100 por ciento de algodón, suaves, elegantes y me quedaban muy bien. Las camisetas también me quedaron a la perfección. En menos de dos horas encontramos veinte prendas magníficas. Ginny levantó uno de los cárdigan y comentó que si esa misma prenda se hubiera vendido en Bergdorf Goodman, habría costado más de 200 dólares. El precio de Target: 17.99 dólares. Por lo demás, cumplimos nuestros objetivos: todas las prendas combinaban con lo que ya tenía y entre ellas también.

Creación del guardarropas básico

Tenía los elementos básicos de una gran apariencia, pero ¿había cubierto lo básico? Les pedí a nuestras expertas que sugirieran las piezas básicas indispensables que toda mujer de más de cincuenta años debe tener en su guardarropa. El nivel de la vestimenta puede aumentar o disminuir con base en los accesorios: zapatos, joyas y bolsos. A continuación presento la lista maestra que preparé con la sabiduría combinada de nuestras expertas y sus años de experiencia en la moda.

Pantalones de mezclilla oscura con corte para botas

Necesitas pantalones de mezclilla con corte para botas sin adornos de ningún tipo. Mientras más oscuros y sencillos mejor. El tiro (la distancia que va de la cintura a la costura de la entrepierna) debe ser entre 20 y 22 cm. Si necesitas una talla que se ajuste perfectamente al trasero y las caderas, pero que te queda grande de cintura, es fácil de arreglar. Una modista puede meterle a la cintura. El corte para botas da un lindo equilibrio al cuerpo. Los mejores zapatos para este corte son unas botas de tacón mediano, o más alto para la noche. Otras buenas opciones de calzado son los que tienen tacones en forma de cuña, tacones cortos y curvos o tacones gruesos. El largo de los pantalones debe ser de uno o dos centímetros del suelo, según los zapatos que te pongas. Si quieres alternar entre tacones altos y bajos, compra dos pares de pantalones de mezclilla y lleva los zapatos cuando vayas a que les hagan el dobladillo. Pide a la modista que mantenga el estilo de dobladillo original de los pantalones.

Los pantalones de mezclilla que ajustan mejor:

- 7 For All Mankind.
- J Brand.
- Paige.
- AG Jeans.
- Theory.
- Tahari.
- Gap.
- Levi's.
- No te pongas los pantalones de tu hija.

Pantalones rectos de mezclilla oscura

Pantalones rectos de mezclilla oscura (no los de tubo para adolescentes o chicas de veintitantos). Este corte es más favorecedor que el de los jeans muy estrechos (*skinny*), y tiene un efecto lindo y elegante. Si la pernera es demasiado delgada, el trasero y los muslos se ven más grandes. Al hacer el dobladillo, no necesitarás poner demasiado cuidado, ya que el largo puede funcionar con muchos tamaños de tacón. Un par es todo lo que necesitas como prenda básica. El color debe ser azul oscuro, sin adornos. Los pantalones rectos se ven muy bien con zapatos ligeramente más delicados que los que usarías con un pantalón con corte para botas, como del estilo de zapatillas de ballet con tacón corto y curvo. Los mocasines de tacón bajo son excelentes opciones informales. Ponte las botas sobre los pantalones cuando haga frío. Estos pantalones van muy bien con túnicas.

Pantalones de mezclilla blancos, de corte para bota, rectos o ambos

Puedes usarlos todo el año. Combínalos con botas marrones o negras y un suéter durante el otoño o invierno. Usa pantaletas del color de la piel, no blancas, con los pantalones de mezclilla blancos.

Pantalones que quedan muy bien

Unos pantalones que te queden muy bien son indispensables y puedes ponértelos todo el año y para diferentes ocasiones. Busca pantalones de lana ligera (una combinación lana con licra sería mejor) de color negro, carbón o marrón. Considera los pantalones de lino blanco o azules para el verano. El corte del pantalón es crucial y el largo debe ser exacto. Lleva los zapatos cuando vayas de compras y cuando los mandes dobladillar. Una modista experimentada medirá hasta donde se "rompe" el dobladillo sobre los zapatos y hasta dónde llega el dobladillo con respecto al suelo. Evita los pantalones pescadores que terminan en la parte menos favorecedora de las piernas: entre la rodilla y el tobillo (más cerca del tobillo).

Los pantalones que ajustan mejor:

- Theory.
- Tahari.
- Trina Turk.
- Banana Republic.
- Joseph.
- Hugo Boss.
- Piazza Sempione.
- J. Crew.
- Ellen Tracy.
- Ann Taylor.

Falda recta negra

Una falda recta negra es una de las prendas más versátiles que tendrás. Luce muy bien con medias y botas y con medias de red y zapatos de tacón para la noche. Busca las faldas de lana con licra para que la tela sea elástica. Debe quedar pegada al cuerpo, pero no demasiado apretada. El largo adecuado para esta falda (y para la mayoría de las faldas y vestidos) es a la mitad de la rodilla, exactamente donde se dobla la corva. Si tienes una falda negra favorita del largo adecuado (o que puede acortarse para darle el largo adecuado), pero es ligeramente acampanada, puedes llevársela a una costurera para que la convierta en falda recta.

No uses zapatos planos con una falda recta. En cambio, combínala con tacones medianos o altos (prueba zapatos con la punta descubierta), estilo Mary Jane, o botas. Combina con una blusa o un suéter de cachemira con una camiseta un poco más larga que el suéter. También puedes combinar la falda con una camiseta debajo de un cárdigan, o una blusa de volantes fajada y una chaqueta corta. Una chaqueta negra con falda negra a veces da apariencia demasiado seria. Prueba una chaqueta con un color vivo o con muchos colores, como de tweed o tela a cuadros.

Las faldas que ajustan mejor:

- Diane von Furstenberg.
- Vince.
- Kors.
- Tahari.
- Theory.
- Club Monaco.
- Hugo Boss.
- Banana Republic.
- Liz Claiborne.
- Ellen Tracy.
- Ann Taylor.
- Chico's.

Chaquetas de corte ajustado, negras, blancas y color crema

Las chaquetas de color negro, blanco y crema que caen justo en la cadera o un poco más arriba, y que son ajustadas, pero no demasiado ceñidas, se pueden usar todo el año con pantalones de mezclilla, pantalones formales y faldas. Combínalas con camisetas, camisolas y blusas de diferentes colores. Invierte en buenas telas y estilos que sean clásicos y atemporales, para que no tengas que comprar nuevas chaquetas el año siguiente.

Las chaquetas que ajustan mejor:

- Theory.
- Tahari.
- Trina Turk.
- Hugo Boss.
- DKNY.
- J. Crew.
- Liz Claiborne.
- Ann Taylor.
- Ellen Tracy.
- Chico's.

Chaquetas cortas ligeras

Una chaqueta corta y ligera de un bonito color le dará mucha versatilidad a tu guardarropa de primavera y verano. Busca chaquetas hechas de una mezcla de algodón ligera. Úsalas con jeans, pantalones blancos, "shorts citadinos" o vestido recto.

Cárdigan

Los cárdigan son accesorios de moda maravillosos para todo el año. Gracias a mi excursión de compras a Target con Ginny Hilfiger, ahora tengo cárdigan ligeros con manga corta y larga y en varios colores. Son perfectos con pantalones, vestidos o pantalones de mezclilla, y también pueden usarse encima de camisetas, blusas de seda o vestidos sin mangas. La clave para tener la apariencia correcta: compra una talla o dos menos que tu talla normal para que no se vea como suéter de "abuelita", sino como un cárdigan bien ajustado y elegante. Nunca te lo pongas cerrado, a menos que abotones sólo el primer botón, así que no importa cómo se vea cerrado. Sólo debe servir para cubrir los brazos, dar un poco de calor y agregar color a tu atuendo. Prueba las mangas de ¾ para mayor versatilidad y busca uno que tenga largo a la cadera o un poco más arriba. Un cárdigan largo que llegue hasta la mitad de los muslos puede verse bien con jeans u otro tipo de pantalones, pero no con faldas.

Los mejores cárdigan:

- Tse.
- August Cashmere.
- Merona o Mossimo en Target.
- J. Crew.
- Ann Taylor.
- Chico's.
- Banana Republic.

Camisetas sin mangas

Las camisetas sin mangas en color negro, blanco y crema son esenciales. Te pondrás una casi todos los días: debajo de otra camiseta y una chaqueta o cárdigan, debajo de suéteres o blusas de manga larga o corta. Actúan como la clásica "camiseta" de la ropa interior y si tienen el largo suficiente puedes usarlas fajadas en los jeans para que no enseñes nada de piel cuando te sientes. Se ve muy bien una camiseta larga sin mangas debajo de una chaqueta corta ajustada. Tiene que quedar holgada, pero no floja, por lo que sería una buena opción comprar una talla menor si es necesario. Las camisetas sin manga son indispensables, pero no hay razón para gastar mucho en ellas. Compra muchas si encuentras un modelo que te fascine.

Las mejores camisetas sin manga:

- Mossimo Supply Co. Long and Lean de Target.
- Banana Republic.
- Gap.
- Petite Bateau.
- American Apparel.
- James Perse.

Camisetas de manga corta y larga

Las camisetas de manga corta y larga son maravillosas solas o sobre una camiseta sin mangas para cubrir más. Busca las camisetas de jersey con buenos acabados, de cuello redondo, escote redondo o en forma de v y que sean ajustadas. Hay camisetas de distintas telas, como seda, algodón o una combinación de algodón con licra. Puedes crear estilos informales o elegantes, según el material y el diseño de la camiseta. Las mejores camisetas son gruesas sin ser pesadas y las largas se ven muy bien con una chaqueta corta o cárdigan o con pantalones sin cinturón o de mezclilla. Como ocurre con las camisetas sin manga, muchas empresas hacen camisetas, así que busca una marca que te guste y abastécete de un buen surtido.

Las mejores camisetas con manga:

- Camiseta Merona de doble capa y manga larga.
- Merona Ultimate Tee (las dos las venden en Target).
- Ginny H.
- Petite Bateau.
- Banana Republic.
- Converse.
- Gap.

Vestidos

Los vestidos siempre te hacen sentir bonita, sensual y especial. Además son la manera más rápida de vestirse. Hay dos estilos que son particularmente favorecedores para mujeres de más de cincuenta años. Trata de conseguir uno de cada uno en negro, y otro en gris, marrón, color canela o azul.

Un vestido recto, ligeramente ajustado, sin mangas cae justo en el lugar preciso de la rodilla. La forma de la falda puede ser en A o de tubo, como una falda recta, pero todo el vestido debe estar cortado o arreglarlo para seguir y acentuar las curvas y la cintura. El ajuste es la clave para que el vestido luzca genial. No necesitas gastar mucho. Cuando le modelé a mi familia todas las compras que hice en Target, mi esposo se enamoró de mi vestido recto Merona sin mangas, ajustado, color negro, de satén y algodón, de corte ligeramente en A. Era, como dijo Howard: "un vestido que toda estadunidense debería tener". Tenía razón. No había ninguna falla (real o imaginaria) que este vestido no pudiera cubrir. ¿Tienes el trasero un poco gordo? La falda en A lo esconderá. ¿Te cuelga la piel de los brazos? Ponte un cárdigan o una chaqueta corta. Cuesta... redoble de tambores, por favor... 39.99 dólares.

El vestido drapeado que Diane von Furstenberg hizo famoso lo hacen ahora muchos diseñadores y marcas minoristas. Un vestido de este tipo en el clásico negro puede usarse para muchas ocasiones, ya sea para el trabajo o para una fiesta, según los accesorios con los que lo combines. El secreto para usar el vestido cómodamente depende de cómo te ajuste la parte superior. Si es necesario, pide a la modista que le ponga un broche en el lugar donde se cruza, o usa una camiseta sin mangas o camisola de seda por debajo. Átalo de lado, nunca por el frente, y menos con un moño. Los zapatos totalmente planos se ven mal con vestidos y faldas; te recomiendo que te pongas unas zapatillas clásicas con el talón descubierto, o unos zapatos estilo Mary Jane con tacón de por lo menos 4 cm de altura o botas.

Los mejores vestidos:

- Hugo Boss.
- DKNY.
- Tahari.
- Merona (Target).
- Diane von Furstenberg.
- Trina Turk.
- Theory.
- Ann Taylor.
- Liz Claiborne.
- Nicole Miller.
- Ellen Tracy.
- J. Crew.
- Ginny H.

Shorts citadinos

Son pantalones cortos que llegan al mismo punto de la rodilla que nuestros vestidos y faldas y son de apariencia muy refinada y no como los que uno usa en la playa. Deben ser ajustados, no plisados o anchos alrededor del muslo. Deben quedarte como si fueran unos pantalones de buen corte que te llegaran a la rodilla. Un par en negro es fabuloso para el verano, así como también en blanco o caqui. Para hacerlos más formales, úsalos con chaqueta ligera o cárdigan. Combínalos con zapatillas abiertas de tacón curvo y bajo, o con sandalias de tacón en forma de cuña. No querrás quitártelos durante todo el verano.

**Los shorts citadinos
que ajustan mejor son:**

- Theory.
- Merona (Target).
- J. Crew.
- Banana Republic.
- Ann Taylor.

Faldas para el verano

Las faldas para el verano son indispensables cuando hace calor y pueden ser muy divertidas también. Prueba una falda recta de tela delgada de algodón elástico y color claro. Son fáciles de usar con sandalias de tacón bajo y camiseta sin mangas con una chaqueta de verano o cárdigan. Las faldas largas o que llegan a la rodilla se ven muy bien con una camiseta entallada de manga corta (y un cárdigan ajustado) y sandalias de tacón bajo o de cuña.

**Las faldas de verano
que ajustan mejor son:**

- Calypso.
- DKNY.
- Vince.
- Tahari.
- Milly.
- Anthropologie.
- J. Crew.
- Liz Claiborne.
- Chico's.

Abrigos para el invierno

Un abrigo de una mezcla de cachemira y lana en color negro u otro color fuerte es una prenda esencial. El corte debe ser clásico, favorecedor y sin cinturón. Los abrigos con cinturón no se ven bien. Tienen demasiado material y si quieres llevar el abrigo abierto, queda el cinturón volando a los lados. Un abrigo clásico y versátil debe llegar a la mitad del muslo o a la rodilla, y se ve muy bien con pantalones, faldas o vestidos. En lugares donde caiga nieve o sean muy húmedos en invierno un abrigo forrado es indispensable. No una de esas chamarras voluminosas que agregan 10 kg, sino uno más elegante. Uno que caiga hasta la rodilla es muy bueno para el invierno, ya que protege de temperaturas bajas y luce muy bien. El negro es el color clásico de los abrigos de invierno, pero también el color chocolate. ¿Tal vez uno de cada color?

Los abrigos que ajustan mejor son:

- Cole Haan.
- Calvin Klein.
- Coach.
- Max Mara.
- Burberry.
- Ann Taylor.
- Banana Republic.
- Soïa & Kyo.
- Post Card.

Impermeables o abrigos resistentes al agua para la primavera y el otoño
Un impermeable o abrigo resistente al agua para la primavera y el otoño es necesario para no mojarte y para estar a gusto durante esas "estaciones de transición". Busca algo ligero, resistente al agua y que definitivamente no tenga cinturón, a menos que seas muy delgada y quieras batallar con las molestias que provoca. Debe caer a la rodilla y tener un diseño sencillo con algunos detalles interesantes, en color marrón, negro o gris pardo.

Los impermeables o abrigos para la primavera y el otoño que ajustan mejor son:

- Cole Haan.
- Trina Turk.
- Hugo Boss.
- Coach.
- J. Crew.
- Burberry.
- DKNY.
- H&M.
- Target.

¿Y los zapatos?
Nuestras expertas estuvieron en completo acuerdo respecto a los zapatos más versátiles y cómodos para nuestro guardarropa. Éstos son los que puedes utilizar todos los días:

- *Botas hasta la rodilla*: de tacón mediano o alto o un par de cada tipo. Las botas deben llegar hasta la mitad de la pantorrilla o a la rodilla, más alto es demasiado moderno. Considera unas botas de tacón en forma de cuña para mayor comodidad. Compra un par en color negro y otro en café.

- *Botines que llegan al tobillo*: estas botas cortas (de cuero o gamuza) deben ser de tacón mediano y se usan debajo de pantalones de vestir o de mezclilla. Cómprate un par en color negro y otro en café con distintos tamaños de tacón.

- *Zapatillas de tacón*: son los clásicos zapatos de tacón mediano o alto y se ven muy bien con vestidos, faldas, pantalones de vestir y de mezclilla. Debes tener un par tradicional de zapatos cerrados, pero piensa en otro con la punta descubierta. Las zapatillas más versátiles son de cuero negro, charol negro, cuero marrón o gamuza y en color crema o beige.

- *Zapatillas con talón descubierto*: con los dedos cubiertos, una correa delgada en la parte trasera y tacón de 5 cm. Por lo menos un par en negro, marrón o crema. Estas zapatillas se ven fabulosas y un poco sensuales con todo: pantalones de vestir, de mezclilla, vestidos y faldas.

- *Zapatos estilo Mary Jane*: son como las zapatillas de tacón pero con una sola correa sobre el empeine del pie. Sólo un par en negro de tacón mediano y se ven fabulosos con pantalones de vestir, pantalones con corte para botas, faldas y vestidos.

- *Zapatillas de tacón corto y curvo*: son zapatillas de tacón bajo curvado de 2.5 a 5 cm. Estos zapatos son mucho más favorecedores que los que no tienen tacón y, por lo general, también mucho más cómodos. Si tienes unas zapatillas cerradas de tacón, unos zapatos con talón descubierto y unas sandalias con este tacón ya tendrás cubiertas todas las temporadas y los usarás todo el tiempo.

- *Zapatos para caminar*: compra un buen par de zapatos casi planos para atuendos informales y para los días que tengas que caminar mucho. Los mocasines son sensacionales, pero trata de buscar algo que te haga ver coordinada, no poco atractiva. Un tacón de por lo menos 2.5 cm será más cómodo y elegante que un mocasín totalmente plano.

- *Sandalias de tacón en forma de cuña*: para el verano las alpargatas tipo sandalia con tejido de cuerda son muy versátiles, elegantes, cómodas y hay de muchos tamaños de tacón. Hay muchas opciones de color y materiales, pero evita las que tienen lazos que se atan alrededor de los tobillos. Esa apariencia es demasiado juvenil y nada favorecedora para tus piernas.

- *Tenis*: compra dos pares, unos para correr y otros para hacer ejercicio. Pero no los escojas para estar a la moda (ver el capítulo 6, donde encontrarás algunas sugerencias para escoger unos buenos tenis).
- *Botas para la nieve y lluvia*: compra un par de botas que sean completamente impermeables, elegantes y bien hechas (La Canadienne es la mejor marca).
- *Chancletas*: no eres tu hija adolescente. Úsalas sólo para la playa, para correr en el jardín o ir al pedicuro.

Las mejores botas y zapatos:

- Cole Haan (con Nike Air).
- Kors (de Michael Kors).
- Prada.
- Stuart Weitzman.
- La Canadienne.
- Anne Klein.
- Banana Republic.
- Coach.
- Easy Spirit.
- Naturalizer.
- Nine West.
- Jaime Mascaró.

No se trata sólo de lo que va por fuera. ¿Qué debe ir debajo de esa ropa fabulosa?

Consigue un sostén que te ajuste bien

La mayoría de las mujeres de Estados Unidos usan la talla incorrecta de sostén, y se nota. Ve con un profesional que te mida en una tienda de lencería o tienda departamental e invierte en unos sostenes buenos y nuevos, incluso uno específicamente para usarlo debajo de una camiseta u otras prendas lisas. Si tienes problemas con que se vean los pezones a través de la ropa, compra Gel Petals, que son parches de silicona reutilizables para cubrir los pezones antes de ponerte el sostén. Compra sostenes de color parecido al tono de tu piel para usar debajo de blusas blancas o de colores claros.

Deja de usar
los calzones de la abuela

Prueba un par de tangas Hanky Panky (hechas en Estados Unidos y se venden en todas partes), o incluso las pantaletas con corte de niño, y no volverás a ponerte otras. ¿Que nunca has usado tanga? Prueba un par antes de decir que no. No sentirás que no traes nada y le dirás adiós a esas situaciones en las que las costuras de los calzones se ven a través de la ropa. Son increíblemente cómodas. No te pongas pantaletas blancas cuando uses pantalones blancos o de colores claros. Usa calzones y sostenes del tono más parecido a tu piel y no se notarán. Las únicas pantaletas que vas a necesitar son Hanky Panky. Cómpralas de todos colores por diversión, pero compra la mayoría del color más cercano al tono de la piel.

Los calzones que levantan
los glúteos pueden ayudar

No son las fajas de nuestras abuelas. La nueva era de ropa interior moldeada afirma cómodamente y reduce el zangoloteo al mínimo cuando usas ropa ceñida. La venden en tiendas departamentales o de lencería. Prueba Spanx, Donna Karan y Maidenform.

¿Cuál es el mejor consejo de moda en general para mujeres de más de cincuenta años?

No queremos reglas estrictas, pero nuestras expertas de moda nos dieron magníficas ideas para lograr una apariencia refinada que te llene de seguridad.

- *Encuentra a una buena modista o sastre que sea experto en ropa de mujeres.* El ajuste lo es todo, sin importar lo que te gastes. Si tienes una asistente personal de compras, esa persona te ayudará a arreglar lo que necesitas con la modista de la tienda. Sin embargo, también debes tener un sastre o modista cerca que pueda arreglar la ropa nueva y hacer mejoras a algunas prendas que ya tienen sus años para que puedas volver a ponértelas, como convertir una falda de corte en A en una falda recta, reducir los pantalones muy anchos, o quitar las hombreras ochenteras de las chaquetas. Te sorprendería saber cuántas joyas de la moda tienes en tu guardarropa.
- *Usa ropa que acentúe la cintura.* Incluso si piensas que tienes la

cintura muy ancha, la ropa que sigue el contorno del cuerpo, incluso sutilmente, siempre es más favorecedora y atractiva que las prendas que parecen sacos. Si la ropa tiene demasiada tela o vuelo, te verás más gorda.

- *Utiliza un asistente personal de compras* para las prendas más caras y para las que requieran un ajuste perfecto: pantalones de vestir, jeans, faldas y chaquetas.

- *Gasta más, pero elige telas de mayor calidad* para los pantalones de vestir, faldas y chaquetas.

- *Prueba las tiendas de descuento* como Target, H&M y Kohl's para prendas básicas, como cárdigan, camisetas sin mangas y con manga. Mientras haces las compras, busca también esa chaqueta, vestido o impermeable perfecto.

- *Procura que tu estilo sea sencillo.* Mientras menos joyas, accesorios o adornos, mejor te verás. Jackie O siempre supo que la elegancia y sencillez siempre se ven mejor que arreglarse de más.

- *No necesitas más de un atuendo o apariencia*: no sigas comprando pantalones de mezclilla, incluso si es lo que te pones casi todos los días. Toda mujer necesita algunos

atuendos básicos perfectos para cada temporada y para necesidades específicas, como reuniones de trabajo, salir de compras, ir a comer con las amigas, para una cena romántica y ocasiones especiales. Si no sabes qué hacer, prueba un asistente personal de compras o busca ideas en revistas o sitios web como www.What2 WearWhere.com.

- *Equilibra el ajuste de toda tu ropa.* No uses ropa ceñida con prendas holgadas, o viceversa. Combina una blusa con una falda recta, o si usas una camiseta sin mangas con una falda recta o pantalones de vestir ajustados, agrega un poco de volumen con una chaqueta o cárdigan. Si te pones una falda amplia de verano, usa algo ajustado encima.

- *Los estampados pueden envejecer tu apariencia* en comparación con las prendas de color liso, así que ten cuidado al elegirlos, en especial los que son muy audaces, tienen combinaciones de color que pueden ser muy llamativas, o estampados delicados de flores que son demasiado cursis.

- *Cuidado con el encaje.* El encaje te puede dar un aspecto muy aseñorado, como matrona, o muy joven y vulgar. Es mejor evitarlo.

- *Considera el largo de las faldas.* ¿Tus piernas siguen viéndose como cuando tenías veinte años? Entonces, lo más probable es que ya no debas enseñarlas de la misma manera. En el otoño o el invierno, una falda más corta puede funcionar bien con medias y botas (más corta, no corta; hay una gran diferencia). Pero ¿una falda corta con las piernas desnudas? Necesitas pensarlo con mucho cuidado. El largo perfecto es justo a la mitad de la rodilla, donde hace flexión.

- *Evita todo lo arrugado, bombacho y aniñado.* Como en el caso del encaje y las faldas cortas, la ropa con volantes no va más con nuestra vida o nuestro cuerpo. Un solo volante en una blusa blanca o sobre un vestido negro puede verse bien.

- *Ata los vestidos o blusas drapeados a los lados, nunca al frente.* Y por favor no hagas un moño, ni que fueras una niñita.

- *Evita la apariencia de matrona.* Aunque la ropa demasiado ajustada es mala idea, la que tiene demasiada tela nos puede hacer ver anticuadas. Los suéteres sueltos, los pantalones holgados y las faldas demasiado largas no son favorecedores. Los pantalones de corte ancho nos hacen ver más anchas. Llévaselos a tu modista para que los reduzca y angoste las faldas y las dobladille para que te queden a media rodilla; así tendrás una apariencia más fresca.

- *Piensa en "cárdigan" antes que en "chaqueta".* Un cárdigan te dará una apariencia más suave y femenina. Es fácil de lavar y quizá llegue a ser tu prenda de vestir favorita.

- *Piensa muy bien lo que te pones en las piernas.* Usa medias negras opacas o de red en el otoño o invierno con botas o zapatos. Si te sientes cómoda, puedes usar maquillaje para piernas (como el de Sally Hansen) en lugar de medias transparentes en las estaciones cálidas. Pero haz lo que te haga sentir cómoda.

- *Limpia tu guardarropa* y sólo quédate con lo que te sirva. Fíjate si tienes ropa que puedas volver a ponerte con algunas modificaciones. Todo lo demás lánzalo a la calle.

¿Necesitas un asistente personal de compras?

Me impresionaron las ventajas de tener una asistente personal, aunque fuera por un día, en una tienda departamental bonita. Si crees que te puede interesar, pero no estás segura, Lisa Bruni, la directora del Women's Fifth Avenue Club de Saks Fifth Avenue, explica lo que se obtiene de una asistente personal de compras o consultora de estilo. Las asistentes son útiles si:

- Estás ocupada con tu trabajo y tu vida, pero quieres tener ropa fabulosa.
- Tienes una ocasión especial y no sabes qué ponerte.
- Quieres crear un buen guardarropa básico que puedas combinar con otras prendas.
- Buscas marcas que favorezcan tu forma corporal, estilo y edad.
- A menudo compras ropa que no usas, porque no es la adecuada.
- Quieres saber qué va con qué o cómo usar accesorios (cinturones, bolsas, zapatos o artículos de joyería) con lo que te vas a poner.
- No sabes nada de moda y usas las mismas marcas, colores y estilos año tras año.
- Necesitas ayuda para no extralimitarte en gastos.
- Quieres lo anterior sin ninguna obligación ni tener que pagar comisiones.

Mi compradora personal, Julie, me ayudó con todo esto y más. Con el paso del tiempo, establecerás una relación con tu compradora personal, que sabrá lo que tienes en tu guardarropa para trabajar con ello y determinar lo que necesitas y quieres. Puedes ahorrar dinero con una compradora personal, porque estarás menos propensa a comprar prendas que nunca te vas a poner y adquirirás sólo las que te queden bien y duren varias temporadas. Las compradoras personales avisan a sus clientas por anticipado cuándo habrá días de rebajas y trabajan contigo para buscar el máximo número de "apariencias" con la menor cantidad de prendas. La mayoría de las tiendas departamentales tienen modistas que hacen arreglos a precios accesibles o iguales a los que encontrarás en otros lugares, y a veces no cobran por modificaciones básicas, como hacer dobladillos. Casi todas las tiendas departamentales cuentan con este servicio, pero si tu tienda favorita no tiene un departamento de compradoras personales, puedes establecer una relación similar con una vendedora de la tienda.

- *Mantén los zapatos en buen estado.* Cuida los zapatos y botas. Manda arreglar los tacones y ponles suelas nuevas a los zapatos desgastados. Así durarán mucho más.
- *Invierte en bolsas de calidad.* Debes tener una bolsa de piel negra y grande para el día; una de piel clara que puedas usar tres temporadas y una o dos de bolsas de mano para la noche. También se ven muy bien las bolsas de color para acentuar tu apariencia: un bolso azul turquesa para los meses cálidos, y uno anaranjado oscuro para el otoño, por ejemplo. Si inviertes con sensatez, tendrás algunas bolsas excelentes que durarán muchas temporadas.

Las mejores bolsas son:

- Prada.
- Bottega Veneta.
- Fendi.
- Coach.
- Michael Kors.
- Cole Haan.
- Rafe.
- Isabella Fiori.

Sobre todo, siéntete cómoda.

¿Una asistente personal en línea?

Mientras husmeaba hace poco en internet, encontré algo que tengo que contarte: el equivalente electrónico de una asistente de compras. El nombre del sitio, apropiadamente, es What2WearWhere.com y ofrece sugerencias muy perspicaces de atuendos contemporáneos para la oficina, cenas de etiqueta, viajes y prendas básicas para la vida diaria. Ve a la página, elige el "evento" deseado y los expertos de moda del sitio sugerirán varias ideas asequibles, con todo y los accesorios adecuados. Cuando hagas clic en tu selección, te enlazará directamente con la página del vendedor, para que puedas comprar la prenda en línea, sin tener que ir a la tienda. Te facilita la vida.

Actúa

Podemos vernos bien a cualquier edad y sin necesidad de gastar mucho dinero. Todo lo que necesitamos son algunas prendas básicas bien hechas, un sostén que nos quede bien y algunos pensamientos para finalizar la sección:

- Un buen vestido negro es la prenda esencial de toda mujer.
- El ajuste lo es todo, sin importar tu talla.
- La modista es tu mejor amiga en cuestiones de moda.
- No tiene que costarte una fortuna hacerte de buena ropa de estilo fantástico.
- No te verás bien si no te sientes cómoda.

CAPÍTULO 11

Dinero

Estrategias para simplificar tus finanzas

Ah... el dinero

El dinero. Debes amarlo, o cuando menos, debes tenerlo. Ya sea que trabajes para ganarlo, lo heredes, te cases con una persona rica, ganes la lotería o una combinación de todo lo anterior, ya que tienes más de cincuenta años, asegúrate de tener un plan preparado para que te quede algo para disfrutarlo. Si no, ¿cómo vas a pagar la ropa de la que acabamos de hablar?

¿Qué? ¿Yo? ¿Preocuparme?

Los asuntos financieros pueden ser muy complicados, frustrantes y tener una fuerte carga emocional, pero si te ocupas de ellos ahora, te asegurarás de no pasar apuros en el futuro. En estos tiempos enfrentamos circunstancias económicas globales que no son muy tranquilizadoras y tenemos más preocupaciones financieras personales: nuestros problemas de salud, para empezar, además de padres ancianos que necesitan nuestra ayuda y tal vez los gastos de los estudios de algunos de nuestros hijos que siguen en la universidad. No por nada nos llaman la *generación del sándwich*. Pero podemos enfrentar todo esto si tomamos con seriedad las cosas, somos sinceras y formulamos un plan. Lo más importante, así como con el resto de las cosas después de los cincuenta, es no complicarse la vida.

Una vida sin crédito

De niña, la vida no era complicada. Vivíamos en la casa de mis abuelos que habían pagado al contado por su pequeña casa donde criaron a cinco hijos antes de tener que criar a mi hermana y a mí mientras mi madre trabajaba como secretaria en Manhattan. Mi abuelo era albañil y cada viernes por la noche, en cuanto llegaba a casa con su salario semanal, se lo daba directamente a mi abuela. Mi abuela era la administradora de la casa y del dinero. Las cuentas mensuales de los servicios públicos las pagaba en efectivo. Nada de créditos hipotecarios, tarjetas de crédito de tiendas departamentales, Visa, MasterCard o American Express, y nada de deudas. Pagábamos al contado todo lo que comprábamos, lo que, bajo el control de mi abuela, no era mucho. "Nunca compres lo que no necesitas", decía, y con muchas cosas encontraba la forma de hacerlas ella misma. Guardaba el dinero en una pequeña caja fuerte de metal, junto con algunas acciones que tenían, las escrituras de la casa y todos los documentos importantes. Esa caja podía resistir un terremoto, un incendio, una inundación y un ataque de langostas. Y mi abuela era la única que sabía dónde estaba la llave.

Escoge una tarjeta, la que quieras

¿Por qué no le hice caso a mi abuela cuando intentó enseñarme a hacer la salsa del pavo, a hablar alemán, o a administrar mi dinero para no tener deudas nunca? Ella era brillante, y yo pasé de ser una niña curiosa a una adolescente petulante que se convirtió en una adulta sabelotodo. ¿Tarjetas de crédito? Ah, sí, yo tenía muchas. Pregunta por la que quieras y estaba bien representada en mi billetera. ¿Amex? Mi mejor amiga. ¿Efectivo? ¿Para qué molestarse si el plástico es mucho más práctico? Afortunadamente, ganaba lo suficiente para cubrir mis gastos mensuales, pero usar las tarjetas eras demasiado sencillo. ¿Y las tasas de interés? ¡Altísimas! Sin embargo, eso no me disuadía (ni a la mayoría de los estadunidenses) de usar las tarjetas y aumentar la deuda. Es el modo de vida estadunidense.

El sueño americano

Por décadas hemos trabajado muy duro para alcanzar el sueño americano: comprar una casa, conseguir una hipoteca, tener hijos, reestructurar la hipoteca, sacar líneas de crédito sobre nuestras casas, utilizar plásticos y comprar, comprar y comprar. Las tarjetas de crédito, que no existían antes del final de la década de los cincuenta, nacieron con nuestra generación y se multiplicaron más rápido que nosotros. Los créditos eran muy fáciles de conseguir (lo que debió despertar suspicacias y volvernos más precavidos), lo que condujo a los problemas actuales de Estados Unidos. Para muchos estadunidenses de los años ochenta, noventa y la última década no parecía existir otra forma, o incluso la necesidad, de dejar de pedir préstamos, así que la deuda aumentó sin pensar siquiera en ahorrar para el futuro. El futuro parecía algo lejano.

Una nueva realidad

Lo que acabo de describir es la realidad financiera de muchas personas en Estados Unidos. Pero incluso aquellos de nosotros que seguimos el ejemplo de las hormigas de la fábula de Esopo que pasaron todo el verano reuniendo comida para el invierno mientras el saltamontes se la pasaba de lo lindo tomando el sol, sufrimos la caída de nuestros ahorros con la crisis financiera que comenzó en 2008. El saltamontes vive al día; las hormigas planean el futuro. La mayoría de nosotros tenemos tanto a la hormiga como al saltamontes peleando dentro de nuestra cabeza. Pero cuando uno tiene cincuenta años, el futuro se vuelve rápidamente el día de hoy. Entonces, ¿cómo detener la pelea entre ambos y tomar el control de nuestras finanzas? Es hora de llamar a los expertos.

Primera escala: un gran planificador financiero

Michael Axelrod se convirtió en nuestro asesor financiero hace algunos años después de que Howard y yo nos dimos cuenta de que no habíamos actualizado nada: seguros, testamentos y otras partes de nuestro plan financiero, en mucho tiempo. Sumamente recomendado por conocidos nuestros en quienes confiamos, Michael es consultor de bienes patrimoniales por honorarios, asociado con Northwestern Mutual Investment Services. Nos reunimos con él para revisar nuestras necesidades de seguros, pero ahora Michael nos ayuda con mucho más: le pedí que nos asesorara para planear nuestro futuro financiero.

El estado de las cosas

Michael comenzó por hacernos cobrar conciencia del mundo financiero con el que nos enfrentamos ahora. Entre octubre de 2007 y marzo de 2009, el mercado financiero de Estados Unidos perdió más de siete billones de dólares (es una cifra tan exorbitante que ni siquiera estoy segura de cómo se escribe con números). El valor de los inmuebles se redujo y el índice de desempleo de las personas mayores de cincuenta está en ascenso. Algunos expertos creen que pasarán años antes de que la economía estadunidense se recupere. Una de las principales razones es que somos 79 millones de personas de la generación de la posguerra que envejecemos. La primera oleada de la generación de la posguerra se prepara para jubilarse, y a medida que lo hagamos, tendremos que ajustarnos el cinturón, como es lógico. Esta generación es una fuerza financiera muy poderosa, tanto así que si dejáramos de gastar podríamos desacelerar la economía por muchos años por venir. Eso sucedió en Japón en la década de los años noventa y la economía japonesa no se ha recuperado del todo. Es un "callejón sin salida". ¿De qué otra manera podemos tener lo suficiente para vivir cómodamente si no dejamos de gastar y comenzamos a ahorrar? Pero si dejamos de gastar, ¿cómo crecerá de nuevo la economía?

Plan de ataque

El mejor consejo de Michael fue tener un plan financiero: determinar la situación financiera en la que nos encontramos, decidir cómo queremos estar y crear un plan para llegar ahí. No estás sola y puedes lograrlo.

Jane Bryant Quinn te lleva de regreso a lo básico

A pesar de la seguridad que nos dio el consejo de Michael y la maravillosa manera en que nos explicó con todo detenimiento los aspectos financieros más complicados, me asusté. Me convencí de que mi esposo y yo terminaríamos sin hogar, muriéndonos de hambre en la calle dentro de algunos años, en vista de nuestros gastos presentes y futuros (como los estudios universitarios de nuestras hijas). Por eso llamé a Jane Bryant Quinn. Jane fue editora y colaboradora de *Newsweek* por muchos años. Realiza reportajes para Bloomberg, fue asesora de AARP, fue nombrada una de las "25 mujeres más influyentes en Estados Unidos" y es autora de libros de mucho éxito sobre temas financieros. Empecé a respirar normalmente de nuevo cuando supe que iba a reunirme con ella.

Olvídate de los informes financieros y utiliza el sentido común

Cada mañana me levanto a las 5:30, me lavo la cara, preparo café y espero pacientemente hasta que oigo caer el *Wall Street Journal* y el *New York Times* fuera de la puerta de entrada de nuestro departamento. Aunque hago mi mejor esfuerzo por leer la sección financiera, rápidamente siento que la mirada empieza a divagar y los dedos se mueven impacientes por cambiar a la sección de cultura, noticias internacionales o de salud. Cuando se lo confesé a Jane, me dijo: "No necesitas leer los informes financieros para saber administrar tu dinero. No necesitas ser una experta en finanzas para lograrlo. Sólo necesitas ser sensata".

La toma de conciencia propiciada por Jane

La bolsa de valores no se recuperará sino hasta dentro de unos años
Cuando la bolsa se tambaleó en el 2000, no recuperó el nivel que tenía sino hasta 2007. No sabemos cuándo se recuperará en esta ocasión, pero podemos suponer que no compensaremos todas las pérdidas.

El mercado inmobiliario tampoco se recuperará pronto

El mercado inmobiliario tocará fondo y entonces sucederá lo que siempre sucede: se recuperará poco a poco, de forma paralela a la tasa de inflación. En los últimos años, teníamos acceso fácil al dinero gracias a los préstamos sobre el valor líquido de la vivienda. Ahora que muchas casas han perdido su valor y el crédito es más difícil de conseguir, esto puede ya no ser una opción. La recomendación es liquidar estos préstamos y todo lo posible de la hipoteca antes de que te jubiles, porque necesitarás todo el dinero que te quede para sobrevivir más adelante. Tal vez debas pensar en cambiar tu casa por algo más pequeño y más manejable.

Considera que tendrás que trabajar más tiempo del que tenías previsto

Esta generación no ha ahorrado lo suficiente para jubilarse, y parte del dinero que teníamos desapareció con la caída del mercado financiero mundial. La realidad es que muchos de nosotros nos veremos obligados a trabajar mucho más tiempo, lo que aumentará la edad "normal" de jubilación posiblemente hasta los setenta años. Por el lado bueno, si trabajamos más tiempo y, en consecuencia, tenemos más dinero para gastar, estaremos devolviendo dinero al mercado, lo que tal vez ayude a que nuestros ahorros se recuperen más rápido. Así también aplazamos el momento de tener que recurrir a la seguridad social, lo que puede aumentar nuestras prestaciones en el futuro.

¿Qué significa esto para ti?

Jane es conservadora cuando se trata de planeación financiera. En 2003 escribió un artículo para *Newsweek* con buenos consejos para la gente que estaba por cumplir cincuenta años. En el artículo comenta que si no hemos comenzado a ahorrar, ella espera que sea porque vamos a recibir una generosa herencia. Pero si no es así, debemos volvernos más estrictos con nosotros mismos y comenzar de inmediato.

Después de los cincuenta nos dirigimos hacia la jubilación, que ahora comprendemos que no sucederá sino hasta que tengamos casi setenta años, y debemos preguntarnos cómo le haremos para sobrevivir. Ésta es la parte sencilla del plan: debes comenzar a ahorrar más y a gastar menos. No hay ningún truco de magia. Es simple sentido común.

Los consejos inteligentes de Jane:

- *Apriétate el cinturón*: deja de gastar y no trates de llevar un tren de vida que no puedas costear (¿comunicación con mi abuela en el más allá?).
- *Guarda la mayor cantidad de dinero que puedas en tu plan de ahorro* e invierte conservadoramente en una combinación de acciones y bonos, de preferencia en un fondo de inversión (Jane no recomienda la inversión en acciones individuales a la mayoría de la gente. Es demasiado arriesgado).
- *No tocar la casa*: no utilices tu patrimonio inmobiliario para obtener dinero.
- *Corta el cordón umbilical*: deja de ayudar a tus hijos adultos. Primero deposita tu dinero en un fondo para el retiro; el fondo para la universidad viene después.
- *Cuida tu salud*: si vas a tener que trabajar muchos años más, debes cuidar tu salud: deja de fumar, haz ejercicio y come bien.

Lo sé, lo sé. Vas a tener que seguir trabajando. Pero qué tal si...

Es posible que hayas decidido que resolverás los problemas de dinero si no te jubilas y sigues trabajando. Pero ¿qué pasará si te despiden? ¿Y si planeabas trabajar hasta llegar a los setenta años, pero en tu trabajo deciden despedirte a los cincuenta y tres? Sin importar cuáles sean los planes, debes tener en cuenta la posibilidad de perder tu trabajo de forma inesperada. Estar preparada para esa posibilidad es esencial para tu salud financiera (y mental).

Asegura el futuro

Además de formular una estrategia monetaria sensata y comenzar a ahorrar, tanto Jane como Michael indicaron que al pasar de los cincuenta años, debemos prestar atención a la otra parte crítica de la planeación financiera a largo plazo: el seguro.

Nuestras necesidades esenciales de seguro

Seguro de gastos médicos

Sin seguro de gastos médicos, tu salud, ahorros y el nivel de vida que tienes pueden correr grave riesgo si alguien de tu familia se enferma o sufre un accidente. No tener seguro de gastos médicos es un riesgo financiero mayor que cualquier otro. Si pierdes el trabajo, o decides dejarlo, necesitarás encontrar una manera para seguir asegurada hasta que tengas sesenta y cinco o setenta años, que es la edad en la que ya tendrás derecho a recibir las prestaciones de la seguridad social. De ser posible, no dejes de trabajar hasta que puedas remediar el problema del seguro. A continuación te sugiero algunas formas para seguir cubierta si dejas o pierdes tu trabajo:

- *Únete al plan de seguridad social de tu esposo.* Hay un plazo muy corto después de perder tu cobertura en el que puedes inscribirte; ¡no pierdas tiempo!
- En algunos países las leyes permiten mantener la cobertura de seguro hasta por dieciocho meses, pero es muy caro, así que casi nunca es la mejor opción.
- Busca un nuevo trabajo específicamente por las prestaciones que ofrece, aunque implique una disminución de sueldo.
- Si decides comenzar tu propio negocio, habla con la Cámara de Comercio local para ver si existen pólizas de seguro grupales que

puedan cubrirte. En algunos estados existen pólizas "grupales" que admiten un grupo formado por una sola persona.

- Investiga las pólizas de seguros individuales con un agente de seguros de gastos médicos. Será más caro que un plan grupal, pero vale la pena revisar las opciones.
- Si te mudas, asegúrate de encontrar un nuevo doctor antes de que cumplas 65 años, dado que existen médicos que a veces rehúsan tratar nuevos pacientes si no cuentan con póliza de seguros.

Seguro de vida

Si hay personas que dependan de ti: hijos, esposo, pareja o incluso tus padres ancianos, necesitarás tener un seguro de vida para que puedan conservar el mismo nivel de vida si algo llegara a sucederte. Si nadie depende de ti, no hay necesidad de tenerlo. La norma general es la siguiente: la suma asegurada debe ser de seis a ocho veces tu salario anual. Si tu pareja percibe ingresos, también debe tener un seguro de vida proporcional a su ingreso. De acuerdo con Michael Axelrod, debes contratar la mayor suma asegurada posible si puedes pagarla, ya que siempre puedes reducir la cobertura más adelante, pero será más difícil incrementarla cuando seas mayor y seas más propensa a sufrir problemas de salud.

Seguro de discapacidad

Si ya pasas de cincuenta, es probable que te encuentres en los años en los que percibirás mayores ingresos. Si te incapacitas, un seguro de este tipo protegerá tus activos. Pregunta en tu trabajo si la empresa ofrece algún plan, o trabaja con un agente de seguros para buscar una póliza de seguro individual de discapacidad. Nunca pongas en riesgo tus bienes.

Seguro de discapacidad permanente

Es un tipo de seguro relativamente nuevo y algo que debemos tomar en consideración cada vez más a medida que nos acercamos a los sesenta años.

- *¿Qué es el seguro de discapacidad permanente?* Este seguro cubre el costo de los cuidados asistenciales o de un centro de convalecencia o residencia de ancianos para personas que se enferman, quedan discapacitadas o que ya son muy ancianas.
- *¿Cuál es la edad más adecuada para contratar un seguro de discapacidad permanente?* El momento ideal es cuando uno tiene poco más o menos de sesenta años. No pospongas este seguro hasta que tengas más de sesenta años, porque mientras más tardes, más probable será que te enfermes de algo que podría impedirte obtener la cobertura y y el costo aumenta con cada década de edad.
- *¿Quién necesita el seguro de discapacidad permanente?* La gente que tiene mucho dinero no necesita este seguro debido a que ya cuenta con suficiente capital para enfrentar cualquier situación. Las personas clasificadas en las bandas impositivas más bajas probablemente no quieran contratar este seguro, ya sea porque 1) puede ser prohibitivamente caro y 2) en algunos países la seguridad social cubre el costo de los cuidados que requiere un cónyuge enfermo, mientras que el cónyuge sano recibe los bienes protegidos o exentos de impuestos (cuentas de ahorro para el retiro, automóvil, casa, seguro de vida, ingresos personales del cónyuge sano, parte del ingreso del cónyuge enfermo y una cantidad específica

de los ahorros). Si nadie depende de ti, es posible que no lo necesites, porque puedes vender todos tus bienes para pagar tus necesidades de atención y si se te acaba el dinero, en algunos países la seguridad social entra al rescate y continúa cubriendo los gastos. El seguro de discapacidad permanente es muy importante para parejas casadas de clase media alta, porque a pesar de que el cónyuge sano puede conservar los bienes protegidos (que se mencionaron antes), todo el ingreso o inversiones adicionales se usarán para cubrir los costos de los cuidados requeridos. En este caso, contar con este tipo de seguro te ayudará a mantener tu nivel de vida. Si obtienes el seguro, contrata una póliza que se ajuste a la inflación.

- ¿Cómo obtener el seguro de discapacidad permanente? Lo mejor es buscar un agente de seguros que tenga experiencia con pólizas a largo plazo.

Directrices para tu plan financiero

El consejo de Jane es sencillo, directo y ha superado la prueba del tiempo. Éstas son algunas de sus recomendaciones generales para poner las finanzas en orden y conservarlas de esta manera. Son las mismas directrices que ella sigue en su vida personal. Los detalles específicos varían de acuerdo con nuestro modo de vida, circunstancias, necesidades y objetivos específicos. Sin embargo, te ayudarán a crear un plan de vida, que debe incluir alguna versión de los siguientes componentes:

- *Ahorra más*: ésta es la prioridad principal. Abre una cuenta bancaria para que se deduzca una parte de tu salario y se deposite directamente a tu cuenta de retiro. Ahorra todo lo que puedas en tu cuenta de ahorro normal, tu cuenta de ahorro para el retiro y todos los fondos de retiro que tengas.
- *Liquida tus deudas*: paga más del mínimo mensualmente y una vez que las liquides, no contraigas nuevas deudas.
- *Pide menos préstamos*: vive dentro de lo que tus posibilidades permiten y rara vez tendrás que

solicitar un préstamo. Esfuérzate para no solicitar préstamos hipotecarios para pagar las deudas.

- *Paga tus cuentas por vía electrónica*: aprovecha las ventajas de la banca electrónica y las opciones de pago automático; te ayudarán a pagar las deudas a tiempo y a mantener tu historial crediticio en buen estado. También ahorrarás en cheques y gastos de envío.
- *Presta atención a los impuestos y las desgravaciones fiscales.* Consíguete un buen contador y planificador financiero y solicita su ayuda.
- *Invierte con regularidad*, en especial en tu fondo para el retiro.
- *Ten un portafolio de inversión diversificado* con una combinación de bonos, acciones y activos líquidos, y revisa tu portafolio por lo menos una vez cada tres meses, de preferencia con tu asesor financiero.
- *Ten dinero en efectivo a la mano*: asegúrate de tener dinero invertido en activos líquidos o en efectivo al que puedas acceder con facilidad. Esto incluye certificados de depósito y fondos del mercado de dinero de compañías estables. El punto de tener este dinero no es obtener grandes rendimientos, sino ganar una tasa pequeña, pero constante sobre el dinero que puedes necesitar en cualquier momento para pagar los gastos normales.

- *Limita los riesgos*: ya no es momento de enloquecer y tratar de maximizar los ingresos; concéntrate en proteger lo que ya tienes.
- *Contrata todos los seguros que necesites y mantenlos al día*: seguros de gastos médicos, automóvil, vida, discapacidad temporal y discapacidad permanente. Si omites un pago, puedes perder el seguro (aunque por lo general las compañías te ayudan a regularizarte).
- *Paga comisiones bajas*: presta atención a las comisiones que cobran los fondos de inversión, los bancos, las tarjetas de crédito y otras transacciones y redúcelas al mínimo. No pierdes nada con llamar y solicitar comisiones o tasas menores.
- *Haz tu testamento y pon en orden tu planificación testamentaria.* No dejes líos que tus herederos tendrán que arreglar cuando faltes. Esto es importante para cualquiera, pero es particularmente relevante para las "familias mixtas" con hijastros y similares.

Comienza

Para elaborar un plan de vida verdaderamente viable en el futuro, necesitas saber tu posición en este momento. Tardarás varias horas en realizar los siguientes pasos, pero serán una gran inversión de tiempo. Si lo haces correctamente, sólo tendrás que hacerlo una vez y actualizarlo de vez en cuando.

1. Reúne todos los estados financieros que tengas, entre otros:

   - Cuentas bancarias: cheques y ahorro.
   - Deudas: hipoteca, préstamos sobre el valor líquido de tu propiedad, tarjetas de crédito y demás.
   - Seguros: vida, riesgos en el hogar, automóvil, discapacidad temporal y permanente y cuentas de ahorro para gastos médicos.
   - Cuentas para el retiro: cuentas individuales para el retiro.
   - Plan de ahorro universitario
   - Casa de bolsa y estados de cuenta de fondos de inversión.
   - Propiedad de bienes raíces.
   - Cualquier otra inversión.

2. Haz una lista de todas tus deudas que incluya estados de cuenta, tasas de interés y cuánto dinero pagas cada mes (sigue respirando).

3. Haz otra lista de tus bienes que incluya todos tus ahorros, inversiones y pólizas de seguros, así como su valor actual y la aportación mensual.

4. Junto a cada uno de los conceptos de estas listas, tanto deudas como bienes, escribe una breve explicación del motivo por el que tienes ese elemento en particular. Cuando elabores tu plan maestro, te darás cuenta de que debes conservar algunas de estas cosas, mientras que otras ya no son necesarias o requieren ajustes. Al hacer esto, le darás a cada elemento la atención que merece y tomarás decisiones sobre cada uno de ellos. Es muy probable que no todos aparezcan en el plan definitivo.

5. Revisa tu chequera y tarjetas de crédito para hacer una lista de los gastos promedio mensuales. Es importante saber en qué gastas el dinero cada mes.

6. Después de concluir lo anterior, inicia una nueva lista llamada "Objetivos". Esto te ayudará a crear una lista concreta de objetivos financieros y también de vida. Si tienes pareja, será muy interesante que los dos, cada uno por su cuenta, preparen una lista de objetivos y luego las comparen. Puede que tengas objetivos financieros específicos como: comprar un nuevo auto, liquidar las deudas de las tarjetas de crédito, ayudar a tu padre o madre ancianos o todo lo anterior. Sean cuales fueren sus objetivos, anótenlos y luego revisen juntos las dos listas para unificar y depurar objetivos.

7. Da un orden de prioridad a tus objetivos. La vida cambia, y también los objetivos que uno persigue. Pero necesitas una idea clara de cuáles son tus objetivos de vida y financieros para que puedas planear a partir de ellos. Ya sea que vivas sola o en pareja, debes priorizar tus objetivos, decidir cuándo quieres alcanzarlos y tratar de hacer un cálculo realista de cuánto dinero necesitas para alcanzarlos. Algunos de los objetivos serán más bien "deseos de vida", como viajar por el mundo. Otros serán más prácticos, como pagar la hipoteca. Da prioridad a los más importantes y encuentra la forma de ahorrar lo que necesitas para invertir en cada uno de tus objetivos.

8. Ya has sentados las bases, ahora consigue un asesor financiero y formula tu plan de vida. Una vez que tengas toda esta información en orden, verás claramente lo siguiente:

- Tu ingreso mensual.
- Tus cuentas mensuales.
- La suma total de las deudas.
- Cuánto hay en tu fondo para el retiro.
- Cuáles serán los gastos fuertes más próximos.
- Cuánto te quedará cada mes para invertir.
- De qué elementos puedes prescindir.
- Cuáles elementos debes conservar, pero necesitan ajustes.
- Cuáles cambios, en su caso, debes hacer en tu testamento para reflejar el estado actual de tus bienes y deudas.
- Exactamente qué necesitas hacer para alcanzar tus objetivos.

¿Necesitas un asesor financiero?

No todo el mundo lo necesita. Sin embargo, son eficaces si requieres ayuda para comenzar, establecer un presupuesto y determinar las repercusiones fiscales de tus decisiones. También son útiles si enviudas e intentas poner en orden tus finanzas. Si estás próxima a jubilarte, Jane piensa que es de suma importancia que consultes a un asesor financiero. El experto adecuado puede hacer mejoras significativas en tu calidad de vida y asegurarse de que te beneficies y cumplas con la pasmosa complejidad de las leyes fiscales y la normativa para el retiro. No pienses que los asesores financieros sólo trabajan con gente que tiene mucho dinero que administrar. Hay excelentes planificadores que te ayudarán con tu plan, sin importar cuánto dinero tengas. Pero ¿cómo encontrar a un buen asesor financiero que te ayude con tu plan de vida y no sólo trate de venderte otros productos?

Acciones, bonos y fondos del mercado de dinero: ¿dónde debes invertir tu dinero?

Jane me dio una sencilla regla para cuando quisiera decidir dónde colocar mis inversiones: resta tu edad a 110. El número resultante es el porcentaje de tu fondo de inversión que debes invertir en acciones, el resto debe ir en bonos. Otra forma de considerarlo es preguntarte: ¿cuándo necesitaré este dinero? Invierte el dinero que no necesitarás en un tiempo en bonos. Los bonos son buenos en un mercado a la baja y para tener liquidez, y son excelentes para equilibrar tu portafolio. En lo que se refiere al dinero que necesites tener a la mano si surge un imprevisto, inviértelo en certificados de depósito y en fondos del mercado de dinero. Si tienes dinero que no vas a necesitar en el futuro próximo y puedes invertir realmente, compra acciones. Por último, es importante la diversificación: es mejor tener tanto acciones como bonos en el portafolio.

Pregunta al inversionista inteligente

Dejar tu futuro financiero en manos de un extraño puede dar un poco de miedo, así que le pregunté a una de las mentes más brillantes del periodismo financiero cómo conseguir al asesor financiero más adecuado. Jason Zweig es autor de muchos libros exitosos y de la columna "The Intelligent Investor" del *Wall Street Journal.* Jason se especializa en estrategias sensatas e inteligentes para ganar y conservar dinero. Él cree que la mayoría de la gente no invierte el tiempo necesario para conseguir un asesor adecuado. Se pregunta: ¿cómo puede alguien poner su futuro financiero en manos de otro sin la debida diligencia? Más allá de los títulos técnicos, Jason piensa que tú y tu asesor deben agradarse, confiar uno en el otro y respetarse. Debes creer que puedes pedirle cualquier tipo de consejo a esta persona, no sólo financiero. Para encontrar al asesor adecuado, crea una pequeña lista de personas que conozcas bien y en quienes confíes. Pide a cada una de ellas que te recomienden un asesor. Cuando tengas algunos nombres, comienza el proceso de depuración. Si después de preguntar no consigues nada que te convenza, busca un asesor que trabaje sólo por honorarios. Jason me proporcionó la siguiente lista de preguntas para entrevistar a cada candidato:

- *¿Por qué se dedica a este trabajo?* Necesitas creer que al asesor financiero le importa lo que hace y está sinceramente interesado en ayudar a sus clientes.
- *¿Cómo le pagan?* Jason y Jane piensan que un asesor financiero debe ser un profesional que trabaje sólo por honorarios. Esto significa que el asesor cobra por su guía y recomendaciones y no por los productos financieros que vende. Un buen asesor financiero puede costar lo mismo que un buen abogado. Algunos tienen tarifas por hora. Otros cobran por el plan. Si tu asesor financiero también administra tu dinero, es posible que cobre una comisión anual de hasta uno por ciento sobre los bienes que administre. Si la factura o estimado total asciende a más, busca otro asesor. Jason sugiere que consideres alternativas de bajo costo.
- *¿Se centra exclusivamente en administración de bienes, o también ofrece asesoría sobre impuestos, planeación testamentaria, planes*

de jubilación, presupuestos, fidei-comisos, administración de deudas y necesidades de seguros? A estas alturas de la vida, necesitamos la pericia de alguien que pueda ayudarnos con nuestro plan general de vida y no sólo en la administración de bienes patrimoniales.

- *¿Cuántos clientes tiene y con qué frecuencia se comunica con ellos?* Necesitas saber esto de inmediato para que puedas adaptar tus expectativas. También es útil averiguar la antigüedad promedio de sus clientes y si vas a poder comunicarte directamente con el asesor financiero o sólo con un miembro de su equipo.
- *¿Cómo selecciona las inversiones?* Debes saber cómo el asesor financiero selecciona las inversiones y qué hace con las que no funcionan bien.
- *¿Hasta cuánto puede ascender el rendimiento anual de mis inversiones?* Para no olvidar el caso de Bernie Madoff, Jason aconseja: si su respuesta es una cifra mayor que 10 por ciento, aléjate de inmediato.
- *Una vez que elaboremos un plan de vida, ¿cómo trabajará conmigo para supervisar la puesta en marcha del plan?* Lo importante es que creas que tienes el control de tu estrategia financiera y que tu asesor no sólo elabore un plan, cobre sus honorarios y se dé media vuelta.

Al igual que el dinero, los buenos asesores financieros no crecen en los árboles

Los asesores realmente buenos probablemente estén demasiado ocupados y quizá sea difícil conseguir una cita para verlos. Sin embargo, si logras llegar a su oficina, ellos seguramente te evaluarán a ti también. Un asesor que verdaderamente domine su campo te hará las siguientes preguntas:

- ¿Por qué necesita un asesor financiero?
- ¿Cuáles son sus objetivos financieros y de vida?
- ¿Qué experiencia ha tenido con asesores financieros?
- ¿Tiene algún presupuesto?
- ¿Puede vivir dentro de sus posibilidades?
- Dentro de un año, ¿qué deberé haber logrado para que pueda decir que está satisfecha o contenta con el trabajo?
- ¿Cuáles son los mayores temores financieros?

Algunos consejos más de Jason:

- *No te comprometas*. Nunca firmes nada con el asesor financiero en tu visita inicial. Espera hasta que hayas revisado todo.
- *Divide y vencerás*. Si estás casada, tu esposo debe llegar a la entrevista de selección a tiempo y tú debes llegar cinco o diez minutos después. He aquí la razón: en los primeros minutos de una entrevista, la gente habla de cuestiones sociales para entablar una conexión. Si tu esposo llega primero, él establecerá la relación con el asesor financiero. Cuando llegues unos minutos después y ellos ya estén riendo y bromeando, podrás observar la interacción entre el asesor y tu esposo y captar algunos matices que tu esposo ya no nota, porque habrá bajado la guardia, lo mismo que el asesor. Captarás más información sobre el asesor. Los estudios de investigación han demostrado que las mujeres son más observadoras que los hombres, interpretan mejor las expresiones faciales de las personas y se dan más cuenta de si mienten o son tramposos. Ésta es una estrategia útil cuando busques abogados u otros servicios profesionales.
- *Cuenta todo*. Si vas a contratar a un asesor financiero, debes confiar lo suficiente en él para decirle la verdad. El consejo sólo será tan bueno como la información en la que se basa.
- *Sé específica*. Explica exactamente qué es lo que quieres que el asesor te ayude a lograr con tu plan de vida, y cuál será el papel que desempeñará en el establecimiento y la administración de tu plan financiero integral (incluidos los seguros), tu política de inversión (en especial si administrará tus inversiones) y tu plan de distribución de activos (¿quieres que establezca un fideicomiso?). Asegúrate de comprender cómo se hará cargo de todas estas cosas.

¿Cómo puedes hacer un mejor uso de tu dinero de manera cotidiana?

Obtener consejos de especialistas y elaborar un plan sólido te ayudarán a prepararte para una vida financiera estable después de los cincuenta años. Igualmente importante es aprender a romper malos hábitos financieros y establecer una relación sana con el dinero en nuestra vida diaria. En el libro reciente de Jason, *Your Money & Your Brain*, se explora la neuroeconomía, una disciplina nueva e interesante que combina la psicología, las neurociencias y la economía para explicar por qué la gente inteligente toma decisiones inadecuadas sobre sus inversiones, las aplazan, evitan planear el futuro y por qué tanta gente continúa pensando equivocadamente que con dinero comprará felicidad.

Somos humanos después de todo

Cuando tomamos decisiones sobre el dinero, nuestro cerebro a menudo nos induce a hacer cosas que no tienen sentido lógico, pero tienen sentido emocional. Eso no nos hace irracionales, explica Jason, nos hace humanos. Él me dio algunas observaciones y consejos para ayudarnos a ser menos emocionales y más racionales para controlar mejor nuestro dinero.

Cualquiera que sea nuestro plan para el futuro, la única forma de lograrlo es ahorrar más

Si quieres que tu dinero crezca 10 por ciento al año, la mejor manera de lograrlo es ahorrar 10 por ciento de tu dinero. En los últimos diez años, mucha gente ha tenido la idea que si necesita más dinero, debe comprar acciones o invertir en bienes inmobiliarios. Pero el mercado de valores no existe para ofrecerte la tasa de rendimiento que deseas. En medio de la realidad económica en la que nos encontramos, la tasa de ahorro personal ha ido de cero a más de 4 por ciento en tiempo récord. Eso es algo bueno, pero aún no ahorramos lo suficiente.

¿Y por qué 10 por ciento?

Durante los últimos años, si le preguntabas a cualquiera en Estados Unidos por la tasa de rendimiento esperada de cualquier inversión, incluidos los inmuebles, la respuesta era 10 por ciento. ¿Por qué? Diez es un buen número entero y vivimos en un mundo basado en el número diez, así sonaba bien. Pero a pesar de que la tasa histórica de rendimiento sobre las acciones es de casi 10 por ciento (incluida la inflación), la tasa en un periodo cualquiera varía mucho y la tasa de rendimiento de los inmuebles nunca ha sido cercana a esa cifra. Históricamente, el rendimiento de los inmuebles, después de la inflación, es de 2 a 3 por ciento. No es una mala inversión; es muy estable y una buena manera de mantenerse a la par con la inflación, pero no tiene ni tendrá nunca una tasa de rendimiento de 10 por ciento anual. Algunas personas todavía tienen la idea de que las acciones y los bienes inmuebles deben ofrecer un rendimiento de 10 por ciento. Ahora los dos mitos han caído en el descrédito. Sólo el ahorro puede darte más dinero.

Pedir prestado es lo contrario de ahorrar

Si tienes una deuda, de seguro pagas intereses por ella, lo que cancelará en todo o en parte cualquier rendimiento procedente de los ahorros o inversiones. Lo mejor que puedes hacer ahora, antes incluso de que pienses en ahorrar, es liquidar tus deudas. Aléjate de los préstamos hipotecarios. Éstos se acumulan a tu deuda y reducen el valor líquido de tu patrimonio.

Deja las tarjetas en casa

Las deudas de las tarjetas de crédito forman una gran parte de la deuda personal y le agregan aún más con las altas comisiones y tasas de interés que hay que pagar (con mayor razón ahora que las tarjetas con intereses bajos desparecieron). Son adictivas porque sientes el placer de comprar cosas ahora, pero sólo retrasan el dolor de tener que pagarlas.

Lleva billetes grandes.

Lleva billetes de alta denominación en lugar de billetes chicos cuando compres. A la gente no le gusta cambiar billetes grandes, porque siente que los gasta completos.

La regla de las "ocho buenas razones"

La próxima vez que pienses en hacer un gasto fuerte (como un fabuloso par de zapatos de piel con talón descubierto), escribe ocho buenas razones para ello. A la mayoría de la gente no se le ocurren más de tres razones para comprar cualquier cosa. No hagas esa compra a menos que tengas ocho buenas razones. Es probable que termines por no hacerla.

Aléjate de las tentaciones

Si sabes que vas a pasar por una zapatería (ya sabes, la que tiene ese par de zapatos de piel maravillosos con el talón descubierto) porque necesitas ir del punto A al punto B, cambia de ruta.

Para ser capaz de resistirte a las grandes tentaciones, cede ante las más pequeñas

Si sabes que te enfrentarás a la tentación de hacer una compra grande, es mejor que cedas a alguna más pequeña. Si vas rumbo a una zapatería y alguien te pone enfrente chocolates Godiva, compra los chocolates. Es probable que ese gasto te impida comprar los zapatos.

No corras más riesgos de lo necesario

Esta crisis financiera ha sido particularmente dolorosa porque mucha gente perdió su dinero en riesgos que no necesitaba correr. Por ejemplo, considera un plan de ahorro para estudios universitarios. Muchas personas de nuestra edad abrieron estas cuentas cuando sus hijos nacieron. Es un vehículo de ahorro a largo plazo con gastos a corto plazo y por lo general se usa para financiar la educación universitaria. En algunos casos tienes hasta veintidós años para ahorrar, pero casi siempre el dinero tiene que gastarse en sólo cuatro años. Muchos planes están diseñados para que los inversionistas puedan repartir sus inversiones de diferentes formas entre acciones, bonos y demás instrumentos financieros, aunque las acciones representan la inversión más arriesgada, pero potencialmente más lucrativa. Como todo ese dinero debe gastarse en cuatro años, cuando este periodo está cerca, conviene correr menos riesgos con

el dinero y cuando dicho periodo ya está encima, no se puede correr absolutamente ningún riesgo. Por desgracia, cuando las acciones subieron, mucha gente dejó sus planes protegidos para comprar algunas de ellas (incluso cuando sus hijos estaban por entrar a la universidad o cuando ya estaban estudiando su carrera universitaria), en lugar de cambiar a inversiones más seguras. Cuando el mercado financiero se desplomó en 60 por ciento, las personas que tenían invertido 60 por ciento de su dinero en acciones perdieron 36 por ciento de su capital total. Debido a que tenían que retirar ese dinero durante el periodo de cuatro años, no tuvieron tiempo de recuperar las pérdidas. No seas codiciosa y busques la mayor recompensa. Determina exactamente cuánto riesgo puedes correr y no te arriesgues más.

No planees cambiar las cosas más adelante, porque es probable que nunca lo hagas

Uno de los retos que presentan los planes de ahorro para estudios universitarios es que ofrecen un amplio espectro de opciones. Al enfrentarse a tantas opciones, la gente casi nunca las investiga con cuidado, sino que piensa: "Voy a elegir algo ahora y más adelante, cuando sea el momento adecuado, lo arreglo". Ése es un gran error psicológico porque una vez que alguien opta por un modo de actuar, se vuelve el preferido sobre cualquier otro simplemente porque es el elegido. Es muy difícil cambiar esta decisión.

Ten cuidado con tu estado de ánimo

Las emociones afectan tu comportamiento financiero de formas predecibles. Preguntarte: "¿De qué humor estoy?" debe ser el primer paso de la lista para tomar decisiones. Si te sientes feliz y tranquila en lo general, es probable que tomes decisiones mejor informadas. Los estados de ánimo negativos pueden provocar que tomes decisiones arriesgadas o decisiones que intentan llenar un vacío, casi siempre inconsciente. Cuando estás enojada o avergonzada, te sientes más agresiva. Alguien que está enojado es mucho más propenso a comprar acciones no probadas o bonos chatarra, por ejemplo, en lugar de lo que haría en otras circunstancias. De forma similar, si estás triste, por lo general sientes que perdiste algo, y la única manera de quitarte ese sentimiento es comprando algo nuevo.

Deja de aplazarlo y comienza a proclamar públicamente tus intenciones

¿Eres el saltamontes o una hormiga? Si dejas para después la planeación financiera y las decisiones relacionadas, probablemente así actúas en todos los demás aspectos de tu vida. Aunque mucha gente lucha en privado con las cosas que aplaza, seríamos más exitosas si proclamáramos públicamente nuestros objetivos, aunque fuera a una persona. Esta idea funciona con muchas cosas: bajar de peso, dejar de fumar, limpiar la casa, ahorrar y salir de deudas. No se trata de un intento por convencer a un grupo de personas de que compartan tu meta. Es simplemente una manera de hacerte responsable por tu esfuerzo personal. Si le dices a una o a muchas personas lo que pretendes, es muy probable que lo hagas. Hay un sitio web (www.stickk.com) donde puedes hacer proclamaciones públicas en línea, para que todo el mundo vea qué planes tienes.

¿Puede el dinero hacerte feliz?

Existen muchos pasos pequeños que hay que dar, y algunos grandes, para lograr el mayor disfrute de tu dinero con un mínimo de esfuerzo. Algunas de las cosas pequeñas que puedes hacer y que te ayudarán a administrar tu felicidad financiera son:

- *Respira profundamente*: pasa unos minutos todos los días sin teléfono celular, televisión, computadora u otras personas y aspira profundamente y expira. (Es un momento perfecto para acostarte en el suelo y levantar las piernas apoyándolas en la pared para ayudar a la circulación, como se sugiere en el capítulo 7) y agradece lo que tienes.

- *No codiciarás*: no envidies lo que tiene alguien más, y deja de comparar tu situación financiera con la de otras personas. Es difícil cuando constantemente nos bombardean con imágenes de riqueza. En una cultura basada en no ser menos que los demás, el mejor remedio es dejar de intentar estar a la par con el vecino.

- *Haz algo lindo por otra persona*: considera comprar un regalo sorpresa para alguien, sin ninguna razón particular. Se siente más satisfacción de dar un regalo a alguien que gastar la misma cantidad en uno mismo.

- *Ten una meta divertida*: mientras más específica sea, más fácil será planear y ahorrar para conseguirla. Además, si le pones una fecha específica, te será mucho fácil alcanzarla.

- *Tú eres el arquitecto de tu suerte*. Tú puedes forjar tu propia suerte. Ve más allá de tu zona de confort, sé curiosa, interésate y comprométete; debes estar dispuesta a hablar con la gente, visitar nuevos lugares y ampliar tu mente y tus horizontes.

- *Deja ya de aplazar las cosas*: dejar las cosas para después es el peor enemigo de la riqueza y la felicidad. Consulta el capítulo 12, donde encontrarás algunas buenas ideas para combatir este hábito.

Actúa

Palabras sabias de Jane Bryant Quinn:

No puedes ver el futuro.
Si ahorras de forma constante, eso no importa.
Lo único que realmente importa es sacar el mayor provecho de la vida.

Es muy cierto.

CAPÍTULO 12

Sal del desorden y encuentra tu vida

Un lugar para cada cosa y cada cosa en su lugar

¿Vives en el desorden?

Me gusta pensar que soy una mujer naturalmente organizada, pero aún puedo oír las voces de mi madre, abuela y hermana gritándome al unísono para que regresara a levantar la ropa que había dejado tirada en el dormitorio que compartía con mi hermana. No hubo regaño, estratagema o soborno que me hicieran desistir de mis descuidados hábitos de adolescente. Cuando tuve mi primer departamento, todo cambió. De repente, tenía un lugar para cada cosa y cada cosa en su lugar.

Ahora que tengo dos hijas, me oigo intentar los mismos regaños, e incluso los mismos sobornos, para convencerlas de que sean organizadas. Funciona con una de ellas, pero la otra (no diré nombres) es una copia idéntica mía a esa edad. No dejo de pensar que un día ella también saldrá del caos y verá la luz. Pero en serio, ¿de veras soy organizada? Después de todo, nuestro departamento está limpio, pero también es un almacén de libros escolares que imagino que algún día servirán, proyectos de arte que datan de cuando mis hijas no podían ni hablar, cada proyecto científico que realizaron (excepto el que explotó), cascos de ciclismo demasiado pequeños, ropa que no le queda a ninguna de nosotras, cajas con cables que ya ni mi esposo puede identificar, estambre para tejer proyectos que nunca empecé y demasiados cajones de "basura" llenos de, pues ya sabes, de eso, de basura y mucho más. Las cosas que adquirimos a través de los años comienzan a quitarme esa sensación de tener el control de todo.

¿Cómo puedo seguir adelante si estoy paralizada con todas mis cosas?

Cuando cumplimos cincuenta años, la mayoría de nosotros ya ha inventado algún tipo de sistema de administración de su vida. Tuvimos que hacerlo. Si no, ¿de qué otra manera habríamos podido equilibrar la escuela, el trabajo, la diversión, las citas con el médico, sacar a pasear al perro, preparar la cena, comprar alimentos, lavar la ropa, pagar las cuentas, recordar las actividades para después de clases, hacer ejercicio y aun así darnos tiempo para salir con compañeros y amigos? Si no tuviéramos capacidades organizativas, nunca terminaríamos nada. Pese a lo organizada que soy, las cosas seguían acumulándose, y el desorden aumentaba. Es desorden normal, nada fuera de lo común. Pero después de que cumplí cincuenta años, comencé a darme cuenta de que el desorden, no sólo físico sino también mental, me estaba arrastrando. Miro todo a mi alrededor y a veces me siento un poco paralizada. Mientras más desorden hay, más impotente me siento. Estoy entrando ahora en una nueva etapa de mi vida, pero todavía cargo con todas las cosas del pasado. Quiero quitarme el agobio, depurar y racionalizar. Pero ¿por dónde debo comenzar?

Hay que hacer lugar para lo que sigue

Al principio pensé que la mejor manera de empezar era arreglar mis archivos, reordenar la cocina y limpiar el cajón de los calcetines. Supuse que si creaba un nuevo sistema de control me volvería más eficiente en la vida. Pero no tenía mucha motivación para emprender el proceso.

Una mañana que oía la radio mientras miraba al vacío y pensaba en cuál pila de mi escritorio atacar primero, Julie Morgenstern comenzó a hablar al aire. La columnista del *New York Times* es autora de grandes éxitos de librería y goza de reconocimiento internacional como consultora organizacional y especialista en administración del tiempo. Julie es invitada frecuente en programas de radio y televisión y colaboradora de la revista *Redbook* y

otras publicaciones. Aquel día, hablaba en la radio sobre las transiciones en la vida, la sensación de estar en medio de un atolladero, la administración del cambio y eliminar el desorden de la vida para hacer lugar al siguiente gran acontecimiento. Agucé el oído de inmediato. Mencionó que no debemos siquiera tratar de organizar nada sino hasta después de haber pasado por el proceso que ella llama "dejar ir". Organizar es muy bueno y útil, mencionó, pero suponer que uno puede limpiar lo que tiene sin pensar en por qué lo tiene y lo que realmente quiere es igual a prepararse para el fracaso. Simplemente no funciona. Yo quería charlar con Julie Morgenstern.

Olvida el cajón de los calcetines, ¿de verdad quieres transformar tu vida?

De inmediato, Julie me comentó lo que yo ya sospechaba: las mujeres después de los cincuenta años no necesitan que se les enseñe a ser organizadas. Hemos pasado décadas administrando el hogar, el trabajo, la familia, los hijos y la vida social. Todo eso lo tenemos dominado. Lo que necesitamos ahora es algo mucho más importante. Julie lo describió en términos del ciclo de la vida. A partir de los veinte años, atravesamos un periodo en el que adquirimos propiedades, gente, experiencias, matrimonio, hijos y otras relaciones. Con el paso del tiempo, organizamos e integramos todo lo que hemos adquirido. Al llegar a los cincuenta años, debemos retroceder y evaluar nuestras adquisiciones. Necesitamos establecer dónde nos hallamos ahora, entender a dónde queremos ir y deshacernos de todo lo que no nos ayude a llegar a ese lugar, pero esto puede ser abrumador. Es muy fácil perderse en el camino, en especial en esta etapa de nuestra vida en la que hay tantos cambios potenciales. Tal vez los hijos se van de la casa, tus padres se mudan contigo, o estás cambiando de trabajo, estás por jubilarte o te mudas a una casa más pequeña. Podemos enfrentar estos acontecimientos de la vida, disfrutar del momento de la transición y proponernos salir del desorden, o nos podemos quedar empantanadas. Una vez que superas los cincuenta años, tienes la sabiduría y la experiencia para saber quién eres realmente, que es muy independiente de lo que hagas o lo que tengas. Las posesiones innecesarias, las relaciones malsanas y los malos hábitos que te desgastan y te deprimen son una especie de desorden.

Julie advierte que este proceso de eliminación del desorden no será ni tan rápido ni tan sencillo como reordenar nuestros estantes de libros. Es mucho trabajo, pero transformará tu vida.

Entonces, ¿cómo podemos prepararnos para el resto de nuestra vida?

Julie me explicó un proceso sencillo para evaluar con objetividad dónde estamos en nuestras vidas y decidir a dónde queremos ir. Para comenzar el proceso, sugiere los siguientes pasos:

1. Reconoce que el cambio está en curso

Tus años cincuenta pueden estar repletos de acontecimientos que afectarán tu preparación para el resto de tu vida. Entender y administrar estos acontecimientos pueden marcar la diferencia entre tener una vida plena y significativa de aquí en adelante, o no tenerla. Algunas de las experiencias más comunes que alteran nuestras vidas y que suelen suceder a los cincuenta años son:

- *El momento en que uno se pregunta: "¿De verdad tengo cincuenta años?".* Cuando Julie los cumplió tuvo una experiencia profunda y catártica. Se dio cuenta de que la mitad de su vida ya había pasado y de que no viviría para siempre. La experiencia fue profunda e impresionante e hizo aflorar muchos sentimientos encontrados. Cuando Julie superó ese momento, decidió que era hora de explorar las oportunidades nuevas y potencialmente maravillosas que tenía por delante.

- *Tus hijos se van de la casa*: si tu vida ha girado en torno de tu familia, puedes sentirte perdida cuando los hijos se independizan y tienen menos necesidad de ti, y luego aún más cuando finalmente se marchan de la casa. Para muchas mujeres es una transición difícil. Algunas reciben con agrado esta etapa de su vida más libre, pero otras necesitan llenar el vacío, por lo regular con más cosas.

- *Te centraste en tu trabajo y ahora estás pasando por un cambio, te guste o no*: tal vez te despidieron debido a un recorte de personal, quizá hayas decidido cambiar de trabajo, volver a uno que tuviste, o quieras hacer algo completamente diferente (ver el capítulo 13, donde encontrarás más ideas). Tal vez planeas felizmente tu jubilación, pero estás consciente de los cambios significativos que conllevará. Cada vez que cambias de papel en la vida, tu identidad se siente amenazada, lo que puede quebrantar tu visión de ti misma.

- *Tu matrimonio termina o comienzas uno nuevo*: si llevas casada muchos años, o incluso sólo unos años, un cambio en este aspecto de tu vida tendrá repercusiones muy profundas. Incluso si es algo que tú querías, acarreará grandes cambios en tu vida y en tu sentido del ser; lo mismo ocurre cuando comienzas una nueva vida con otra persona.

- *Si tu esposo u otro miembro de la familia se enferma, queda discapacitado o muere*: la enfermedad y la muerte son fenómenos naturales de la vida, en especial cuando envejecemos, pero nunca estamos preparados por completo para esto. Si tu esposo muere, tu vida cambiará de manera irrevocable en muchos sentidos, y este tipo de cambio puede impedirte iniciar una nueva vida. Cuidar de tu pareja o de un pariente enfermo también afecta tu capacidad de abrir un nuevo capítulo en la vida, pero también te puede hacer consciente de lo que realmente valoras de ella.

2. Crea un tema personal que defina cómo será tu vida

Un tema personal es una guía que afirma lo que quieres y hacia dónde vas. Te permite centrarte en la visión global (quiero salir de mi zona de confort; es tiempo de centrarme más en mí y menos en los demás; quiero dar más a la gente y servir a los demás; quiero tener más dinero; quiero ser creativa) y no sólo en algún detalle específico (¿Debo cambiar de trabajo? ¿Debo divorciarme?). Pregúntate cómo quieres que sea tu vida en los próximos años y tendrás una visión del futuro que será tu tema personal. Una vez que lo tengas, pon manos a la obra y empieza a deshacerte de todo lo que no encaje en él; así estarás mejor preparada para salir del desorden.

Mi tema personal es "Simplificar mi vida", porque comenzaba a sentirme abrumada. Decidí simplificar cada aspecto de mi vida: cabello, salud, maquillaje, hogar, alimentación, finanzas, todo. Ese tema me mueve hacia delante en todo lo que hago. Es parte del motivo por el que escribí este libro. La adopción del tema "Simplificar mi vida"

me ha facilitado enormemente deshacerme de las cosas que ya no encajan en mi vida. Ha influido muchísimo en todo lo que hago, ha liberado mi tiempo y me ha dado mucho más energía.

3. Identifica los diferentes tipos de desorden que existen en tu vida

El desorden puede adoptar muchas formas, pero todo el desorden te hunde o paraliza. El desorden es todo lo obsoleto, lo que consume tu tiempo y te quita energía. Si lo puedes llamar desorden, hay buenas probabilidades de que ya no encaje en tu vida. Para mí, significa todo lo que no me ayuda a "simplificar" mi vida. Los tipos principales de desorden que existen son:

- *Objetos*. Pueden ser las cajas que no has abierto desde que te mudaste hace cinco años, las joyas que ya no usas, las tarjetas de presentación viejas en tu bolso, o las pilas de revistas o libros que nunca leíste. Si verlos te hace sentir incómoda, probablemente deban irse.
- *Obligaciones*. Es muy difícil deshacerse de las funciones y las responsabilidades obsoletas, porque casi siempre se relacionan con otras personas, como juntas,

comités y clubes. Es bueno ser sensible a los demás, pero no puedes permitir que las necesidades de otros dicten tus decisiones. Tampoco permitas que nadie te haga sentir culpable por las decisiones que tomas. Busca formas de compartir las obligaciones.

• *Hábitos*. Si eres perfeccionista, aplazas todo de forma crónica, o eres trabajadora compulsiva, te haces un gran daño. Estos hábitos te hacen perder tiempo y energía y son muy estresantes. Las personas que tienen estos hábitos pierden aún más tiempo y energía en flagelarse por tenerlos. Una vez que tenemos más de cincuenta años, ya no necesitamos ser perfeccionistas o trabajadoras compulsivas. Ya nos hemos probado a nosotras mismas. Tal vez en los años de juventud sentíamos que teníamos que hacer todo mejor que la persona de al lado, pero ahora podemos hacer que nuestra experiencia nos sirva en lugar de nuestro esfuerzo constante. Ya no necesitamos definirnos por lo que hacemos. Vamos a centrarnos en lo que somos como personas. Basta ser interesante, comprometida y activa.

• *Gente*. Sé que parece terrible que me refiera a la gente como desorden, pero la gente puede quitarte tanta energía como las cajas de revistas viejas apiladas en tu despacho. Si hay alguien en tu vida que te agota cada vez que están juntas, porque gimotea y se queja de su vida, pero nunca hace caso de tus consejos ni te pregunta cómo estás, tal vez sea momento de dejar ir a esa persona. No es fácil sacar a la gente de tu vida, así que piensa muy bien las consecuencias antes de dar este paso. Tienes que ser amable, pero también debes ser sincera contigo misma sobre las relaciones que te completan y las que te agotan. Al envejecer una se puede dar el lujo de ser más egoísta con su tiempo. Si dejar ir a alguien por completo es imposible, entonces encuentra la manera de limitar el tiempo que pasas con esa persona.

Una vez que hayas dado estos pasos, tendrás una idea clara de dónde estás, a dónde quieres ir y qué es lo que te detiene. Ahora estás lista para dejar ir las cosas que ya no necesitas. Tus metas durante este proceso deben ser:

- Crear un tema que defina la visión de tu vida a futuro.
- Decidir qué es lo importante.
- Reconocer y administrar las transiciones que tienen lugar.
- Organizar tu vida.
- Estar preparada para lo que siga.

Prepárate para deshacerte de tus cosas

El proceso de dejar ir, como Julie lo llama, tiene varios pasos que constituyen un marco teórico para administrar el cambio y ayudarnos a deshacernos de objetos y obligaciones que nos hacen sentir que no podemos avanzar.

- *Encuentra los tesoros y quédatelos.* Un tesoro es un objeto, actividad, habilidad, hábito o persona útil que encaja en tu tema. Pueden ser cosas que tienen un significado o evocan un sentimiento que te trae alegría, energía e inspiración. Revisa sistemáticamente cada habitación, clóset, cajón, caja, calendario de compromisos y libreta de direcciones. No esperes terminar esto en un fin de semana. Tu vida tiene muchas partes. Divide esta tarea en partes específicas factibles y sé paciente, pero firme contigo. Considera cada objeto y tómate tu tiempo para comprender el apego emocional que le tienes. Quizá te quedes con sólo 20 por ciento de lo que tienes. Es por eso que a estos objetos, personas y actividades se les llama "tesoros".
- *Dile adiós a las cosas que ya no quieres.* Una vez que termines el proceso de seleccionar lo que conservarás, debes deshacerte del resto. Diles adiós y déjalas ir. Decide si quieres regalarlas, venderlas, reciclarlas o donarlas (ver al final de este capítulo ideas de cómo deshacerte de las cosas) y sácalas de tu espacio. No dejes bolsas llenas de cosas en el pasillo o en los clósets. Si las cosas siguen presentes físicamente, no te has deshecho realmente de ellas. También es momento de dejar ir malos hábitos, sentimientos que no te ayudan y posiblemente algunas personas. Ordena tu vida en todo sentido y ten presente tu tema mientras lo haces.
- *Sigue adelante.* Has creado un tema, te deshiciste de las cosas que ya no encajan en tu vida, te quedaste con las que sí querías y estás preparada para seguir adelante. Ahora puedes dedicar el

espacio, tiempo y energía a las personas, actividades, objetos y experiencias que te acercan a tu visión de vida.

Este proceso es continuo y una forma de vida

Cuando organizas un espacio (el clóset del recibidor, por ejemplo), hay un punto inicial y un punto final. Cuando llegas al final, has terminado. Cuando pasas por el proceso de dejar ir, a veces no hay un punto final evidente. ¿Cómo saber cuándo ha terminado la transición? Si ya no te sientes paralizada, puedes decir con seguridad que terminaste. No tengas miedo de retrocesos. Cuando tienes más de cincuenta años, es muy tentador volver a tu desorden habitual. Tantas cosas pueden suceder al mismo tiempo: padres ancianos, enfermedad, divorcio, problemas laborales, u oportunidades. Es fácil sentirse abrumada. Céntrate en hasta dónde has llegado y siempre ten presente tu tema. Si recaes en los viejos hábitos y las pilas de desorden comienzan a acumularse, empieza de nuevo.

¿Qué hacer con todas las cosas del desorden que sacaste de tu vida?

Algo que te estanca en tu vida puede ser un tesoro para otra persona. Julie propone las siguientes ideas para deshacerte de tu desorden de una forma positiva (y de paso obtener una deducción fiscal). Pregunta en las escuelas locales, bibliotecas, iglesias o sinagogas y también en las organizaciones de voluntariado.

Haz donaciones

- Donar artículos de oficina y de arte.
- Donar libros y revistas.
- Donar ropa, muebles o artículos para el hogar.
- Donar computadoras, teléfonos celulares y otros aparatos tecnológicos.

Vende tus cosas

- Visita eBay y otros servicios de subasta en internet: son mucho más sencillos de lo que imaginas, y te darán una buena idea de cuánto puedes pedir por los artículos.
- Venta de garaje: organízala tú misma o con los vecinos.

- Tiendas de mercancía a consignación: es una forma conveniente y sencilla de obtener dinero por los objetos que ya no te sirven.
- O... regálalos y ya. Tal vez quieras regalar cosas a personas que conozcas, amigos o parientes. Pregunta por ahí. Alguien probablemente necesita eso que quieres regalar.

Recicla lo que ya no sirva.

Una vez que tengas una idea clara de lo que quieres para el futuro y te deshagas sistemáticamente del desorden que te impide llegar ahí, estarás lista para lo que sea. Deja ir el desorden y encuentra tu vida (el siguiente capítulo habla más sobre lo que sigue).

CAPÍTULO 13

¿Y ahora qué sigue?

Prepárate, porque aquí vamos

¿Qué harás con el resto de tu vida?

Nuestra generación es célebre por su espíritu aventurero y por estar preparada para lo que venga. Es natural que a estas alturas de la vida, muchas reflexionemos sobre lo que hemos hecho y pensemos seriamente en qué vamos a hacer después. Pasamos décadas acumulando habilidades, experiencias, conocimiento y sabiduría. ¿Qué quieres hacer con tu vida?

No puedo rendirme ahora

Nuestros padres firmaron sus planes de jubilación más o menos a la edad de cincuenta años, pero yo siempre he creído que moriré con las botas puestas: trabajando ya sea por dinero o por salud mental, o ambas cosas. El concepto de "jubilación" me resulta ajeno, como de otro tiempo y lugar. Es algo bueno que me sienta así, porque es posible que no me quede más remedio. Muchas de nosotras no podemos suponer que caminaremos hacia el atardecer al final de nuestros años cincuenta o principios de los sesenta, sino que continuaremos trabajando hasta los setenta años. En 1935, cuando se estableció el seguro social en Estados Unidos, la esperanza de vida, en promedio, era de sesenta y un años. Hoy en día, muchos de nosotros podemos esperar vivir mucho más. Hagamos algo para que los años restantes valgan la pena.

Tal vez te encante tu carrera profesional y planees seguir haciendo lo que haces hasta que tengas noventa años. Tal vez has sido ama de casa toda la vida o estés ocupada como abuela de tiempo completo. Tal vez estés a punto de jubilarte. O tal vez lo hiciste, pero quieres volver a integrarte a la población económicamente activa porque te sientes vulnerable en el aspecto financiero o porque extrañas trabajar. Tal vez has pensado en un nuevo comienzo, como abandonar la banca de inversión para unirte a los Cuerpos de Paz o para ser maestra. Tal vez ya no necesitas ganar dinero, pero quieres mantenerte activa. Incluso si ya no vuelves a trabajar, lo que más te conviene es mantenerte activa. Todas queremos sentirnos necesitadas, productivas y comprometidas, en especial ahora que envejecemos. Mientras que algunas de nosotras encontramos una nueva pasión en la vida como reacción a algo fuera de nuestro control (por ejemplo, por un despido), por lo general es mejor si tomamos la iniciativa de planear nuestro futuro. No dejes pasar otros veinte años sólo para darte cuenta de que nunca perseguiste tu verdadero sueño.

¿El mundo me necesita?

En nuestra sociedad obsesionada con la juventud es fácil convencernos de que una vez que tenemos más de cincuenta años, somos obsoletas y debemos ir a sentarnos en silencio, fuera de la vista de los demás. Pero eso es una equivocación. Lee el periódico de hoy y verás una lista creciente de problemas y asuntos que se beneficiarían de tu experiencia, conocimiento, habilidades y compasión, todo lo que es resultado de los años que has pasado en este planeta. Uno de los aspectos más importantes de envejecer sanamente es seguir interesada y activa. Sí, el mundo definitivamente te necesita.

Comienza donde estás

Dondequiera que vayas, tu camino depende de dónde te encuentres ahora. Así que comienza por hacer un balance de tu vida.

Evalúa tus finanzas y actualiza tu plan financiero

Tu estado financiero actual y tus obligaciones afectarán tu futuro. Cuánto dinero tienes, cuánto debes y cuánto necesitarás serán factores decisivos en tu decisión de trabajar tiempo completo, medio tiempo, trabajar de voluntaria, comenzar tu propio negocio, regresar a la escuela o jugar tenis todo el día. Revisa el capítulo 11 y considera lo siguiente:

- Las prestaciones del seguro social se reducen mientras más pronto empieces a recibirlas. Espera para cobrarlas lo más que puedas antes de que te jubiles oficialmente.
- Si aún trabajas, o regresas a trabajar, entérate de las prestaciones del seguro médico que ofrece tu empleador, porque pueden poner en riesgo los beneficios del seguro social después de que cumplas sesenta y cinco años.
- Analiza los planes con tu asesor financiero para asegurarte de aprovechar las deducciones y otros beneficios fiscales.

Una vez que tengas tus finanzas en orden, estarás preparada para la parte emocionante

- *Nombra tu pasión*. Comienza por pensar qué te entusiasma, qué hace que tus neuronas se activen y qué te hace saltar de la cama por las mañanas. ¿Qué imaginas que harás en los años venideros?

Ésa es tu pasión y nombrarla te motivará a formular un plan.

- *¿Cuál será tu legado?* Al llegar a los cincuenta años, comprendes que la vida no es ilimitada. Por lo tanto, si todavía no has dejado tu huella tal vez éste sea el momento. La respuesta a la pregunta "¿Cómo quisiera ser recordada?" te ayudará a aclarar tus prioridades más profundas.

- *¿Qué te motiva?* El dinero es un motivo para trabajar, pero idealmente puedes encontrar un trabajo que también te haga feliz. Esto podría significar ayudar a los demás o apoyar una causa en la que crees.

- *Y entonces, ¿quién eres?* Es importante que entiendas cabalmente quién eres en realidad, tu carácter, tu naturaleza, tu verdadero ser. ¿Quieres trabajar con ahínco y dedicación? ¿Quieres sentarte detrás de un escritorio o trabajar con herramientas? ¿Te gustaría tratar con la gente o hacer actividades al aire libre todo el día?

- *Haz una lista de tus habilidades.* Todas tenemos algo que ofrecer. Cada una de nosotras. Necesitamos evaluar nuestros talentos, habilidades, experiencias, conocimiento y contactos. ¿Hablas otro idioma? ¿Tienes la paciencia que se requiere para enseñar a otros? Si crees que no estás explotando tus habilidades en este momento, ¿qué puedes hacer que realmente te haga brillar? Tal vez es hora de un cambio radical, o tal vez te sientas satisfecha donde estás, pero te gustaría un papel redefinido en el que puedas hacer mejor uso de tus talentos. Una vez que termines tu lista, entenderás mejor para qué tienes aptitudes únicas.

- *¿Necesitas nuevas habilidades?* Siempre es importante actualizar los conocimientos que uno tiene, pero si piensas cambiar de carrera o moverte dentro de tu mismo campo, quizá necesites agregar nuevas habilidades a tu lista. Una vez que determines cuáles son, busca cómo y dónde conseguirlas.

- *(Re)define tu tema.* Reflexiona en dónde estás ahora, decide cuál será tu visión de aquí en adelante y luego organiza tu vida y deshazte de todo lo que no encaje en esta visión, pero conserva lo que te sirva. Revisa el capítulo 12 y pon en práctica esos principios. Asegúrate de que tu pasión esté firmemente implantada en tu mente y muéstrate dispuesta a redefinir tus prioridades de vez en cuando.

Una vez que dediques tiempo a considerar todo esto (tu pasión, motivación, verdadera naturaleza y legado que deseas dejar), tendrás algunas ideas sobre el camino correcto que debes seguir.

Muchos caminos te pueden llevar a lo que vendrá después

En mi búsqueda de inspiración sobre qué hacer con el resto de mi vida, me reuní con mujeres increíbles de más de cincuenta años. Cada una tenía formación, situación financiera, pasiones, objetivos y talentos distintos. Cada una tomó un camino diferente, pero todas tenían algo en común: asumieron el control del resto de sus vidas.

Aquí te presento algunas buenas ideas.

El camino nuevo y radical

El sueño de Julia Moulden no se materializó sino hasta que tuvo casi cincuenta años. En ese momento consideró que, salvo por algún imprevisto desafortunado, tenía todavía más de treinta años productivos delante de ella. Se divorció cuando tenía cuarenta y tantos años y tuvo que pasar de "¿quiero trabajar?" a "tengo que trabajar". Sin embargo, después de veinticinco años de ser una próspera escritora de discursos, Julia se sentía inquieta. Pensó en cómo había sido en una época anterior, cuando estaba aún en la universidad y hablaba con sus amigos de cambiar el mundo. Se dio cuenta de que otras mujeres que conocía, en su mayoría cincuentonas, tenían las mismas inquietudes. Decidió combinar su experiencia con su sueño de marcar la diferencia y comenzó un nuevo negocio. Así nació el movimiento The New Radicals. El libro de Julia, *We Are the New Radicals: A Manifesto for Reinventing Yourself and Saving the World,* invita a los lectores a convertir sus pasiones en trabajo significativo y bien remunerado. Julia es consultora de diversas compañías que quieren fomentar el pensamiento creativo, en especial en lo que se refiere a integrar el servicio público a las utilidades empresariales. Hace poco me comentó: "Existen infinitas posibilidades para que mujeres con experiencia usen las habilidades que adquirieron con mucho esfuerzo a lo largo del tiempo para apoyar causas que les importan, sean las que sean".

Si quieres hacer un cambio y compartir el compromiso de Julia para cambiar el mundo, quizá seas una nueva radical. Julia describe tres categorías diferentes de los nuevos radicales: activistas, emprendedores e innovadores. Tu visión, necesidades, temperamento y situación financiera influirán en la decisión sobre el camino que deseas seguir.

- Los activistas buscan un trabajo que les permita servir a los demás o promover una causa, y por lo general les interesa mucho más hacer el bien que sus finanzas personales, ya que trabajan sin remuneración o con un salario bajo.
- Los emprendedores comienzan nuevas empresas para resolver un problema, pero también les interesa obtener utilidades. Los emprendedores reconocen una oportunidad para usar sus habilidades, conocimiento, experiencia y contactos para ayudar a hacer del mundo un mejor lugar. Suzzane Seggerman, por ejemplo, era productora de películas documentales antes de fundar Games for Change, una empresa que desarrolla juegos de entretenimiento digital que enseñan a los participantes temas sociales.
- Los innovadores se mantienen dentro de sus trabajos o industrias actuales para iniciar el cambio o innovación desde dentro. Los abogados que convencen a sus bufetes de trabajar sin cobrar en algunos casos o los empleados de empresas que buscan formas para hacer negocios sustentables son ejemplos de personas que hacen el bien dentro del trabajo que realizan. Julia cree que cada vez más compañías buscan la manera de cumplir dos objetivos: 1) rentabilidad a largo plazo en lugar de resultados trimestrales a corto plazo, y 2) formas de contribuir al bien común. Estos cambios crearán oportunidades enormes para que los trabajadores tengan empleos más significativos.

El sector que crece más rápido del negocio de Julia trabaja con empresas en la introducción de programas e iniciativas que agreguen valor a la compañía, aumenten sus ganancias y contribuyan al mejoramiento del mundo en formas significativas y sustentables. Podemos hacer lo mismo con nuestra vida.

El camino de regreso a la escuela
Mi amiga Peggy tenía casi cincuenta años cuando se planteó la "pregunta estilo Alfie": ¿de qué se trata todo esto?

Peggy, una vendedora muy próspera de servicios de publicidad en los medios de información creía que no estaba aportando nada al mundo. Un buen ingreso y muchas otras prestaciones la tenían atrapada en una carrera que ya no le gustaba, en especial desde que tuvo un bebé a los cuarenta años y sintió la necesidad de hacerse corresponsable de mantener las cosas estables. Después de veinticinco años en la industria, se había ganado una excelente reputación y tenía muchos contactos, y le resultaba muy difícil dejarlos así como así. Entonces tuvieron lugar los sucesos del 11 de septiembre. La crisis tuvo un impacto tan profundo en ella que dejó su trabajo sin saber qué haría después. Durante el año que tardó en decidirlo, Peggy se volvió una de las madres más participativas que habían trabajado en la escuela de su hija. Se ofreció a hacer tantas cosas que a veces la gente la confundía con una maestra. Pero el tiempo que pasó en la escuela le dio la respuesta que buscaba. Peggy regresó a la universidad para obtener su título de maestría en psicología y luego hizo un doctorado en psicología educativa que le dio la oportunidad de proponer nuevas maneras de ver cómo aprenden los niños. Peggy dice: "Nunca había trabajado tanto, me había

sentido tan cansada, había ganado tan poco dinero y me había apasionado tanto lo que hago".Peggy tenía suficiente dinero ahorrado para dedicarse a estudiar todo el tiempo.

Otra mujer que conozco fue a la escuela nocturna varios años mientras trabajaba de tiempo completo durante el día. Obtuvo su maestría en contabilidad y ahora dirige un despacho exitoso que lleva la contabilidad de pequeñas empresas. Existen innumerables formas de iniciar una nueva carrera o agregar valor a la carrera que ya tienes si vuelves a la escuela, sin importar cómo lo hagas.

El camino del empresariado

No hay duda de que a veces la necesidad es la madre de la invención. Tomemos el ejemplo de mi buena amiga Wendy, a quien le encantan las ensaladas picadas. Su método para preparar estas ensaladas consistía en echar todo al tazón de una vez: pollo, lechuga, tomates, aderezo y lo que fuera, y luego tomaba las tijeras y cortaba todo. Las tijeras no son ideales para estos menesteres y de todos modos necesitaba usar el tenedor y la cuchara de ensalada para mezclar todos los ingredientes. Un día se le ocurrió que debía existir una mejor manera de hacer esto. Con su esposo Michael, Wendy inventó las ahora famosas tijeras "Toss-n-Chop", que se venden en cualquier tienda de Estados Unidos y son uno de los artículos más vendidos en el canal de compras QVC. Fundaron una empresa exitosa que continúa creciendo. Lo único que se requirió fue una necesidad, un poco de creatividad y el valor para poner todo en acción.

No tienes que inventar nada para comenzar un negocio. Una pasión personal se puede convertir en un servicio o un escaparate. Tal vez eres muy buena con los animales y hay muchos perros en tu comunidad que necesitan que los saquen a pasear y que alguien juegue con ellos mientras sus dueños trabajan o salen de vacaciones. Si no quieres empezar un negocio desde cero, considera las oportunidades para comprar franquicias, como las que aparecen cada semana en el *Wall Street Journal*. La mayoría requiere una inversión fuerte por adelantado, pero algunos de los millonarios de Estados Unidos comenzaron con una franquicia. Si quieres comenzar tu propio negocio, como sea que lo hagas, debes satisfacer una necesidad. Lo que quieras ofrecer debe ser algo que la gente necesite o, por lo menos, que esté convencida de necesitarlo.

El camino sabático

Si estás exhausta, o no estás segura de qué hacer ahora, y piensas que tomarte un tiempo te dará cierta perspectiva, tómalo. Muchas empresas permiten a sus empleados, si les dan aviso con antelación suficiente, tomar una licencia con o sin goce de sueldo por periodos prolongados. Si eso no es posible, acumula las vacaciones hasta que tengas un periodo extenso. Usa tu tiempo sabático para escribir un libro, dar clases, trabajar como voluntaria, pasar tiempo con un adulto mayor o un pariente enfermo, reflexionar sobre tu vida y hacer un profundo examen de conciencia, viajar o relajarte. El tiempo que te alejes de tu rutina de trabajo te ayudará a establecer prioridades y a comprender mejor tus objetivos. Puede que no regreses a tu trabajo después de todo, sino que, en su lugar, decidas hacer algo completamente diferente. Un periodo sabático puede ser una forma inteligente de cristalizar tu visión.

El camino del voluntariado

Una de las personas más inspiradoras que he conocido es Gretchen Buchenholz. Gretchen se dio cuenta de la desigualdad y la injusticia que imperaban en la ciudad de Nueva York, donde ella vive, y decidió hacer algo al respecto. Fundó la Association to Benefit Children (ABC) para ayudar a educar a los niños de escasos recursos y a sus familias ofreciendo programas y servicios, con la esperanza de que estos niños tengan una mejor oportunidad en la vida. Conozco muchas personas que trabajan como voluntarias en la ABC, entre las cuales figura mi hija Sarah, y la alegría que les produce saber que tal vez estén haciendo algo que cambiará la vida de un niño es invaluable. Las organizaciones como ABC tienen un efecto enorme en quienes más necesitan los servicios, pero con la crisis económica, es cada vez más difícil reunir los fondos necesarios para apoyar y seguir fortaleciendo los programas y las instituciones como ABC. Sin embargo, hay algo que puedes hacer, incluso si no tienes mucho dinero para donar: dónate a ti misma. Aunque sean algunas horas a la semana o al mes, dar tu tiempo y habilidades a otros que tienen mayores necesidades que tú es muy satisfactorio y posiblemente te ayude a encontrar cuál será el siguiente paso en tu carrera.

De acuerdo con un informe reciente del gobierno estadunidense, cerca de 62 millones de estadunidenses trabajaron como voluntarios al menos en una ocasión en 2008. Hay mucho que decir a favor de donar tiempo y servicios: te sientes muy bien, haces algo en lo que crees, sales y ayudas a la gente. Pero existen también otras ventajas. Las organizaciones sin fines de lucro se benefician de contar con una buena cantidad de trabajadores educados, con experiencia y muy calificados. Si buscas trabajo o estás pensando en cambiar del que tienes, ser voluntaria ofrece beneficios increíbles. Puedes:

- Tantear el terreno para considerar un posible cambio de carrera a un nuevo campo o dentro del sector sin fines de lucro.
- Aprender nuevas habilidades y actualizar las que ya tienes.
- Aumentar tu currículum, en especial si no has trabajado desde hace algún tiempo.
- Relacionarte con otros voluntarios, líderes administrativos, miembros de consejos de administración de empresas y empleados de organizaciones. Cualquiera de ellos puede abrir la oportunidad de comenzar algo nuevo.
- Mantenerte comprometida y activa, y sentirte muy bien por el hecho de que trabajas para ayudar a otros que realmente tienen más necesidades que tú.

Existen muchas oportunidades para trabajar como voluntaria en una gama amplia de horarios y que requieren diversos talentos. Las siguientes son algunas ideas que van desde algunas horas a la semana hasta dos años completos:

- Parques locales, estatales y nacionales.
- Zoológicos y jardines botánicos.
- Hospitales.
- Bibliotecas públicas.
- Grupos culturales o artísticos.
- Escuelas e instituciones educativas.
- Clubes de niños y niñas.
- Boy y girl scouts.
- Dar clases y orientación.
- Organizaciones de beneficencia.
- Comedores públicos.
- Refugios de animales.
- Tu iglesia, sinagoga o mezquita.

Estas organizaciones pueden aprovechar tus capacidades para cualquier cosa: construir viviendas, dar clases de idiomas, llevar al público a sus asientos en los conciertos, encargarse de las relaciones públicas, ser abuela sustituta, ser miembro de una junta consultiva y muchas otras actividades. Si no tienes trabajo, no estás segura de cuál será el siguiente paso, o tienes tiempo libre y quieres solamente dar algo a la sociedad, piensa en la posibilidad de trabajar como voluntaria.

Actúa

El futuro es incierto, pero no hay nada que no puedas enfrentar. Lo importante es decidir lo que quieres hacer y mantenerte sana y en forma para que lo puedas hacer por mucho tiempo.

Estoy muy emocionada por lo que me espera y tengo muchísimas ideas. Muchas de ellas se relacionan con vivir en Italia, así que no estoy muy segura de cómo hacer para convertirlas en realidad. Soy una especie de nueva radical en espíritu y mi camino está en algún punto entre empezar un nuevo negocio y hacer un buen trabajo que me permita ganar dinero. Con el tiempo, espero llegar a ser una activista pura y trabajar para acabar con todo tipo de crueldades que existen en el mundo, en especial la violencia contra las mujeres y niños. Para tal fin, trabajaré mucho, me mantendré activa y estaré preparada para lo que venga después.

CAPÍTULO 14

En conclusión

El plan

Hemos recorrido mucho terreno juntas, de pies a cabeza y todo lo que está en medio. Este capítulo es un resumen de las ideas, productos y recursos que son excepcionales, o excepcionalmente importantes. También incluye un plan maestro para transformar todo este nuevo conocimiento en la mejor vida posible después de los cincuenta.

Lo mejor después de los cincuenta

Ideas

Éstas son algunas de las ideas y conceptos que transformaron mi forma de pensar y que pueden cambiarte la vida.

- La prevención es la forma más importante de alejar las enfermedades de tu vida.
- Ejercitarse y estar en forma son esenciales para la buena salud.
- Las enfermedades cardiovasculares son la principal causa de muerte entre las mujeres.
- Ser una mujer de más de cincuenta años te coloca en la categoría "en riesgo" de enfermedades cardiovasculares; por eso, trabaja con esfuerzo redoblado para reducir los factores de riesgo.
- 10,000 pasos todos los días es el camino a una vida mejor.
- Correr con pausas para caminar te mantendrá en movimiento por el resto de tu vida.
- Los ejercicios de resistencia son más importantes que tomar calcio para mantener a raya a la osteoporosis.
- La grasa visceral (la grasa alrededor de la cintura) es un factor fundamental en la salud de la mujer.
- La vitamina D es la "pequeña vitamina que logró imponerse".
- Puedes comer cada dos horas, disfrutar de los alimentos y aun así bajar de peso.
- Algunos problemas dermatológicos son reversibles.
- El cuidado de la piel después de los cincuenta no es tan complicado como las compañías de cosméticos y farmacéuticas nos quieren hacer creer.
- Exfolia, exfolia, exfolia.
- Puedes maquillarte en cinco minutos y verte fabulosa.
- Realzar algunas partes de la cara es como hacer magia.
- Sólo necesitas tres productos para el cabello: champú, acondicionador y gel.

- Los sulfatos en el champú deben evitarse.
- Secar el cabello con pistola de aire es innecesario.
- El sexo espontáneo es un mito. El buen sexo requiere planeación.
- El deseo se cultiva de muchas maneras.
- No necesitas gastar mucho dinero en ropa para verte sensacional.
- Tu mantra financiero debe ser "Ahorra más, gasta menos".
- Crear un tema será la guía para tu futuro.
- No puedes deshacerte de las cosas hasta que sepas hacia dónde te diriges.
- Hay muchos caminos que te llevarán a lo que sigue en tu vida.
- Las mujeres de más de cincuenta años son hermosas, ¡muy, muy hermosas!

Productos

Probé muchos productos en nombre de la investigación y algunos sobresalen por ser "indispensables". Hay un mundo muy grande allá fuera, con muchos productos de maquillaje y cuidado de la piel, alimentos, ropa y peinados para probar, así que diviértete, pero toma en cuenta los siguientes productos cuando experimentes.

Cuidado de la piel:
- Renova.
- RevaléSkin (con cerezas de café).
- Patricia Wexler md Instant De-Puff Eye-Gel.
- Aveeno Ultra Calming Foaming Cleanser.
- Azúcar blanca (para exfoliar).

Maquillaje:
- Lancôme Definicils Mascara (en negro).
- Revlon ColorStay Eyeliner Pencil (en carbón).
- Maybelline Instant Age Rewind Double Face Perfector (resaltador y corrector).
- Laura Geller Balance-n-Brighten (base compacta).
- Laura Geller Bronze-n-Brighten all over (bronceador facial).
- Shu Uemura Eye Lash Curler.
- Aveeno Positively Radiant Tinted Moisturizer (spf 30).
- Natural Beauty Inspired by Carmindy Lip Color (en color Perfect Pink).

Cuidado del cabello:
- DevaCurl One Conditioner.
- Fekkai Glossing Cream.

Para estar en forma:

- iPhone de Apple: siempre debes llevar tu teléfono móvil cuando salgas a correr y caminar, y con éste, además, tienes la ventaja de que puedes oír música. Incluso, puedes bajar aplicaciones, como un podómetro, para que sólo tengas que llevar un aparato.
- Wii Fit: es una de las maneras más divertidas de mantenerte en forma y llevar un registro de tu progreso.
- Podómetro básico Omron para contar los 10,000 pasos todos los días.

Moda:

- Tangas de encaje Hanky Panky.
- La marca Merona.
- Pantalones de mezclilla 7 For All Mankind.
- Zapatos y botas Cole Haan con tecnología Nike Air.
- Botas Le Canadienne.
- Camisetas largas, sin manga, para usar debajo de casi todo.
- Falda recta negra de Diane Von Furstenberg.
- Vestido drapeado de Diane Von Furstenberg.

Para una alimentación sana:

- Yogur cero por ciento grasa.
- Moras azules orgánicas.
- Pastas integrales.
- Arroz integral orgánico.
- Col rizada orgánica combinada con arándanos secos y almendras en rebanadas.
- Quinua.
- Almendras.
- Aceite de oliva.
- Vino tinto (con moderación; se dice que el de uva Pinot Noir tiene los niveles más altos de resveratrol).
- Chocolate amargo orgánico (un pedazo todos los días).

Sexo:

- Lubricante AstroGlide.

Libros

Todos los libros que se mencionan al final de la obra, que incluyen varios escritos por nuestros expertos, son sumamente recomendables. Pero algunos otros también son dignos de tu atención y tiempo.

- *You-Staying Young*, Mehmet C. Oz, M.D. y Michael F. Roizen, M.D., Free Press, 2007. Ofrece un análisis exhaustivo y muy interesante de nuestro cuerpo y lo que le sucede a cada parte a medida que envejecemos. Este libro es parte de la colección "You", y todos son muy recomendables.

- *In Defense of Food*, Michael Pollan, Penguin, 2008. Este autor hizo de la siguiente afirmación un mantra: "Come alimentos. No demasiados. En su mayoría, verduras". No existe una afirmación más cierta. Es un excelente libro.
- *Skinny Bitch,* Rory Freedman y Kim Barnouin, Running Press, 2005. Las autoras ofrecen una guía detallada del proceso de volverse vegetariana estricta. Aprendí mucho sobre lo que algunos de los "malos alimentos" pueden provocar, aunque nada me hizo cambiar de opinión respecto a comer un buen filete de vez en cuando.
- *Outliers*, Malcolm Gladwell, Little Brown, 2009. Una perspectiva interesante sobre las razones que influyen para que algunas personas alcancen el éxito del autor de otros dos *best-sellers*: *Blink* y *The Tipping Point*. Considero que éste es su mejor libro. Vale la pena leerlo y reflexionar en quién eres, de dónde vienes y qué quieres hacer en el futuro.

Revistas

Si ya eres aficionada, perfecto. Si son nuevas para ti, mejor aún.

- *More*: una revista dirigida al público de más de cuarenta años. Es una buena fuente de información de todo lo que cubre este libro. Los artículos son inteligentes, la información es actual y los anuncios publicitarios son apropiados para nuestra edad.
- *Allure*: esta revista es como salir una noche con tus mejores amigas. Los Reader's Choice Awards y otras listas de productos que presentan regularmente son especialmente entretenidas. Es una buena fuente de novedades en el cuidado de la piel y cosméticos.
- *Real Simple*: yo pensaba que tenía dominado todo el asunto de la organización y entonces sale el número de *Real Simple* y me muestra una mejor manera. Siempre me sorprende, me maravilla y la leo con sumo interés.
- *O, The Oprah Magazine*: en cada número hay mucho apoyo entusiasta para que hagas tu máximo esfuerzo, seas lo mejor posible y a veces, cuando las cosas no van bien, un empujoncito extra pue-

de ayudar. Sus editores y colaboradores son impresionantes y la misma Oprah, que tiene más de cincuenta años, nos entiende.

- *Prevention*: esta revista y el sitio web son muy útiles e interesantes y tratan muchos de los problemas de salud (y algunos temas de belleza) que más nos interesan. No está hecha específicamente para mujeres de más de cincuenta años, pero mucha información se aplica a nuestro caso.
- *Reader's Digest*: existe desde siempre y continúa entreteniendo y educando con historias inspiradoras, descubrimientos nuevos relacionados con la salud y artículos que nos mantienen informados sobre lo que sucede en el mundo.
- *AARP*: AARP es la revista de la organización del mismo nombre (y sí, AARP es el grupo antes conocido como American Association of Retired Persons, y sí, empiezan a mandar invitaciones de suscripción unos meses antes de que las personas cumplan cincuenta años). Y adivina qué: su revista es increíble. Su público lector está "mucho más allá de los 50", pero siempre encuentro información útil y práctica en cada número.

Solamente se puede obtener la publicación por suscripción, así que te recomiendo que te suscribas. En defensa de AARP (y realmente creo que necesita que la defiendan), es una organización que siempre tiene en mente el bienestar de los adultos mayores: cuidado de la salud, empleo, impuestos y todo para personas mayores de cincuenta años, y cabildea en Washington, D.C. a favor nuestro. Tiene más de 40 millones de socios. AARP considera que su misión es mejorar la calidad de vida de la tercera edad y ayudarnos a envejecer con gracia y dignidad. Me gusta eso, y la organización me agrada mucho. Y eso sin mencionar todos los descuentos que se pueden conseguir en viajes, servicios financieros, seguros y muchas otras cosas una vez que uno se afilia. Nada me haría más feliz que ver que AARP se volviera un poco más popular. Visita su sitio web.

- *Wall Street Journal*: es quizá el periódico más inteligente y mejor escrito de Estados Unidos. Puedes saltarte los informes financieros demasiado técnicos (aunque siempre debes leer la columna de

Jason Zweig, "Intelligent Investor") y valdrá la pena la inversión.

Sitios web

Algunos de los siguientes sitios web se mencionan en la sección "Obtén más información" al final del libro, pero todos los sitios merecen una atención especial (todos están en inglés):

- www.wowowow.com. Se trata de un grupo de mujeres muy bien establecidas y conocedoras, entre ellas Lesley Stahl y Liz Smith, que iniciaron este sitio de noticias, tendencias y opiniones para mujeres mayores de cuarenta años (aunque casi todas las escritoras tienen más de cincuenta años). Al poco tiempo, otras mujeres, como Candice Bergen y Lily Tomlin, se unieron como colaboradoras. Lo que crearon fue un sitio fabuloso donde las mujeres mayores inteligentes pueden hablar de todo, desde política y salud hasta sexo y moda. Es muy interesante y estoy segura de que lo visitarás varias veces al día.
- www.webmd.com. ¿Te despertaste con un extraño moretón rojizo en el brazo? Visita webmd. ¿Tu esposo tiene dolor de estómago y garganta? No hay problema, webmd te ayudará a entender qué es. Es uno de los mejores sitios electrónicos de salud que he utilizado, pero no es sustituto del sentido común o de ir a consultar al médico.
- www.freerice.com. Es un sitio fabuloso que presenta retos al cerebro con preguntas de vocabulario, matemáticas, lenguaje, y otros temas. Cada vez que das una respuesta correcta, se hacen donaciones de arroz a países que lo necesitan. Ayuda a mantener las neuronas en funcionamiento, permite hacer una buena obra y es divertido.
- www.devaconcepts.com. Es el sitio oficial de Devachan, el salón de belleza creado por Lorraine Massey. Tiene un enlace con una demostración en video de YouTube de cómo lograr la apariencia Devachan desde tu casa. Es el epítome del cuidado eficiente y sencillo del cabello. También encontrarás el nombre de un salón de belleza en tu localidad con estilistas especializados en el "estilo Devachan".
- www.what2wearwhere.com. Es brillante: se trata de una compra-

dora personal en internet. ¿Necesitas un atuendo para una entrevista de trabajo? Te darán excelentes opciones, con todo y sugerencias de accesorios de joyería, bolsas y zapatos, todo en diferentes niveles de precios y enlaces electrónicos para que te envíen la ropa en 24 horas. Para alguien que no le gusta ir de compras, como yo, es una pequeña probada de cielo.

- www.americanheartassociation. com. Es sumamente importante para nosotras mantenernos informadas de las noticias más recientes sobre enfermedades cardiovasculares; entonces, ¿por qué no ir directamente a la fuente de la mejor información que puedes obtener?

Tu plan maestro

La siguiente es la lista de verificación general de lo que tienes que hacer todos los días, todas las semanas, todos los meses y todos los años de ahora en adelante.

Todos los días

- Duerme por lo menos siete horas.
- Despiértate suficientemente temprano para que puedas dedicar algunos minutos a reflexionar sobre tu día y tu vida.
- Toma una o dos tazas de café, si quieres, y definitivamente toma té verde.
- Bebe mucha agua.
- Siempre desayuna temprano.
- Come algo saludable cada dos o tres horas.
- Come más nueces y leguminosas y menos proteína animal.
- Come muchas hortalizas verdes.
- Come granos integrales, en especial arroz.
- Come moras azules y otras frutillas rojas, o fruta fresca.
- Aléjate de "alimentos blancos" como el azúcar, harina blanca, pasta normal, papas blancas y arroz blanco.
- Come sal con moderación (y utiliza sal de mar siempre que quieras agregar sal a la comida).
- Lleva un "diario de alimentación" y escribe cada cosa que comas y bebas durante unas semanas para alcanzar los objetivos de una dieta sana.

- Toma un multivitamínico.
- Toma 1,500 UI de vitamina D.
- Toma 1,500 UI de calcio (no todo de una sola vez).
- Toma 1 gramo (1,000 mg) de aceite de pescado.
- Toma 1 gramo (1,000 mg) de aceite de linaza.
- Trata de comer con tu familia lo más que puedas.
- Usa hilo dental y cepíllate los dientes varias veces al día.
- Lava tu cabello con un champú sin sulfatos o sin champú, usa mucho acondicionador, desenrédate el cabello con los dedos y deja que se seque solo (haz esto cada dos días).
- Exfolia la piel (cara y cuerpo).
- Usa poco maquillaje, pero que no te lleve más de cinco minutos aplicártelo.
- Usa protector solar (en cara y cuerpo).
- Usa anteojos de sol con filtro uv.
- Usa un producto con retinoides (como Renova o Retin-A) por la noche.
- Camina y corre 10,000 pasos o más.
- Haz ejercicios de resistencia (la mayoría de los días, o todos si es posible).
- Acuéstate boca arriba en el piso y levanta las piernas apoyándolas en la pared cinco minutos; respira lenta y profundamente y piensa en todas las razones por las que estás feliz de estar viva.
- Haz veinte ejercicios de Kegel.
- Viste cómodamente y con estilo.
- No pierdas de vista tu tema y planea tu día en consecuencia.
- Lee.
- Oye música.
- Ríe mucho.
- Charla con tus amigas.
- Dedica tiempo a hacer algo que realmente te guste.
- Manda a tu pareja mensajes coquetos.
- Cuando tu pareja llegue a casa (o cuando tú llegues a casa) sonríe y dale un abrazo.
- Usa efectivo, no tarjetas de crédito.
- Compra sólo lo que necesites, no todo lo que quieres.
- Oblígate a salir de tu zona de comodidad: lee algo nuevo, habla con extraños o toma un camino nuevo de regreso del trabajo.
- Sé consciente del medio ambiente: usa menos energía, recicla y camina en lugar de usar el automóvil.

Todas las semanas

- Usa VagiFem (requiere receta médica) dos veces por semana para combatir algunos síntomas de la menopausia, si es necesario.
- Ten relaciones sexuales planeadas y divertidas tan seguido como quieras, y prueba AstroGlide si necesitas lubricación extra.
- Camina y corre 60 minutos, dos veces por semana.
- Camina y corre 90 minutos, una vez por semana.
- Haz un plan especial con tu pareja para cenar juntos, ver una película, salir a caminar o andar en bicicleta, o cualquier cosa que los haga sentir como una pareja.
- Come un postre especial una o dos veces a la semana.
- Toma una copa de vino tinto, bueno para el corazón, varias veces a la semana.
- Examina tu cuerpo para detectar cualquier síntoma fuera de lo común y no lo pases por alto.
- Usa tu tiempo para trabajar de voluntaria tan seguido como sea posible.

Todos los meses

- Examina la piel para buscar algo fuera de lo normal.
- Examina los senos para buscar abultamientos o cambios en el tono de la piel.
- Tómate la presión arterial con un baumanómetro casero.
- Ve a hacerte pedicura y un buen masaje de pies y piernas.
- Paga tus cuentas (por internet, si es posible).
- Guarda algo de dinero a tu cuenta de ahorros para el retiro.
- Guarda los recibos en las carpetas correctas, en especial los que son importantes para efectos fiscales.
- Sal a cenar a algún lugar especial (de comida saludable).
- Mídete la cintura para asegurar que siga teniendo la medida adecuada, y si no es así, haz cambios en tu alimentación y planes de ejercicio.
- Si te tiñes el cabello de un solo color, retócalo cada 4 a 6 semanas.
- Si tienes el cabello corto, despúntalo cada 6 u 8 semanas.

Cada tres meses

- Revisa tu plan financiero para asegurarte de que todo esté en orden.
- Si te haces luces en el cabello, debes volver a hacértelas cada 8 o 10 semanas.
- Compra un nuevo rímel cada 3 o 4 meses.
- Revisa tu tema y considera si hay algo (o alguien) que necesites dejar ir, en especial cuando cambian las temporadas.

Cada año

- Ve a que el médico te haga una revisión pélvica completa.
- Hazte la prueba de Papanicolau y del virus del papiloma humano para detectar cáncer uterino.
- Hazte un mamografía, y si es necesario, un ultrasonido o estudio de resonancia magnética.
- Hazte la prueba de detección de cáncer de piel.
- Hazte la prueba de sangre oculta en materia fecal (en los años que no te hagan la colonoscopia).
- Ve a que te hagan un examen médico completo con análisis de sangre, medidas y exámenes especiales que necesites.

- Revisa tu presión arterial.
- Informa a tu doctor si ha habido algún cambio en tu vida, estilo de vida, salud o salud familiar.
- Hazte un buen corte de pelo dos o tres veces al año.
- Vacúnate contra la gripe.
- Haz algo nuevo: viaja a algún lugar que no conozcas, toma una clase o aprende una nueva habilidad u oficio.
- Tómate un "día de finanzas" y arregla todos los documentos financieros: recibos para las declaraciones de impuestos, seguros, cuentas bancarias, todo. Y tira todo lo que no necesites, ocúpate de las cosas que necesitan atención y archiva todo lo que debas conservar.
- Revisa los calendarios y libretas de direcciones y anota los cumpleaños y otros acontecimientos especiales en un nuevo calendario y actualiza las direcciones.
- Reúnete con tu contador y asesor financiero para revisar el estado de tu plan financiero y actualizar y examinar todo lo que se necesite.

Cada varios años

- Hazte una colonoscopia cada tres a cinco años, según tu historial clínico.
- Hazte una densitometría ósea por lo general cada dos años.
- Revisa y rediseña tu visión para los próximos años.

Y para el resto de tu vida

Ámate a ti misma, ama tu vida, mantente tan saludable como puedas, mueve el cuerpo, infórmate, participa, usa la mente, ten tus finanzas bajo control, sé atrevida, valiente, camina con seguridad en ti misma, vive con estilo... y siempre tendrás lo mejor de todo.

APÉNDICE

Conoce a los expertos

Dr. Gregory M. Pitaro

Murray Hill Medical Group, PC
317 East 34th Street
Nueva York, NY 10016
212-726-7400
www.mhmg.net

Dr. James A. Underberg

Murray Hill Medical Group, PC
317 East 34th Street
Nueva York, NY 10016
212-726-7400
www.mhmg.net

El doctor Pitaro es especialista en medicina interna y profesor de Medicina clínica en la Facultad de Medicina de la Universidad de Nueva York. Es autor de varios libros y le interesa la integración de la acupuntura y la medicina tradicional china con la medicina occidental. Obtuvo la beca Lowell E. Bellin para estudiar la atención sanitaria en países en vías de desarrollo.

El doctor Underberg es profesor adjunto de medicina clínica de la Universidad de Nueva York y el NYU Center for Cardiovascular Disease. Como director de la clínica de manejo de lípidos del Hospital Bellevue, la especialización del doctor Underberg es la medicina cardiovascular preventiva. Participa en varios ensayos clínicos sobre hipertensión, lípidos, diabetes y prevención de las enfermedades cardiovasculares. Forma parte del comité educativo de la North American Menopause Society, y es miembro de la National Lipid Association, el American College of Physicians, el American College of Preventive Medicine y la Society for Vascular Medicine.

Dra. Jennifer H. Mieres

Directora de Cardiología Nuclear
The Leon H. Charney Division
of Cardiology
Facultad de Medicina de la Universidad de Nueva York
550 First Avenue
Nueva York, NY 10016
212-263-7300
www.med.nyu.edu

La doctora Mieres es una de las especialistas más reconocidas en los campos de cardiología nuclear y enfermedades cardiovasculares en mujeres. Fue la primera mujer presidenta de la American Society of Nuclear Cardiology en 2009, y es portavoz activa de la American Heart Association. Es profesora adjunta de medicina y directora de cardiología nuclear en la NYU, y es miembro del American College of Physicians, el American College of Cardiology, la American Society of Nuclear Cardiology y la American Heart Association. La doctora Mieres aparece con frecuencia en programas como *20/20, The Today Show, Good Morning America, Today in New York, CBS Early Show, CNN* y muchos otros. Fue nominada para recibir el premio Emmy al Mejor Documental por la producción de *A Woman's Heart* que se transmitió en PBS y recientemente coescribió el libro *Heart Smart for Black Women and Latinas: A Five Week Program for Living a Heart-Healthy Lifestyle.*

Mark McEwen

www.markmcewen.com

Mark McEwen fue el rostro de la programación matutina de CBS por más de 15 años como pronosticador del tiempo, reportero de la sección de entretenimiento y en los últimos tres años como conductor de *CBS This Morning*, y luego de *The Early Show.* El señor McEwen, que fue elegido por votación como una de las personas en quien más confía el público de Estados Unidos, formó parte de CBS hasta 2002, año en que emprendió una nueva carrera en la cadena filial de CBS en Orlando. Mientras estuvo en CBS, entrevistó a personalidades de todos los ámbitos, incluso a expresidentes de Estados Unidos y estrellas del cine y la música. En 2006, el señor McEwen sufrió un accidente vascular cerebral y vivió para contarlo en su libro *Life After Stroke: My Journey Back to Life.*

Dr. James A. Underberg

(ver expertos del capítulo 1)

Dra. Alexandra Stern

Murray Hill Medical Group, PC
317 East 34th Street
Nueva York, NY 10016
212-726-7455
www.mhmg.net

La doctora Stern, internista y cardióloga certificada por el colegio de la especialidad, realiza e interpreta exámenes diagnósticos cardiovasculares para todos los médicos que trabajan en el grupo MHMG. Es profesora adjunta de medicina clínica de la Facultad de Medicina de la Universidad de Nueva York. Fue jefe de médicos residentes en el Departamento de Medicina del NYU Medical Center/Bellavue Hospital, y se centra en cardiología no invasiva.

Dr. Clarel Antoine

New York University Langone
Medical Center
530 First Avenue
Nueva York, NY 10016
212-263-6541
www.nyu.med.edu
www.RxCompassion.org

El doctor Antoine es un médico especializado en ginecología, obstetricia y embarazos de alto riesgo. Es profesor adjunto de obstetricia y ginecología de la Facultad de Medicina de la Universidad de Nueva York, y también fue presidente de la New York Perinatal Society y jefe de obstetricia del Hospital Tisch. La revista *New York* reconoció su trabajo y lo nombró uno de los "mejores doctores" en Nueva York varios años, y ha sido distinguido con el título de "Super Doctor" por el *New York Times*. En 2009, el doctor Antoine fundó la organización sin fines de lucro Rx Compassion, comprometida con el cuidado compasivo a los pacientes.

Dra. Margaret J. Nachtigall

251 E. 33rd Street
Nueva York, NY 10016
www.nyu.med.edu

La doctora Nachtigall es endocrinóloga reproductiva certificada por el colegio de la especialidad y se dedica a la práctica privada. Es profesora adjunta de obstetricia y ginecología en la División de Endocrinología Reproductiva de la Facultad de Medicina de la Universidad de Nueva York. Ha recibido muchos premios y reconocimientos. Las especialidades clínicas de la doctora Nachtigall incluyen menopausia, síndrome de ovario poliquístico (SOP) e infertilidad. Es miembro fundador de la North American Menopause Society y también del American College of Obstetrics and Ginecology, e investigadora de la American Society for Reproductive Medicine y la New York Society of Reproductive Medicine. La doctora Nachtigall participa en ensayos clínicos en las áreas de terapia hormonal y manejo de la menopausia y ha publicado muchos artículos relacionados con el manejo hormonal y la salud de la mujer.

Capítulo 4. Sexo

Esther Perel

Terapia para parejas y familias
245 Fifth Avenue
Nueva York, NY 10016
212-889-8117
www.estherperel.com

La señora Perel es autora de *Mating in Captivity*, un *best-seller,* y es terapeuta privada especializada en matrimonios y parejas. Ha aparecido en publicaciones reconocidas, como *New Yorker*, *Vogue*, *More*, *Elle* y algunos periódicos del mundo. Ha sido invitada en varias ocasiones en el programa de Oprah Winfrey, *The Today Show*, CBS *This Morning,* CNN y algunos otros en televisión y radio. Como oradora, se dirige tanto a la comunidad médica como al público en general en talleres, conferencias y otros foros. Forma parte del cuerpo docente del Departamento de Psiquiatría de la Facultad de Medicina de la Universidad de Nueva York, el International Trauma Studies Program y Escuela de Salud Pública de la Universidad de Columbia. Es miembro de la American Family Therapy Academy y de la Society for Sex Therapy and Research.

Dr. Stuart Fischer

The Park Avenue Diet Center
133 East 58th Street
Nueva York, NY 10022
212-893-8478
www.parkavenuediet.com

Dra. Laura J. Lefkowitz

Asesoría de nutrición y salud
817 Broadway
Nueva York, NY 10003
917-318-2325
www.LauraLefkowitzMD.com

El doctor Fischer es fundador del Park Avenue Diet Center, que tiene una aproximación integral a la pérdida de peso y el manejo de la imagen personal. El doctor Fischer trabajó con el hoy difunto doctor Robert Atkins por más de nueve años como subdirector médico del mundialmente reconocido Atkins Center. El doctor Fischer aparece con regularidad en programas como *Inside Edition,* FOX *and Friends,* CNN, CBS *This Morning* y otros programas de radio y televisión. Lo han entrevistado en muchas publicaciones, como el *New York Times,* USA *Today, Star Magazine* y el *Sunday Times* de Londres. El doctor Fischer también es autor de varias publicaciones y presentó su eficaz plan de reducción de peso y manejo de la imagen personal en su famoso libro *The Park Avenue Diet.*

La doctora Lefkowitz es médico y fundadora de un centro de asesoría en nutrición y salud en Manhattan. Dejó la medicina tradicional, donde era cirujana oncóloga, y se centró en enseñar a sus pacientes a comer sanamente, tener un peso saludable y hacer modificaciones en el ejercicio con el fin de prevenir e invertir el avance de las enfermedades. Además de sus estudios de medicina tradicional en la Facultad de Medicina de Stony Brook, St. Vincent's Hospital y SUNY-Downstate, la doctora Lefkowitz estudió nutrición en el Institute for Integrative Nutrition de la Universidad de Columbia en la ciudad de Nueva York.

Capítulo 6. Mueve el cuerpo

Jeff Galloway

Jeff Galloway Productions
4651 Roswell Road
Atlanta, GA 30342
800-200-2771
www.jeffgalloway.com

El señor Galloway fue miembro del equipo olímpico de Estados Unidos en 1972 y autor de varios *best-sellers* sobre correr; escribe una columna mensual para la revista *Runner's World* y es fundador de los Galloway Training Programs and Fitness Retreats. La búsqueda del señor Galloway de un programa de entrenamiento para maratón sin lesiones lo llevó a desarrollar el método correr, caminar, correr en 1978, que en la actualidad siguen millones de personas de todo el mundo. En 1984, el señor Galloway publicó el *Galloway's Book on Running,* que sigue siendo uno de los libros mejor vendidos sobre el tema de correr en América del Norte. El libro *Marathon: You Can Do It!* se considera la mejor fuente de información para entrenar para un maratón.

David Kirsch

David Kirsch Wellness Co.
210 Fifth Avenue
Nueva York, NY 10010
888-683-1836
www.davidkirschwellness.com

David Kirsch es el famoso entrenador y fundador del Madison Square Club, donde ha entrenado a celebridades como Heidi Klum, Faith Hill, Ellen Barkin, Anne Hathaway y muchas otras. Se le atribuye el mérito de haber preparado a Heidi Klum para el desfile de ropa interior de Victoria's Secret a las pocas semanas de que Heidi tuvo a su bebé. Es un invitado popular en muchos programas de televisión a nivel mundial, entre otros, *Extreme Make-over* de la cadena ABC, *CNN, Access Hollywood, Extra, E!, The View* y *FOX and Friends.* Con frecuencia lo mencionan como experto en ejercicio en artículos de publicaciones prestigiosas, como *Time, Vogue, W, Allure, Shape, Fitness, People, US Weekly,* periódicos nacionales y locales y muchos otros. Es autor de varios libros sobre ejercicio y nutrición, entre ellos, *The Ultimate New York Body Plan.*

Dra. Doris Day

Dermatología cosmética, láser y quirúrgica
135 East 71st Street
Nueva York, NY 10021
212-772-0740
www.MyClearSkin.com

La doctora Day es dermatóloga certificada en dermatología láser, cosmética y quirúrgica. Está afiliada al Lenox Hill Hospital de la cuidad de Nueva York y es profesora adjunta de dermatología clínica de la Facultad de Medicina de la NYU. Aparece a menudo en programas de televisión, como *Good Morning America*, GMA *Health*, CNN, *The Today Show*, *The Tyra Banks Show*. La mencionan con frecuencia en publicaciones muy reconocidas, como *In Style*, *Allure*, *Vogue*, *Glamour*, *W*, *Redbook* y *Health*, donde escribe una columna mensual. Su libro más reciente, *Forget the Facelift*, es una importante guía para el cuidado adecuado y eficaz de la piel que envejece. Es miembro de la American Society for Dermatologic Surgery, la Women's Dermatological Society y la American Medical Association.

Dra. Patricia Wexler

Wexler Dermatology PC
145 East 32nd Street
Nueva York, NY 10016
212-684-2626
www.patriciawexlermd.com

La doctora Patricia Wexler, que ha figurado en la lista de "los mejores doctores" de la revista *New York*, se especializa en dermatología y cirugía dermatológica, incluidos los procedimientos más vanguardistas de cirugía cosmética. Ha publicado varios estudios de investigación médica y ha aparecido en programas de televisión como *The Today Show*, *The View*, *The Oprah Winfrey Show* y *20/20*. Las revistas más prestigiosas publican regularmente artículos sobre ella y ha ganado muchos premios. En 2005, formó una asociación con Bath & Body Works para lanzar su aclamada línea de productos para el cuidado para la piel, que se venden a precios muy asequibles. Es miembro de la American Board of Internal Medicine, la American Board of Dermatology e investigadora de la Society of Dermatologic Surgery.

Laura Geller

Laura Geller Makeup Studio
1044 Lexington Avenue
Nueva York, NY 10021
212-570-5477
www.laurageller.com

La misión de la señora Geller es simple: enseñar a las mujeres a aplicarse el maquillaje de tal forma que se vean sensacionales. Comenzó su carrera en la industria del maquillaje, donde aportó su experiencia y conocimientos al teatro. De ahí, trabajó en televisión con las personalidades que salían al aire en programas de CBS, ABC, NBC y HBO. La señora Geller aparece con frecuencia en QVC, donde su marca de cosméticos es una de las más vendidas en este canal de compras. La marca Laura Geller Makeup es también una de las que más se venden en tiendas de maquillaje como Sephora. Su excepcional habilidad para relacionarse con los televidentes y clientes ha sido una de las claves de su éxito y su marca tiene seguidoras acérrimas. Es una experta de belleza muy solicitada y con frecuencia la entrevistan en las revistas más importantes para mujeres.

Carmindy

www.Carmindy.com

Cada semana, millones de televidentes cuentan con Carmindy para que les dé los consejos y trucos de maquillaje más actuales en el exitoso programa *What Not to Wear* de la cadena TLC. El trabajo de Carmindy puede verse en las páginas de las principales revistas de moda, como *Cosmopolitan, Elle, In Style, Essence, Self, Lucky, Seventeen, Marie Claire* y muchas otras. Creó una línea de cosméticos naturales llamada Sally Hansen Natural Beauty Inspired by Carmindy, que se vende en farmacias de todo Estados Unidos. Carmindy es autora de tres libros de belleza: *The 5 Minute Face, Get Positively Beautiful* y *Crazy Busy Beautiful*. Escribe un boletín informativo electrónico en el que responde a las preguntas enviadas a su sitio web por lectores, televidentes y clientes.

Frédéric Fekkai

Fekkai Salon
[el primero de la cadena]
712 Fifth Avenue
Nueva York, NY 10019
212-753-9500
www.fekkai.com

Lorraine Massey

Devachan Salons
Fundadora y copropietaria
560 Broadway
Nueva York, NY
212-274-8686
www.devachansalon.com
www.devachanconcepts.com

En 1989, el señor Fekkai inauguró su primer salón de belleza en Nueva York. No tardó en darse cuenta de que había un nicho en el mercado para crear una línea de productos lujosos de alta calidad para el cabello y fundó un negocio a nivel internacional. En la actualidad, los productos Frédéric Fekkai se venden en más de 40 países. Hay siete salones de belleza que llevan su nombre en Estados Unidos; sin embargo, en los últimos veinte años, el salón original Fekkai en la Quinta Avenida de la ciudad de Nueva York ha sido el más rentable del mundo. Casi todas las principales revistas y periódicos han publicado artículos sobre él, ha aparecido en innumerables programas de televisión y continúa siendo el líder y visionario de la industria de productos de lujo para el cuidado del cabello.

La señora Massey, firme defensora de dejar el cabello al natural, es la autora de *Curly Girl,* un libro que ha llegado a ser un *best-seller* y es toda una guía que enseña a las mujeres que quieren devolver al cabello su estado natural y saludable, ya sea que tengan el cabello rizado, ondulado o lacio, a cumplir su propósito. Tiene varios salones de belleza en Nueva York y una colección de productos que se venden en los salones, tiendas especializadas y por internet; además, ella y su equipo ayudan a mujeres a deponer las armas de destrucción masiva (secadoras, planchas para el cabello y champús muy duros) y aceptar la belleza natural del cabello. La señora Massey y su equipo viajan por todo el país para enseñar a otros estilistas el "método Devachan" de cortar, teñir y cuidar el cabello. En su página electrónica hay una lista de los estilistas que han adoptado este método.

Edward Joseph

Devachan Salon
Colorista
560 Broadway
Nueva York, NY
212-274-8686
www.devachansalon.com
www.devachanconcepts.com

El señor Joseph es el colorista más renombrado del Devachan Salon de la ciudad de Nueva York, y trabaja con Lorraine Massey, la fundadora de Devachan, desde hace más de diez años. Es experto en *pintura*: una técnica de aplicación de luces en la que se pintan mechones de cabello con el tinte en los lugares exactos donde el sol crea naturalmente el brillo. Estas luces se combinan hábilmente con el color natural del cabello para dar máximo efecto, con un mínimo de daño y la apariencia más natural. También enseña esta técnica a otros coloristas en salones a lo largo de Estados Unidos.

Diane von Furstenberg

Diane von Furstenberg Studio
440 W. 14th Street
Nueva York, NY 10014
212-741-6607
www.dvf.com

Diane von Furstenberg llegó al mundo de la moda en 1972 con la introducción de su icónico vestido drapeado. Para 1976 había vendido millones de sus vestidos, que llegaron a simbolizar el poder y la libertad femenina para toda una generación. En 1997, después de haberse retirado un tiempo, reapareció en el mundo de la moda con el relanzamiento del vestido con el que todo inició y empezó a trabajar para transformar su empresa en la marca lujosa de estilos de vida a nivel mundial que es en la actualidad. Además de las 30 tiendas Diane von Furstenberg que existen en el mundo, su línea de ropa y accesorios se vende en tiendas exclusivas en más 70 países. En 2005, recibió el Lifetime Achievement Award que otorga el Council of Fashion Designers of America (CFDA) y un año después fue elegida presidenta del CFDA,

puesto que desempeña hasta la fecha. Es una firme creyente del poder de las mujeres y es miembro del consejo de administración de Vital Voices, una organización de liderazgo femenino que apoya a las nuevas líderes y emprendedoras sociales del mundo.

Ginny Hilfiger

Ginny H by Ginny Hilfiger
Fundadora
www.GinnyH.com

Ginny Hilfiger diseña ropa desde hace más de veinte años. Fue una de las principales diseñadoras de la compañía de su hermano, donde contribuyó a lanzar la línea de ropa para caballeros Tommy Hilfiger y las líneas Tommy Jeans, Tommy Girl y de ropa deportiva para damas. Cuando se separó de Tommy Hilfiger, la señora Hilfiger estableció de forma independiente su propia línea de ropa, Ginny H, que se vende por internet y en tiendas especializadas. Aunque su principal interés es diseñar ropa producida en serie para tiendas de todo Estados Unidos, también crea modelos personalizados para sus clientes. Actualmente diseña una nueva línea de ropa, de nivel medio de precios, que se venderá en tiendas de Estados Unidos.

Servicio de asistentes personales de compras del Fifth Avenue Club

Lisa Bruni Vene, directora
Julie Hackett-Behr, consultora de estilo
Saks Fifth Avenue
611 Fifth Avenue
Nueva York, NY 10022
212-940-4657
www.saks.com

Lisa Bruni Vene ha sido directora del servicio de asistentes personales de compras del Fifth Avenue Club de la tienda Saks Fifth Avenue desde 2004. Supervisa un equipo de empleadas especializadas que ofrecen sus servicios de consultoría de estilo en la tienda matriz de Nueva York. Julie Hackett-Behr es una de las principales consultoras del grupo de servicio de asistentes personales y ha asesorado a las clientas de Saks desde hace más de veinte años.

Jane Bryant Quinn

Jane Bryant Quinn es una de las columnistas de periódicos más exitosas de Estados Unidos; su columna se publica dos veces a la semana desde hace 27 años y se distribuye a más de 250 periódicos. Por más de 30 años, la señora Quinn escribió una columna bisemanal para la revista *Newsweek*. También ha escrito columnas para Bloomberg. com, *Woman's Day* y *Good Housekeeping*. También ha trabajado mucho para la televisión: fue copresentadora en una serie sobre inversiones en PBS y conductora de su propio programa, *Take Charge!* La señora Quinn trabajó diez años para CBS News, ha tenido secciones habituales en muchos otros programas y ha sido invitada asidua de *Good Morning America, Nightline, The News Hour with Jim Lehrer,* entre muchos otros. Escribió varios *best-sellers,* como *Making the Most of Your Money* y *Smart and Simple Financial Strategies for Busy People.* Su libro más reciente es *Making the Most of Your Money NOW!* La señora Quinn ha recibido varios premios, entre ellos un Emmy por su excelente labor en la cobertura noticiosa por televisión, y el Gerald Loeb por logros destacados en su trayectoria en el periodismo de negocios y finanzas. Desempeñó un papel decisivo en el desarrollo del exitoso programa de cómputo Quicken Financial Planner y actualmente es miembro del consejo de administración de Bloomberg LP y del Council on Foreign Relations.

Jason Zweig

The Wall Street Journal
1155 Avenue of the Americas
Nueva York, NY
212-597-5600
www.wsj.com
www.jasonzweig.com

Jason Zweig es columnista de inversiones y finanzas personales de *The Wall Street Journal*. Es autor del libro *Your Money and Your Brain*, que trata sobre la neurociencia de invertir. El señor Zweig es también editor de la edición revisada de *The Intelligent Investor,* el libro de Benjamin Graham, un texto clásico que Warren Buffett describió como "por mucho, el mejor libro sobre inversiones que se ha escrito". De 1995 a 2008 fue escritor senior de la revista *Money*. Antes de incorporarse al equipo de *Money*, fue editor de la sección de fondos de inversión de la revista *Forbes*. También ha sido columnista invitado de la revista *Times* y cnn.com. Fue miembro del consejo de administración del Museum of American Finance, institución afiliada del Smithsonian Institution, y actualmente es miembro del consejo editorial de la revista *Financial History* y el *Journal of Behavioral Finance*.

bienes patrimoniales, que trabaja por honorarios; se especializa en administrar el dinero de mujeres jubiladas, o cercanas a la edad del retiro. Se centra en ayudar a sus clientas a acumular y proteger sus bienes y generar flujos de ingresos durante el retiro. El señor Axelrod también asesora a clientes en planeación testamentaria y en todos los aspectos relacionados con necesidades de seguros.

Michael I. Axelrod

Asesor en administración de bienes
Bleakley, Schwartz, Cooney & Finney, LLC
Northwestern Mutual Investment Services, LLC
100 Passaic Avenue
Fairfield, NJ 07004
973-244-4223
Mike.Axelrod@nmfn.com

Michael Axelrod trabaja en Northwestern desde hace veinte años y actualmente es asesor de administración de

Julie Morgenstern

Julie Morgenstern Enterprises
850 7th Avenue
Nueva York, NY 10019
212-586-8084
www.juliemorgenstern.com

Julie Morgenstern, nombrada "reina de poner en orden la vida de la gente" por *USA Today,* es experta en organización y administración del tiempo, consultora de productividad empresarial y oradora muy solicitada. Varios de los cinco libros escritos por la señora Morgenstern (como *Never Check E-Mail in the Morning* y *SHED Your Stuff, Change Your Life*) figuran en la lista de los mejor vendidos del *New York Times.* El *New York Times, The Wall Street Journal, O, The Oprah Magazine* y *Men's Health* han publicado artículos sobre ella y tiene una columna mensual en la revista *Redbook.* La señora Morgenstern aparece con frecuencia en programas de televisión, como *Today Show* y *Rachel Ray*, además de en muchos programas de radio. Sus primeros dos libros se han adaptaron para producir dos populares programas especiales de una hora que se transmiten por PBS, y algunos otros se han transformado en programas de capacitación que se imparten en empresas de las 500 compañías de Fortune en todo el mundo. La señora Morgenstern ha recibido muchos premios y ha sido reconocida por la Casa Blanca.

Julie Moulden

The New Radicals
Fundadora
www.wearethenewradicals.com

Julie Moulden acuñó el término "nuevos radicales" para describir a las personas que aprovechan su experiencia para contribuir a solucionar algunos de los retos más difíciles del mundo. Su libro sobre este movimiento, *We Are the New Radicals: A Manifesto for Reinventing Yourself and Saving the World*, es un *best-seller* a nivel internacional. Este libro presenta al lector la gran cantidad de oportunidades y caminos que puede seguir para ayudar al mundo y reinventar su carrera profesional al mismo tiempo. La señora Moulden tiene una columna semanal en el *Huffington Post* y escribe para muchas otras publicaciones.

Obtén más información

Capítulo 1. Sentirse bien

Para informarte mejor, revisa las siguientes organizaciones y sitios web recomendados por nuestros expertos:

- Alzheimer's Association para información sobre el diagnóstico y tratamiento de la enfermedad de Alzheimer y otros problemas relacionados con la memoria (www.alz.org).
- *The Alzheimer Project* es una fascinante serie de HBO que presenta los mejores investigadores y científicos que estudian la enfermedad de Alzheimer (www.alzheimersproject.org).
- American Heart Association, para información sobre la salud del corazón, enfermedades cardiovasculares, accidentes vasculares cerebrales y diabetes (www.americanheart.org).
- Información de salud de la Clínica Mayo, una fuente de información de salud general que contiene descripciones útiles de enfermedades y trastornos específicos (www.mayoclinic.com).
- National Cancer Institute para información sobre los tipos de cáncer, prevención, diagnóstico y tratamientos (www.cancer.gov).
- National Lipid Association para información sobre colesterol y triglicéridos (www.learnyourlipids.com).
- En smokefree.gov encontrarás información para dejar de fumar.

Y los siguientes recursos electrónicos:
- www.webmd.com
- www.everydayhealth.com
- www.4women.gov
- www.healthcentral.com

Capítulo 2. Mantener el ritmo

Revisa estos sitios web y libros donde encontrarás mayor información para tener un corazón saludable.

Corazón
- American Heart Association, www.AmericanHeartAssociation.org.
- American Lipid Association, www.lipid.org.
- "The Healthy Heart Handbook for Women", 2007, www.nhlbi.org.
- www.hearthealthywomen.org.
- *Heart Smart for Black Women and Latinas*, Jennifer H. Mieres, FAHA, St. Martin's Press, 2008.
- www.womenheart.org
- Women's Health Initiative (WHI), www.whi.org.

Accidente vascular cerebral
- American Society of Hypertension, www.ash-us.org.
- American Stroke Association, www.strokeassociation.org.
- www.markmcewen.com.
- National Stroke Association, www.stroke.org.
- *After the Stroke: My Journey Back to Life*, Mark McEwen, Gotham Books, 2009.

Capítulo 3. Cambios allá donde te conté

Conoce los datos y asume el control. Revisa la información presentada por las siguientes organizaciones:

- American College of Obstetricians and Gynecologists (ACOG), www.acog.org.
- The North American Menopause Society, www.menopause.org.
- Women's Health Initiative (WHI), www.whi.org.
- American Cancer Society, www.cancer.org.
- Clínica Mayo, www.mayoclinic.com.

Capítulo 4. Sexo

El capítulo 3 analiza los aspectos físicos de la menopausia, y las medidas que puedes tomar para aliviar las molestias que ocasiona.

Otros buenos recursos son:

- www.more.com
- www.mypleasure.com
- *Hot Monogamy: Essential Steps to More Passionate, Intimate Lovemaking* de Patricia Love y Jo Robinson, Plume, 1995.
- *Mating in Captivity: Unlocking Erotic Intelligence* de Esther Perel, Harper, 2006.
- *The Sex-Starved Marriage: A Couple's Guide to Boosting their Marriage Libido* de Michele Weiner Davis, Simon and Schuster, 2003.
- Las novelas románticas, explícitamente sexuales, están hechas a la medida para poner de humor a las mujeres. Ya sé, ya sé, yo tampoco podía creerlo.

Capítulo 5. Tú eres lo que comes

Hay mucha información en este capítulo sobre cómo alimentarte bien, gracias a la doctora Lefkowitz y al doctor Fischer. Si te interesa buscar más información sobre la alimentación saludable y quieres experimentar con recetas, comienza con estos libros y sitios web, muchos de los cuales recomiendan nuestros expertos y que a mí me parecen muy útiles, informativos, actuales y directos. Para aumentar tus probabilidades de éxito, lee el capítulo 6, que te ayudará realmente a bajar de peso, estar en forma y verte fabulosa.

Sitios web

- American Heart Association, www.americanheart.org.
- www.integrativenutrition.com.
- www.lauralefkowitzmd.com.
- National Cancer Institute, www.cancer.gov.
- www.organicfacts.net.
- www.parkavenuediet.com.
- www.womenfitness.net.

Libros

- *The Eat Clean Diet: Fast Fat-Loss That Lasts Forever!*, Tosca Reno, Robert Kennedy Publishing, 2006.
- *Eat, Drink and Weigh Less: A Flexible and Delicious Way to Shrink Your Waist Without Going Hungry*, M. Katzen y el doctor W. Willet, Hyperion, 2006.
- *Eating Well for Optimum Health: The Essential Guide to Food, Diet, and Nutrition*, doctor Andrew Weil, Alfred A. Knopf, 2000.

- *Feeding your Hunger for Health and Happiness*, Joshua Rosenthal, Integrative Nutrition Publishing, 2008.
- *The Park Avenue Diet: The Complete 7-Point Plan for a Lifetime of Beauty and Health*, doctor Stanley Fischer, Hatherleigh, 2008.
- *What To Eat*, doctora Marion Nestlé, North Point Press, 2006.

Capítulo 6. Mueve el cuerpo

Para empezar de forma segura tu camino hacia estar en forma y tener mejor salud, dale un vistazo a los siguientes recursos:

Revistas

- *More*, www.more.com.
- *Prevention*, www.prevention.com.
- *Women's Health*, www.womenshealth.com
- *Runner's World*, www.runnersworld.com.

Sitios web

- www.jeffgalloway.com.
- www.davidkirschwellness.com.
- Shape Up America, www.shapeup.org.

Libros

- *Strong Women Stay Young*, Miriam E. Nelson, con Sarah Wernick, Bantam Books, 2000.
- *The Ultimate New York Body Plan*, David Kirsch, McGraw-Hill, 2007.
- *Women's Complete Guide to Running*, Jeff y Barbara Galloway, Meyer & Meyer Sport Publising, 2007.

Capítulo 7. Ama la piel que te cubre

Sitios web

- www.cancer.org.
- Sitio web de la doctora Doris Day, www.myclearskin.com.
- www.patriciawexlermd.com.
- The Skin Cancer Foundation, www.skincancer.org.
- www.skincareguide.com.
- www.totalbeauty.com.

Libros

- *Forget the Facelift: Turn Back the Clock with a Revolutionary Program for Ageless Skin*, doctora Doris J. Day, Avery, 2005.
- *The Skin Type Solution*, doctora Leslie Baumann, Bantam Books, 2006.

Capítulo 8. Encara los hechos

Si quieres más sugerencias, técnicas y datos divertidos sobre maquillaje, las siguientes fuentes te serán de utilidad:

Sitios web

- www.allure.com
- www.carmindy.com
- www.laurageller.com
- www.more.com
- www.sephora.com
- www.totalbeauty.com
- www.tlc.com/whatnottowear

Libros

- *Bobbi Brown Makeup Manual*, Bobbi Brown, Springboard Press, 2008.

- *The 5-Minute Face: The Quick & Easy Makeup Guide for Every Woman*, Carmindy, HarperCollins, 2007.
- *Get Positively Beautiful: The Ultimate Guide to Looking and Feeling Gorgeous*, Carmindy, Center Street, 2008.
- *Crazy Busy Beautiful*, Carmindy, HarperCollins, 2010.
- *Diane von Furstenberg's Book of Beauty: How to Become a More Attractive, Confident, and Sensual Woman*, Diane von Furstenberg, Simon & Schuster, 1976 (ya no se edita, pero lo puedes conseguir en internet).

Capítulo 9. No más días malos con el cabello

El siguiente paso puede ser buscar el estilo y el estilista correcto. Busca ideas en las revistas y también en internet. ¿Buscas la mejor forma de cortarte el cabello? Pregúntale a la próxima mujer que veas que tenga el cabello fabuloso (¡siempre que no sea alisado con secadora!). Ella te dirá dónde debes ir.

Sitios web
- www.devaconcepts.com
- www.fekkai.com

Libros
- *Curly Girl: The Handbook*, Lorraine Massey y Deborah Chiel, Workman, 2001.

Capítulo 10. Te queda muy bien

Tener un guardarropa básico es esencial, pero hay todo un mundo de moda que nos rodea y tu estilo personal debe ser tu guía. Por lo tanto, pon las prendas básicas en orden, ¡y sal a divertirte!

Para inspiración de estilos, consulta estos sitios web:
- www.what2wearwhere.com
- www.more.com

Y para más de nuestras expertas, visita:
- www.dvf.com
- www.saksfifhtavenue.com
- www.ginnyh.com
- www.target.com

Ve este programa de televisión:
- *What Not to Wear* en el canal TLC.

Capítulo 11. Dinero

Sitios web
- www.garrettplanningnetworks.com
- Money Magazine, www.money.com
- National Association of Personal Financial Advisors, www.napfa.org
- www.stickk.com
- www.wsj.com
- www.jasonzweig.com

Libros
- *Making the Most of Your Money NOW*, Jane Bryant Quinn, Simon & Schuster, 2010.

- *Smart and Simple Financial Strategies for Busy People*, Jane Bryant Quinn, Simon & Schuster, 2006.
- *Your Money & Your Brain: How the New Science of Neuroeconomics Can Help Make You Rich*, Jason Zweig, Simon & Schuster, 2007.
- *The Little Book of Safe Money: How to Conquer Killer Markets, Con Artists, and Yourself*, Jason Zweig, Wily, 2009.

Capítulo 12. Sal del desorden y encuentra tu vida

Una vez que comiences, tal vez necesites un poco de ayuda para mantener organizado todo lo que permanecerá en tu vida. A continuación menciono algunos recursos útiles para ayudarte a poner todo en su lugar.

Sitios web
- www.containerstore.com
- www.juliemorgenstern.com
-

Revistas
- *Real Simple*, www.realsimple.com
- *O, The Oprah Magazine*, www.oprah.com

Libros
- *1000 Best Quick and Easy Organizing Secrets*, Jamie Novak, Sourcebooks, 2006.
- *Organizing from the Inside Out: The Foolproof System for Organizing Your Home, Your Office, and Your Life*, Julie Morgenstern, Macmillan, 2004.

- *The Organized Life: Secrets of an Expert Organizer*, Stephanie Denton, Northlight Books, 2006.
- *Shed your Stuff*, Julie Morgenstern, Simon and Schuster, 2008.

Capítulo 13. ¿Y ahora qué sigue?

Los siguientes son recursos excelentes que te pueden ayudar a definir tus objetivos y a ponerte en camino hacia donde vayas.

Sitios web
- www.a-b-c.org
- www.encore.org
- www.retirementjobs.com
- www.serve.gov
- www.vitalvoices.org

Libros
- *Don't Retire, REWIRE!*, Jeri Sedlar y Rick Miners, Alpha, 2007.
- *Encore: Finding Work that Matters in the Second Half of your Life*, Marc Freedman, PublicAffairs, 2007.
- *We are the New Radicals: A Manifesto for Reinventing Yourself and Saving the World*, Julia Moulden, McGraw-Hill, 2008.

Agradecimientos

En primer término, expreso mi agradecimiento a los maravillosos expertos que amablemente compartieron sus conocimientos conmigo, respondieron mis llamadas cuando necesitaba aclarar algo y se han convertido en amigos estimados.

Jennifer Kasius, mi editora en Running Press, aceptó este proyecto con entusiasmo y lo llevó a su conclusión. Agradezco a Jennifer su sapiencia, puntos de vista excepcionales, por estar tan emocionada como yo por este libro y porque es un placer trabajar con ella. Vaya un agradecimiento especial a Craig Herman, Corinda Cook, Nicole DeJackmo, Sarah Gibb y todo el equipo de edición, diseño, ventas y promoción de Running Press.

Jenni Ferrari-Adler, mi agente en Brick House, vio el potencial de este libro desde el primer día que nos conocimos. Su apoyo, aliento y la mano serena con la que me guió durante todo el proceso de escribir el libro fueron invaluables.

Mi sincero agradecimiento para Joe McGinniss, uno de los mejores escritores del mundo, por tener el acierto y el buen sentido común de guiarme hacia Jenni. Estoy en deuda con él para siempre.

La pericia de Andrea Lynn Galyean en el proceso de corrección de pruebas y edición, y sus frecuentes recordatorios para que me mantuviera fiel a mi visión me ayudaron a convertir este libro en algo más que una buena idea.

Muchos amigos me ayudaron de muchas maneras. Vaya mi agradecimiento especial a la doctora Margaret Nachtigall-Giordano, Alison y Larry Wolfson, Maura Brickman, Jill Sacher, Laura Higgins, Karen Goodell, Sue

Weiner, Mort Zuckerman, Peggy Engel, Heidi Axelrod, Rhonda Alexander-Abt, Karen Klopp, Lisa Plepler, Maria Turgeon y Patti Stegman.

Agradezco especialmente a Beth Klein, Denise Davila, M. Crespi, Jay Sternberg, Amy Heilgeist, Catherine Pierpoint y Ellen Levinson Gross, que siempre estuvieron en la mejor disposición de ayudarme.

También expreso mi más sincero agradecimiento y amor para mi maravillosa familia extendida: Pauline Chou, Lillian Grufferman, Carole Soler, Danny Soler, Emily y Joseph Marino, Michael y Erika Marino, Barbara y Robert Haspel, Julieth Baisden, Mandy Jones y Joe O'Rourke por alentarme siempre y por contar los días hasta tener este libro en las manos.

Gunther, nuestro admirable perro, nunca se apartó de mi lado mientras escribía. Es el asistente perfecto.

He esperado al último para expresar mi más grande y profundo agradecimiento a mi esposo, Howard, y a mis hijas, Sarah y Elizabeth. Mientras escribía este libro (y durante todo nuestro matrimonio), Howard me brindó apoyo, aliento y amor incondicionales y se sintió orgulloso de mí. Su convicción inquebrantable y constante en que puedo hacer lo que me proponga me ha dado el valor que a veces todos necesitamos. Y le doy las gracias por permitirme revelar que se pasea por el departamento con su podómetro. Lo amo con todo lo que tengo.

Nuestra hija mayor, Sarah, fue la primera persona que oyó mi idea y me instó a hacerla realidad. Le agradezco el haberme ayudado a creer, una vez más, que los sueños se vuelven realidad (¡si uno nunca se rinde!). La discreta confianza de Sarah y su generosidad de espíritu me inspiran a hacer más cosas y ser mejor.

Agradezco a Elizabeth, nuestra hija menor, por saber exactamente cuándo necesito un abrazo, por estar tan orgullosa de su madre, por encargarse de que la música y el baile nunca falten en nuestro hogar y por vivir su vida en un estado sencillo de alegría y felicidad. Me hace reír todos los días.

Estoy muy orgullosa de lo maravillosas, seguras y afectuosas que se han vuelto mis queridas mujercitas.

Howard, Sarah y Elizabeth: ustedes son mi familia, mi alegría, mi vida y yo los amo con todo el corazón.

Ustedes son lo mejor.

Esta obra se imprimió y encuadernó
en el mes de julio de 2012,
en los talleres de Bigsa,
que se localizan en la
Av. Sant Julià, 104-112,
Polígono Industrial Congost,
08400 Granollers (España).